ジェレミー・ブレーデン／ロジャー・グッドマン
石澤麻子 訳

日本の私立大学はなぜ生き残るのか

人口減少社会と同族経営：1992-2030

中公選書

日本語版への序

もしこの本が少しばかり探偵物語のように見えるならば、それは人類学者というものが探偵めいているからだ。探偵のように、私たちは謎《パズル》を解き明かし答えを見つけるために、集めたデータの中からヒントを探し出す。多くの探偵たちと同様、私たちはすでに調査の経験はたくさん積んでいるが、新たな事例ごとに新たなことや視座を学び、世界の見方が変わり、将来の事例にアプローチする方法も更新されていく。

この本の最初の章で、私たちは謎を設定した。あらゆる予想が日本の大学の数が減少していくだろうと言っていたにもかかわらず、なぜ過去二〇年間、日本の大学は減るどころか増えたのだろうか、という謎だ。この謎の答えを求めて、私たちは同じ謎に挑むどんな探偵たちも使うだろう証拠の数々を用いた。他の研究者の論文の二次的データ、インタビューを通した一次的データ、新聞や雑誌に掲載されたレポート、そして特にある一つの大学に関する二〇年以上にわたる詳細な事例研究とその比較対象としての他大学の事例、それらを私たちは使っている。

日本の高等教育システムについては、一五四九年にフランシスコ・ザビエルが書き記して以来ずっと、西欧の論者たちは関心を抱いてきた（Rappo 2021: 11）。私たちも調査を通してその歴史や多様性、システムの運営について多くを学んだ。しかし、大学経営における拡大家族の持つ重要な役割について、それが日本の私立大学のレジリエンス（粘り強さ、回復力）を説明するうえで重要な鍵となることが分かったのは、この本の執筆中でも終盤になってからのことだった。興味深いことに、同族経営に着目するこの考え方は、私たちが知りうる限りでは他の誰も提示していないものだったが、日本人の同僚に話してみると、認識はされていたようだった。しかし、これは日本国内では微妙なトピックだと言う人もいた（中には「タブー」という言葉を使う人もいた）。その一方で多くの人は、それは日本社会では（同族経営の病院や福祉施設における現象も含めて）あまりに当たり前の構造として認識されていることで、わざわざ大真面目に論じる必要がないと捉えているようだった。人類学者たちが長年論じているように、ある社会の「隠された」特徴は、その社会の内側にいる人よりも外から来た人のほうが見つけやすいことがあるものなのだ。

本書で謎を解こうとする過程で、私たちはイギリスも含め日本以外の社会の状況についてもかなりのことを発見した。例えば、同族経営大学は日本だけのものではなく、世界のさまざまな地域（特にアフリカ、アジア、ヨーロッパ、ラテンアメリカ、中東地域）でも見られる現象であるということ。同時に、日本の高等教育が直面している急速な人口変動の影響もまた、日本だけに特有なものではないこと。韓国では、十八歳人口が一九九〇年代には九〇万人だったのが二〇二〇年には五〇万人にまで減少している（Lau 2021）。イギリスでは、人口の波が上下し、二〇〇八年から二〇一八年の間に十八歳人口が一五パーセント減少したが、二〇二一年から二〇三〇年には二三パーセントの増加が見込まれており、そしてその後、少なくとも二〇三六年まではまた急激な人口減少になるだろうとわかっている（二〇三六年に十八歳になる世代はすでに生まれている）（Hewitt 2019）。

また、予想よりもずっと強いレジリエンスを見せた高等教育機関も、日本だけに見られるものではなかった。例えばレベッカ・ナトウ（2021）はアメリカの *The Chronicle of Higher Education*（高等教育クロニクル）紙の記事で、新型コロナウイルスのパンデミックが始まった頃に、一年で二〇〇校近い大学が閉鎖になり、長期的に見れば閉鎖する大学は一〇〇〇校にも及ぶだろうと予想したウォールストリートジャーナルやフォーブス誌の記事を引用している。しかし実際に閉鎖になった大学の数は一〇校ほどで、そのほとんどはパンデミックが始まる前から経営的に非常に苦しかった大学だった。また、このように予想の精度が低いという事実も新しい現象ではない。プラットら（2017）が指摘したように、アメリカの高等教育システムの大部分が廃止に追い込まれるだろうという数々の報告は、過去二五〇年にわたって間違っていたことが証明されている。一九二〇年代のアメリカの大恐慌では、廃止に追い込まれた大学はわずか二パーセントだった。近頃では、ボストン大学やニューヨーク大学といった大学が一九七〇年代に廃止のリスクが最も高いと考えられていたが、それらは生き延びただけでなく、今ではアメリカ国内でも高いランクに位置するようにまでなった。ブルッキングス研究所が発表した大規模な研究（Kelchen 2019）によれば、営利（for profit）高等教育機関は過去一〇年ほどで多くが廃止となったが、非営利の大学のほうは、どの大学も皆が想像していたより息が長かった。最も廃止のリスクが高いと言われていた大学でさえ、実際に廃止になったのは稀なことだった。

ほとんど全ての事例において、生存のための鍵となったのは大学の順応性だった。この本で私たちが論じるのは、大学の閉鎖に関する予想と現実との食い違いは、外部からの圧力に対抗して大学が自分たちの将来をコントロールする能力（社会科学の用語として「エージェンシー〔agency；主体（性）〕」という言葉も使う）を論者たちが過小評価していたことに緊密に繋がっているということだ。将来のために、大学は自らのブランディングを再考したり、合併したり、これまでとは違うプログラムを提供したり、さらには教職員の常勤と非常勤の割合に変更を加えたり、学生を集められないコースは募集を停止して新たな有望なコースを試したりする。しかしその一方でほぼ常に、大学は自らを高等教育機関たらしめる重要な活動や慣習を維持し続けるだろう。たとえば、テニュア（任期付きではない雇用）制度、教育や研究の学問的自由、学生中心の教育、地域コミュニティへのサービスなどだ。要するに、大学はさまざまに変容しても、高等教育機関のアイデンティティは変わらないということだ。ナトウ（2020）が結論づけたように、「大学セクターは堅苦しく変化を嫌うというステレオタイプから連想された予想に比べ、大学は新たな状況に順応しようという強い意志を見せた」のだ。

大学の粘り強さや大学経営における同族経営ビジネスの役割を見ていったこの研究によって、私たちは日本以外の国の人々も励ますことができればと願ってはいる。しかしこの本は基本的に日本について書いている。だからこそ、中央公論新社の吉田大作さんをはじめとする皆さんがこの日本語版の出版に同意してくださったことをとても嬉しく思っている。また、翻訳者である石澤麻子さんは人類学者としてのトレーニングを受けただけでなく、私たち同様、イギリスの伝統である社会人類学（アメリカの学派である文化人類学に比べ、経済や政治、歴史の重要性をより重視する）を学び、彼女の大学院での研究は日本の教育システムに関わる人類学的な研究だった。そういう人による翻訳であることも大変嬉しいことだった。私たちの考えを日本人の読者の方に伝えるのに、これ以上の人はいなかっただろう。

また、本書の解説を書かれた苅谷剛彦氏にも同じく感謝を伝えたい。苅谷教授は日本の教育を研究する社会学者としておそらく世界で最も有名な人物で、初等教育から大学教育システムまで、英語でも日本語でも幅広く出版している。解説の執筆を快諾してくれた直後に、彼は著書『追いついた近代　消えた近代——戦後日本の自己像と教育』で第七四回毎日出版文化賞を受賞した。この翻訳プロジェクトでの彼のサポートは計り知れないものだった。

日本の私立大学の分析をした私たちのこの本が、日本の読者にどう読まれ、どのような反応があるのか、（少し緊張もするが）とても楽しみだ。

二〇二一年四月

ジェレミー・ブレーデン
ロジャー・グッドマン

謝辞

私たちが本書を書き始めたのは二〇一七年のことだったが、この研究は二〇〇〇年代初頭から私たちがそれぞれ別々に収集してきた日本の私立高等教育に関する材料が基となっている。当時、ブレーデンは日本の私立高等教育機関で働いていて、それについては二〇一三年に執筆したエスノグラフィー *The Organisational Dynamics of University Reform in Japan*（日本の大学改革の組織的ダイナミクス）に記している。グッドマンは、本書でメイケイ学院大学（略称MGU）と呼ぶ大学において二〇〇三年度に人類学的フィールドワークを行った。このMGUに関して、グッドマンは過去にすでに多くの出版をしている（例えば Goodman 2009）。MGUの総長は、学術研究に対する信頼と関心を持つ人で、グッドマンが彼の大学で一年間自由に研究をすることを承諾してくれた。グッドマンは彼に深く感謝をしている。また、MGUについての自分の考えを何時間も費やして話してくれた教職員や学生の皆さんにも感謝している。

MGUは仮名ではあるが、大学として実際に存在する。この本で私たちはMGUを同族経営大学の事例モデルとして取り上げ、大学の主要な特徴、哲学、方針の概要を事実に基づき忠実に描いた。ただし、事例モデルとして取り上げることだけを目的として、他の日本の同族経営大学も参考にしながらその典型的な特徴を描き出しているが、実際の大学名やいくつかの特徴については伏せている。その他の同族経営大学について触れる場合には、公表されている資料を主に用い、大学名も実際の名前を使っている。日本の同族経営大学に関する記述の中には批判的な面も含まれてはいるが、全体的には、私たちの記述はポジティブなものになっていると思う——日本の同族経営大学に関する外部からの一般的な意見(それもほんの少ししかないが)に比べれば、間違いなくずっとポジティブなものだ。私たちのこの研究に手を貸してくれた日本各地の同族経営大学の関係者全ての方々に心から感謝を伝えたい(表だった謝辞を受けることは遠慮したいという方もあるだろう)。

私たちにとって、一緒に取り組むプロジェクトはこれが二件目となる。最初は、二〇一一年三月十一日の東日本大震災の地震・津波・原子力発電所メルトダウンのいわゆる「三重災害」の後、在日外国人学生を取り上げたメディア報道に関するものだった。その後 The Dog That Didn't Bark: 3/11 and International Students in Japan(「吠えなかった犬：3・11と在日留学生」)(Breaden and Goodman 2014)というタイトルで論文として発表し、今回のプロジェクトの初期の考えがここからいくつかもたらされた。

このプロジェクトは始まりから二〇年ほどもかけているため、その間に私たちは実に多くの方々に「借り」ができた。こうして感謝を述べる機会を得たのは嬉しいことだ。同時に、この本の中で、事実に関しても分析に関してもどうしてもミスは残ってしまったに違いないが、それらは全て私たちだけの責任であることを、伝統通りにお断りしておく。多くの研究仲間がデータ収集や分析に手を貸してくださった中で、とりわけ次の方々への感謝を伝えたい（英語表記のアルファベット順。敬称略）。

今ではご存命ではない方もいらっしゃるのは悲しいことだ。私たちの研究を助けてくださったのがかなり以前のことであった場合でも、本書のプロジェクトのどこの部分でご自分が関わったか、皆さんが気づいてくださることを願っている。

フィリップ・アルトバック、天野郁夫、ダリル・アラカキ、有本章、ロバート・アスピノール、ハルミ・ベフ、ウィリアム・K・カミングス、レオナルド・デヴァウディ、出口顯、キャロリン・ドッド、ロナルド・ドーア、江原武一、ジェレミー・イーズ、藤田英典、福井有、濱名篤、原野幸康、畠中祥、平川眞規子、黄福濤、飯吉厚夫、井本由紀、稲葉祐之、石田浩、伊藤大一、金子けいこ、金子元久、苅谷剛彦、河野真子、カーチス・ケリー、テリー・キム、アール・キンマンス、北村亘、川嶋太津夫、喜多村和之、清成忠男、小林哲也、倉谷直臣、マリーナ・リー＝クニン、ヒロコ・レヴィ、前田早苗、丸山文裕、クリス・マッケナ、ブライアン・マクベイ、両角亜希子、ダイアン・マッスルホワイト、長島信弘、中村民雄、大場淳、緒方房子、大森不二雄、太田浩、グレゴリー・プール、ステファン・ライアン、齋藤潔、佐藤由利子、ポール・スコット、マイケル・シャックルトン、ポール・スノーデン、鋤柄光明、谷岡一郎、津崎哲雄、潮木守一、デヴィッド・ウィリス、トム・ライト、山田礼子、山本眞一、山村慧、山野井敦徳、山下昇、安原義仁、米山俊直、米澤彰純、吉田文、吉川英一郎

二〇二〇年一月

ジェレミー・ブレーデン
ロジャー・グッドマン

目次

第五章　日本の私立大学のレジリエンス……211

日本の私立大学はなぜ生き残るのか

人口減少社会と同族経営：1992-2030

序章　「2018年問題」

この本は、ある社会科学的な〝謎《パズル》〟をきっかけに始まった。

二〇一〇年代半ば、日本では、大学の「2018年問題」がさまざまに議論されていた。日本語で言う「大学」は、数千人の学生を抱える世界レベルの大学から学生が五〇人以下しかいない地方の大学まで、広い範囲の機関を含む。二〇〇〇年代半ば以降、日本の十八歳人口はおよそ一二〇万人で一定していたが、二〇一八年からその数字は年々減少し、二〇三〇年にはおよそ一〇〇万人まで減ると言われている。日本にはほとんど移民の流入がなく、二〇三〇年に十八歳になるコーホート（同年に生まれた集団）はすでに生まれているため、計算は単純だ。日本では初めて大学に入学する人の九五パーセントが十八歳か十九歳で、十八歳から十九歳のコーホートのおよそ八〇パーセントが高等教育機関に入学する。これは世界的に見ても一、二を争う高い値と言える。つまり、十八歳人口の減少は大学に特に大きな影響を与えるのだ。そして、この人口減少のあおりを最も大きく受けるのは私立大学になるだろうと予想されていた。日本の私立大学は大学生全体の八〇パーセントを抱えていて、残りの二〇パーセントが入学する国公立の大学に比べて入学試験の競争が比較的緩やかで、学費は高い。二〇一〇年代半ばにはおよそ六〇〇の私立大学があったが、二〇三〇年までどれだけの大学が生き残ることができるかが議論の的になっていたのだ。

高等教育の比較研究をしている小川洋は多くの書評が書かれた『消えゆく「限界大学」――私立大学定員割れの構造』(2016)で、大学全体の約二〇パーセントにあたるおよそ一三〇の大学で入学者数が定員の八割に満たなかったことを明らかにした。また、同氏は二〇一七年にはＴＢＳラジオ(「荻上チキ・Session-22」)のインタビューで、入学者数を増やせなければ大学は経営破綻するだろうと述べた。経済学者で、私立大学の理事長も務めた渡辺孝は、『私立大学はなぜ危ういのか』(2017)の序章で、定員割れの結果、二〇三〇年に廃止になる架空の大規模私立大学「Ｘ大学」の物語を通して、定員割れしている大学に警鐘を鳴らした。渡辺はＸ大学が「同時にこれは、この業界でこれまで幾度となく話題になりながらも実際にはさほどの実態には至っていなかった私立大学の大量整理が、中堅大学も含めていよいよ本格化してきたことを象徴する事件となった……」(2017: 14)と、この悲劇の物語を締めくくった。

「２０１８年問題」は「現実となる「大学倒産の時代」」(SankeiBiz 2018)「大学が壊れる」(『週刊東洋経済』2018)など主要メディアでも議論の的になった。また、私立大学の経済危機について数々の本や記事を執筆しているジャーナリストの木村誠は、次の一五年間で一〇〇を超える大学が姿を消すだろうと書いている(2017)。木村の出版する本のタイトルは『危ない私立大学 残る私立大学』(2012)から『就職力で見抜く! 沈む大学 伸びる大学』(2014)、『大学大倒産時代』(2017)、さらに『大学大崩壊』(2018)と、年を追うごとに過激なものになっていった。

十八歳の人口が減少していく今後の十数年間の、日本の高等教育システムの行く末はどうなっていくのか。――本書の主たる目的はその追求ではないが、ぜひそれを知りたいという読者に対しては考えるための手立てを提供できるはずだと考えている。経営破綻を迎えるかもしれない大学は、小川の予想によれば二〇パーセント、木村の予想では一七パーセントに及ぶ。[1] そうなれば、実際にどちらになったとしても、間違いなく高等教育の歴史上、絶対数で見ても最大となる劇的な崩壊であり、平和な時代の中での相対的な割合として見ても、最も壮絶なものと言えるだろう。

日本の高等教育システムのこうした気がかりな行く末を示す代わりに、本書は、過去一五年の間に特に私立大学で何が起きたのかをたどる。「2018年問題」の議論は、二〇〇〇年代前半に私たちがそれぞれ日本の高等教育について研究していた頃に目にした大学の暗い未来予想図を思い起こさせた。それで私たちは共にプロジェクトを進めることになった。

二〇〇〇年代初頭の関係文献には、統計上の難問が織り交ぜられていた。一九九二年から二〇〇二年の間、十八歳から十九歳の人口は三〇パーセント減少した。その頃、大学に入る人の九五パーセントは十八歳から十九歳だった。しかし、同じ期間で、日本の四年制の大学の数はおよそ三〇パーセント増加していたのだ。

この不思議な統計結果への直接的な答えは、一九九二年から二〇〇二年の間に、十八歳から十九歳の四年制大学へ通う人の割合がおよそ三〇パーセント増加したというところから見つけられそうだ。四年制大学に通う十八歳から十九歳の割合が一九九二年には三六・九パーセントだったのが、

表０－１　私立大学の基礎的統計（2003年, 2018年）

	2003年	2018年
大学の数	526	603
学生数	2,016,113	2,144,670
大学生全体での割合	73.5	77.4
フルタイム教員数	84,296	107,425
歳入	3兆378億円	3兆4314億円
（学費分）	2兆3604億円	2兆6563億円
政府による助成金	2831億1500万円	2960億310万円

＊歳入の値は2017年（最新）のものを引用
出典：文部科学省2018a（大学・学生数）、私学事業団2018c（歳入）、私学事業団2019a（助成金）

二〇〇二年には四八・六パーセントに伸びたのだ。新たに四年制大学に通うようになった学生の多くは女性で、それまでであれば二年制の短期大学に通っていた学生たちだ。一方、短期大学に入る学生は一九九二年から二〇〇二年の間でおよそ半減している。

とはいえ高校卒業者の減少は二〇〇二年で止まったわけではない。次の八年間でさらに二〇パーセント減少している。全ての条件が変わらなければ、二〇〇七年には大学の入学募集者数と入学希望者数が均衡になるはずだった。そして二〇〇七年以降は募集数が超過し、収入の八〇パーセントを学生からの学費に頼っている私立大学は高等教育システムの中で崩壊していくしかなかった。残された唯一の問題は、どれだけの大学が、いつ、どのような順番で消えてゆくのかということだった。

しかし、日本の大学の崩壊は起きなかった。実際、表０－１の通り、二〇〇三年に比べて二〇一八年には私立大学の数はおよそ一五パーセント増加していた。その間、入学者数は六・四パーセント増加し、また、国公立の大学との対比で見ても、私立大学に入る学生は七三・五パーセントから七七・四パーセントへと増加している。これらの増加とともに、学費収入も政府からの補助金も増えた。ただし、後の章で詳しく述べるが、政府からの補助金は一人あたりで換算するとわずかに減少している。

連鎖反応として予想されていた他の現象もまた、実際には起こらなかった。人材市場における大学卒業の学位の価値は予想されていたほどは下がらなかった。競争的な受験システムや、合格難易度をベースにした大学ヒエラルキーは今も存在する。また、大学運営の根本的な変革も新たな市場もほとんど生まれなかった。特に注目すべきなのは、閉鎖した大学の数の少なさだ。第五章では、二〇〇〇年に日本に存在した私立大学のうち、二〇一八年までに完全になくなってしまった大学は一一校（一・五パーセント未満）しかないことを明らかにする。全体的に、二〇一八年の日本の大学をとりまく状況は、二〇〇三年の、あるいは十八歳の人口がピークを迎えていた一九九二年の頃のものと非常に似ていたのだ。

したがって、この本の背景にある〝謎〟は、このようなものだ。「大学の消滅を防いだ過去一五年間、日本で何が起きていたのか？　また、なぜ二〇〇〇年代初頭の論者や専門家たちによる私立大学の将来像の予想は外れることになったのだろうか？[2]」

私たちは、いくつかのレベルでこの〝謎〟に向き合うことにする。

ミクロレベルでは、日本の高等教育システムをめぐるさまざまな力学を検証する。国立・公立・私立セクターの関係性、高等教育の市場、政府・教授・学生・家庭それぞれの抱く期待、高等教育システムとビジネス界や海外との関係性といったものに着目する。高等教育システム全体が経済・政治・人口統計学的な視点からどのような「生産性」のプレッシャーを受けてきたか、そして一九九〇年代後半から二〇〇〇年代初頭にかけての新たなイニシアチブにどのように対応してきたのかを解き明かす。当時非常に険しい壁に立ち向かうためにどのような手段がありえたのか、それを理解するためには、こういった高等教育の中での局所ごとの動きを概観することが必要だ。

日本の大学の危機からの回復力を理解するには、二つの可変的な要因（変数 variables）が特に重要だ。一つ目は私立セクターの役割だ。日本は過去三〇年間、高等教育システムへの経済的な投資については、世界で二番目に大きな規模になっているが、高等教育に関する研究の大半は（日本語でも英語でも）国立大学に関するものだ。国立大学は日本の研究のアウトプットのほとんどを担っているとはいえ、抱えている学生の数は全体の二〇パーセントにも満たない。私たちの研究は私立セクターの視点を多く取り入れている。その理由は主に、過去二〇年間で私立大学が最も圧力を受けていたというだけでなく、私立セクターの重要性が軽視されていたため、高等教育システム全体の力学の重要な鍵について理解を誤らせたからではないかと考えているからだ。実際、グローバルな観点から見ても、私立大学のセクターについての研究が少ないと思っている。世界的に見れば、高等教育を受ける学生の三分の一が私立大学に通っていて、その割合は急速に増えつつあるにもかかわらず、である。これが私たちのこの研究のマクロレベルの視点に繋がる。

二つ目の変数は、同族経営の果たす役割だ。理由については後の章で考察するが、このテーマについての研究は世界的に少ない。アルトバックら（2019）が指摘したように、大学に関連する同族経営の役割についてはほぼ完全に研究が欠けている。日本に関してみれば、これは特に目を引く欠陥だろう。なぜなら後に紹介する通り、日本のビジネスの領域では家族・親族のシステムが果たす役割の重要さについて、すでに多くの著者が明らかにしているからだ。歴史的に見て同族経営ほど盤石なビジネスはほとんどないし、日本以上に同族経営のビジネスが長年成功している国は他にないのだ。

しかし日本では、同族経営は時代遅れで封建的で、大学経営に関する話題としてはタブーに近いテーマと捉える人もいる。大学はビジネスと捉えるべきではなく、ましてや同族経営などは触れるべきではないと感じるそうだ。この話題に関して唯一書かれた学術的な論文（Obara 2019）によれば、日本の私立大学の四〇パーセント（つまり、日本の大学全体の三〇パーセント以上）は同族所有もしくは同族経営なのだそうだ。後に詳しく見るが、設立したばかりで将来の代替わりの予定が明確でない大学も含まれるため、四〇パーセントというのは大げさかもしれないが、大きな現象であるということは窺える。日本の同族経営の大学に関する正当なデータがないという事実自体も興味深い。日本社会は統計を通して自分たちのことを知ろうとするのが好きだが、日本でマイノリティグループ（社会的少数者）に関する統計が集められていないように、統計がないということは、むしろないほうが良いと考えられているからなのだ。

この本で私たちが論じたいのは、多くの私立大学、特に力の弱い大学は同族経営で成り立っていて、その元来備わったレジリエンス（＝粘り強さ、回復力）と私たちが呼ぶ要素を持ち合わせているということだ。いくつもの大学は、その規模や提供するコース、キャンパスの所在地を変えたかもしれない。赤字を生み、同族経営の他の大学と相互補助をしたかもしれない。その名称を変えたところもあるだろう。しかし、それでも彼らは大学を閉じることをしなかった。もし閉じてしまえば、親族の持つ主要な事業全体を危機に陥れたり、評判に傷をつけたりすることに繋がりかねないからだ。私立学校の危機に関する研究会の会長を務める清成忠男は、大学の情勢に関して、異例なほど露骨にフラストレーションを述べている。

「再建が難しくなって学生募集の停止などを勧めても、創業家の理事長が「続けたい」と応じないこともある。家業を「自分の代でつぶしたくない」という意識が企業以上に強い点も、傷を広げる原因となっている」(『朝日新聞』二〇〇八年一月二十一日)

同族経営の大学を、研究する価値のない前近代からの遺物と見るのではなく、企業家精神に富んだダイナミックな機関と見ることを私たちは勧める。彼らはもちろん弱点や脆さも抱えているが、ますます複雑になってゆく高等教育の市場の中で重要な強みも持っているのだ。これによって、グローバルに見ても、彼らのような大学機関が成長する理由を明らかにするだけでなく、高等教育の中央集中の圧力がある国々で、なぜ彼らが歓迎されているかを明らかにできるものと考える。

本書の構成

第一章では一九九二年から二〇一〇年、つまり高等教育が安定していた時期から崩壊が懸念されていた時期について語る。この時期で目立つのは、大学システムの特徴や、若者を一人前の社会人にするという大学が果たすべき社会化の役割について、論者たちが一様に同じ考え方を持っていたということだ。一九九二年には、日本の十八歳の人口も、世界の中での日本の経済力も共にピークを迎えていた。その後、経済が停滞して不況に入り始め、十八歳の人口も急激に減り始める中、日本の大学の暗い未来を予想する声は大きくなり始めた。これらの声の中には不思議な点がいくつかあった。一つ目はバブル経済の崩壊の明確な予知ができなかったにせよ、学校を卒業する若者が一九九二年以降減ることは一九八〇年代後半にはすでに指摘されていたということだ。二つ目は、こうした結果の予想がどれも似通っていたことだ。一様に、日本の私立大学が崩壊していくだろうという見方をしていた。そして実際、新自由主義を掲げた政府はこの結末を喜んで受け入れようとしているようにも見えた。大学の学長を含む学者たちの中には、私立大学の中で大きな改革が起きるのは良いことで、同じような道をたどった他の国では結果的には大学の強化に繋がったと指摘する人もいた。

第二章では、第三章以降のエスノグラフィーを用いた事例研究の背景を提示する。日本の私立大学の崩壊の予測は、日本だけの特有のストーリーとして見られることが多かった。しかし、第二章では、より広い、比較研究的な視点を提供する。ここでは、世界的な私立大学の発展や役割が分析の枠組みになる。私立の高等教育は重要性が増し、枝分かれが進んでいる一方で、明らかに研究が足りていないテーマだ。第二章では、私立の高等教育の新たなモデルや既存のモデルから、国の機関との関係性、大学の構造やガバナンスのモードの多様性、社会的な使命と商業的な使命の相互作用（利益の追求vs.非営利の機関）といった主要な問題を解説する。これらはどれも経済や人口の変化によって影響を受けるものだ。

第二章ではさらに、これらの世界的なモデルの中に、日本の高等教育がどのように当てはまっているのかを問う。そこからわかるのは、日本の私立高等教育セクターは、数々の重要な特徴が他の国々、特にアジアのものと共通しているということだ。共通点の一つは、特に労働力率が急速に伸びている時期に、政府が高等教育への公共投資を補完するために、私立大学を頼りにしていることだ。その結果、私立大学は需要を吸い上げる役割を強め、国公立大学の末端に付属するという立ち位置ではなく、高等教育機関として優位に立つことに繋がった。

その後、この章では日本に特有の私立大学の特徴を描き出す。まずは日本の私立大学の範囲の定義を確かめ、公共投資の面では明らかに不利な立場にある日本の私立大学が数の上でいかに優勢かを、統計データを用いて見ていく。さらに、私立大学が経済的なハンデを背負いながら、ガバナンスの構造や税制、運営の範囲の設定については国公立大学よりも有利な特権を持っていること、そして独特な教育上の強みを生かして、国からより良い待遇を得るために強い主張ができるのだということを明らかにする。

これらの特徴の背景を理解するために、第二章の最後のセクションでは日本の私立大学に関する詳細な歴史を紐解いてゆく。従来のオーソドックスな大学研究では、国立大学に光を当てて歴史を紐解く中で、私立大学は傍役として登場する傾向があった。しかしここでは、私立大学に光を当てたい。各セクションの見出しはこの歴史の軌跡を表している。すなわち、戦後の改革と成長、高等教育の大衆化と私立セクターの擡頭《たいとう》、拡大と多様化、そして黄金期から募集地獄へという流れだ。

この歴史から分かるのは、日本の私立大学と国との複雑な関係性だ。自由放任主義と強い干渉を組み合わせたような国の態度にどのように対応したのか、企業家たちからはなぜ魅力的な投資機会と思われていたのか、そしてどのように強い独立心を発展させたのかということだ。これらの三つの要因は一九九〇年代から二〇〇〇年代にかけて見られた私立大学の粘り強さ・回復力を理解するための重要な要素だ。しかも、これら三つの要因は、私立の高等教育を国際的に比較し理解する既存のモデルをより豊かにする潜在的な可能性を持ち合わせている。これら三つの要因によって、企業家的性格を持つこの私立大学というカテゴリーを捉えるうえで、より繊細で、しかも好意的な関わり方を示すことができるからだ。これについても続く事例研究の章で見ることができる。

第三章は二つのエスノグラフィーの章の前半部となる。ここではメイケイ学院大学（仮称）で入学応募者数と学生数が急落して底を打とうとしていた頃の状況を描く。人類学者として、私たちは親族研究、人類学の理論、エスノグラフィーの手法を使い、論を組み立てる。メイケイ学院大学（以下、ＭＧＵ）のエスノグラフィーを通して、私たちが調査をした二〇〇三年度の頃の様子を振り返る。それにあたって、まずはＭＧＵの歴史と私立大学としてどのように立ち位置を作っていったのかを見る。教職員や学生の特徴を描き、十八歳の人口がピークを迎えていた一九九二年にどれほど栄えていたか、そして二〇〇〇年代半ばにはそれがどれほど衰退したのかを見る。そのうえで、入学応募者数も入学者数も急落していた二〇〇四年、どうやって学生を募集し、新たな学生を獲得するためにどのような努力をしたのかを見てゆく。「緊急レポート」が出回った二〇〇三年、ＭＧＵはその一〇年前に比べて入学応募者数が一〇パーセントしか獲得できなかった。系列の短期大学の応募者数はわずか二・五パーセントだった。

ここでは、特に二つの特徴に着目する。一つ目は、ＭＧＵが同族経営の大学で、同族経営のコングロマリット機関の一部だということだ。(3) 二つ目は、ＭＧＵの将来が不安視される中で、大学教職員が経営陣への不満を持ち、また同様に、大学が抱える問題を前にしてもやり方を変えない教職員に対して経営陣も不満を抱えていたということだ。これらの二つの特徴は相互に結びついていると考えられる。経営陣が秘密主義的になる中、教職員たちは大学の実際の状況について情報を得ることができず、そのため何をしても状況を変えることはできないと無力感を持っている。一方、経営陣の意見には日本の古典的な親族システムならではのプライオリティーが反映されている。大学の抱える問題をどうにかするのは自分の個人的な責任だと考える。創設者、現在運営をしている人たちや今後引き継いでゆく人たちへの責任感を感じているのだ。全体的に見れば、互いに対するこうした見方によってコミュニティは分断されていて、MGUが状況を良くしてゆくのは難しいものと思われた。

第四章では、MGUの回復を描く。まずはMGUの法科大学院の設立をめぐる物語から始める。これは二〇〇〇年代半ばに行われた改革プロジェクトの中でも最も大きなものだった。その背景として、日本の法学教育の歴史やどれだけの法律家を日本社会が必要としているのかという議論も紹介する。新たな法科大学院の概要を説明し、そのうえでMGU法科大学院の設立と廃止を描く。結論として、法科大学院の設立にあたって申し込んだ大学のほとんど全てを国が承認したことで自由市場の力が働くという実験は興味深い例となった。MGUの例では、法科大学院を設立したのは、それが一〇年で廃止になってしまっても大学にとっては良いことだったと結論づけている。

第四章の後半では、MGUが二〇〇〇年代半ばに行った他の改革について見ていく。政府からの補助金を守れる範囲で大学の正式な募集者数を減らし、定年退職者の補塡をせずに常勤の教職員を減らし、学費も下げた。附属の短期大学はMGUの学士のプログラムの一部に組み込まれ、教職員のボーナスは削減され、大学の設備にも変更が加わった。キャンパス内に並ぶ有名な店を閉めたり、海外とのある連携に使っていた補助金を止めたりといった大きなことから、無料の大学新聞の縮小ということまでも行った。教員は学生の体験や教育をより真剣に重視することになった。授業や授業名にも変更が加わった。海外からの留学生のための授業や、日本人学生のための英語での授業が新たに加わり、海外留学をする機会が大きく広がった。これらに加え、MGUを経営する一族の中では新たな世代が育ち、改革プロセスの中で経営陣が規範を示すためにも大きな代替わりが起きた。

第五章では二〇〇四年に見られた日本の私立大学の暗い将来に関する予想に戻る。ミクロレベルではこの予想を支える個々の事例があるにもかかわらず、マクロレベルではほとんどのデータがその逆を示している。私立大学の数、私立大学に通う学生の数、私立大学に通う学生の割合、専任の教員の数、学費による収入、そして政府からの補助金のどれもが、二〇〇四年よりも二〇一八年のほうが大きくなっているのだ。大学卒業の学歴の価値も上がっていると言える。多くの大学では今でも競争のある入学試験を行っているし、大学間のヒエラルキーは多少の変化はあってもいまだに存在し広く使われている。代替となるマーケットの発展や大学運営のオペレーション方式の変更は予想されていたよりも小さかった。最後に、経営破綻する大学の数の予想は、著しく外れたことが証明された。第五章ではこの流れをただ描くだけでなく、なぜそうなったのか、いくつかの理由をマクロレベルで説明する。

第五章の最後のセクションでは、私立大学がこの一五年間生き延びることができた背景となる、いくつかの鍵となるアクションを見ていく。二〇〇〇年代初頭、大学に立ちはだかったマクロレベルでの困難に対してさまざまな立場のアクター（特に国と地方の行政、そして大学自身）の力がどう働いたかについては、かなり過小評価されていた。これは当時の日本社会の、個々のアクターの力よりも、社会の規制力のほうが強調される社会理論が優勢だった状況に重なる。理論的に言い換えれば、アクターに着目する社会的行為論のモデルよりも、〔社会秩序を前提とする〕機能主義的な理論や、〔構造的な葛藤に注目する〕マルクス主義のほうが優勢だったとも言える。優勢だった機能主義的、あるいはマルクス主義的な理論を前提にしていたならば、論者や学者たちが二〇〇〇年代初頭に出した私立大学の行く末の予想が大きく外れていたのも頷ける。

この研究の中で同族による経営の重要性が見えてきたのは、研究の成果を書き上げはじめてからだった。フィールドノートを読み返し、医療や福祉の現場といった日本社会の他の分野に関する議論を読めば明らかだったにもかかわらず、私たちは同族経営であることの重要性を強調してよいものか初めは確証を持てなかったのだ。初めて世界規模での大学の家族経営（彼らはそれをFOMHEIと呼んでいる）に関する事例を集め、それらの大学のことを一般化したアルトバックら（2019）の研究を通して、私たちも大いに確信を持つことができた。私たちの日本に関する研究は、それらの大きな枠組みにほとんどぴったり一致したのだ。

したがって、第六章では、日本の同族経営ビジネス一般と同族経営の大学について、どのように運営されていて、ポジティブにもネガティブにもどのように評されているかについて解説する。扱う特徴の中には、高度に中央集権的な、社員からの声をほとんど聞かずにトップダウンで意思決定が行われることや、後継ぎに関する独特の懸念といったものがある。ＭＧＵの事例を通して、それらの長所も短所も見ることができる。同族経営の大学に関する文献からも、家族中心のマネジメントのアプローチと、アカデミック機関ならではの公共性を重んじる精神があり上下関係のない性質との摩擦が見て取れる。

第六章の最後では、このプロジェクトのきっかけとなった「２０１８年問題」がどう帰結するかについて短く議論する。二〇一八年から二〇三一年にかけての十八歳の人口の減少率は、一九九二年から二〇〇九年にかけてのそれに比べて八〇パーセント下がるものの、減少自体は続く。すでに多くの高校卒業者が大学に進学しているため、その割合の上がり度合いは落ち着いていく。最も楽観的なシナリオでさえ、大学入学者数が二〇一七年から二〇三三年にかけて一〇パーセント、二〇四〇年には二〇パーセント減少すると予想している。政府による最も明らかな干渉は、テクノロジーや市場のニーズが変わる中で大学に自身の役割を再考させ、同時により強固なトップダウン型のマネジメントを強いている点だろう。破滅論者が再び現れたとしても、日本の私立大学セクターは元来備わったレジリエンスと長年の危機への対応の経験を武器に、公立セクターよりもうまく生き延びるのかもしれない。

註

（１）ガラン（Galan 2018: 34）も、日本の若者の経験について書いた近年の論文の中で、いわゆる「２０１８年問題」によって「大学が閉鎖されてしまうのは避けられないことだろう」と結論づけている。

（2）この本の著者である私たち自身も、日本の外の読者に向けて、高等教育の崩壊のイメージを発信してきたので、ここにはもちろん我々も含まれる。例えば二〇〇八年の *Guardian* のインタビューでは、グッドマンは多くて四〇パーセントの日本の大学が破産するだろうと予想している（Shepherd, *Guardian*, 2008/1/15）。また、*Japan Times* の中でも類似のレポートで取り上げられている（Hollingworth, *Japan Times*, 2008/2/28）。これらのレポートはチャールズ・ジャヌッツィのブログサイト「Japan Higher Education Outlook」の中で、慎重かつ（後から見れば）正当な批判をされている。その内容は、グッドマンは日本の大学が遊び場のような場所であるとか、ほとんどの日本人が一つの企業で終身雇用されるなどのステレオタイプに基づいて日本の高等教育の未来を分析していて、二〇〇八年時点で直面している人口変動の危機を私立大学が乗り越えられるかどうかを見極めるための重要な特徴を見逃しているというものだ（Jannuzi 2008）。最も重要なことは、「もし日本の教育セクターの一つが直面している人口危機を生き延びられるとしたら、それは高等教育セクターだ。なぜなら比較的大きな運営上の自由を与えられていて、多様なビジネスプランを立てられるからだ」と彼が示していることだ。ジャヌッツィの二〇〇八年から次の一〇年の日本の高等教育に関する予想は、第五章で説明する通り、かなり正確だったことが分かる。

（3）同族経営ビジネスの研究で興味深い特徴の一つは、人類学的な理論や手法を用いたものが非常に少ないということだ。例えばスチュワート（2003: 383）はこの分野について概観する中で「同族ビジネスの分野を発展させるにあたって最も活用されていないリソースは人類学の親族や婚姻の研究の文献だ」と述べている。また、「親族の理論、関連研究、エスノグラフィー（参与観察を用いた間近なフィールド調査）の手法という三つの分野で文献が発達しているため、文化・社会人類学は同族ビジネス研究を発展させることができる」（2014: 66）と論じている。

第一章　予想されていた私立高等教育システムの崩壊

日本の私立大学は、劇的な人口減少や構造改革、高等教育の社会的・経済的役割についての認識の変化にどのように応えてきているか。この本ではそれを明らかにする。二〇〇〇年代、大学の危機が見えてきて、この本を企画した当初、こうした絶望的な壁を前に日本の私立大学がどのように崩壊していったのかを描くことになるだろうとほとんど確信していた。しかし今の状況はむしろ、大学の終焉ではなくどのように生き延びたかを描くことが必要になった。それぞれ大学によって状況はさまざまで、異なる運命をたどってはいるが、全体として見れば、予想に反して日本の私立大学は驚くべき粘り強さを持っていることを見せつけた。この本ではこの粘り強さ・回復力（レジリエンス）を解き明かしたい。

二〇〇〇年代に日本の私立大学が直面した事態の重大さを理解するには、標準的な大学入学の年齢である十八歳の人口が一九五〇年以降ピークに達した一九九二年まで遡る必要がある。一九八〇年代はこの人口が大きく伸び、同時に日本の経済も成熟し、大学卒の働き手の需要も伸びてきた時

図1－1　日本の18歳人口の推移（1980～2010）

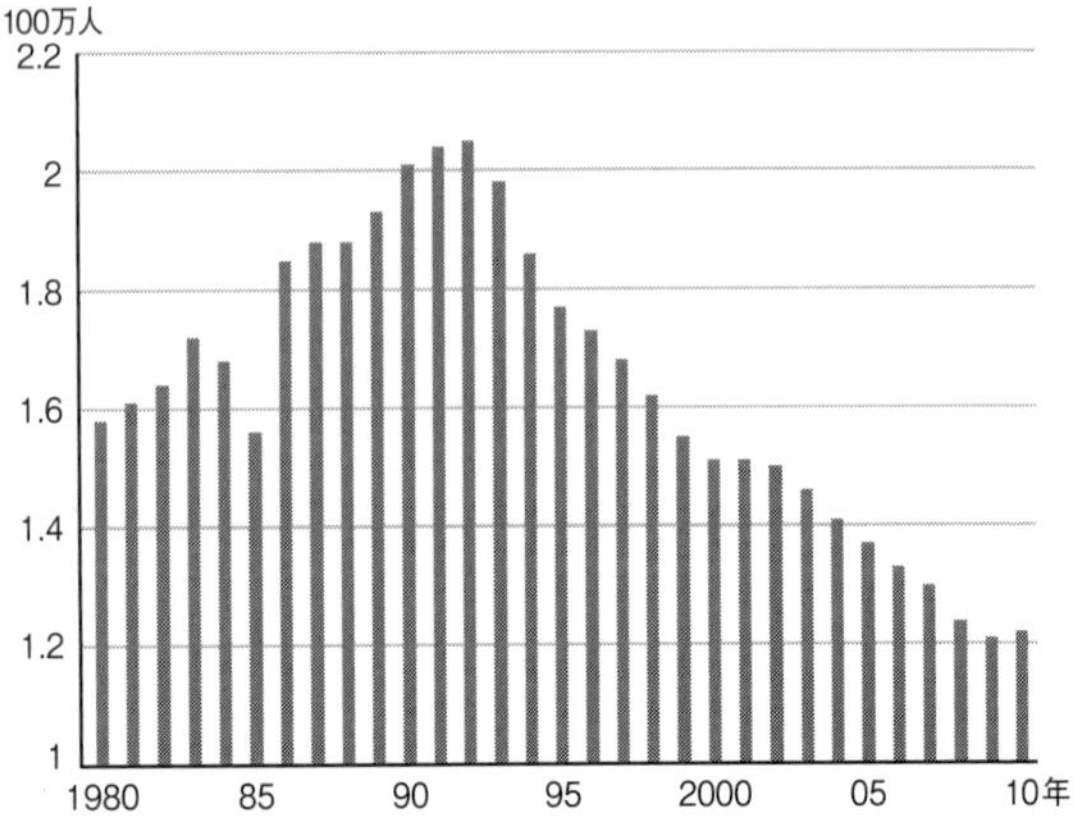

出典：文部科学省2017aより筆者作成

期だった。入学希望者は大量にいて、彼らが地獄のような受験戦争で競い合っている姿は世界的に話題になった。しかしこの時、国としては人口減少にさしかかっているところだった。その変化の速さや、溢れていたはずの入学希望者が足りなくなってゆく様子を統計的に描くのは難しいことではない。一九八〇年から一九九二年の間に十八歳の人口は三〇パーセント増え、そして二〇〇〇年代にかけて四〇パーセント減った（図1－1参照）。この減少は、波はあるが、少なくとも二〇四〇年まで続き、一九八〇年に募集者数を増やしていた大学は学生不足が深刻になると予想された。

　右下がりの変化が始まった頃、日本の高等教育は入学者数の増加と経営の安定というかつてない成功を味わっていた。だからこそ、この変化はより深刻なものだった。アメリカの学者ジョン・ツォイグナー（1984）など海外の研究者には、日本の高等教育システムは当時の欧米の大学とは根底から考え方が異なっていたため、「謎」と表現されていた。

　一九九〇年代初頭、日本の高等教育は、経済的な投資の観点で世界で二番目に大きな規模を誇っていた。そしておよそ六〇パーセントの高校卒業生が高等教育機関へ入り、二五パーセントは四年制の大学に入っていた。大学の中では、私立大学が数的には優勢だった。全ての国公立大学を合わせた数の三倍も私立大学があり、全学生の七五パーセントが私立大学に入学した[1]。さらに、巨大な私立大学セクターが受ける寄附金はほとんど民間や個人からのものだった。大学の収入の八〇パーセントは学生からの学費で、政府からの補助金は一二パーセントをわずかに超える程度だった[2]。

また、日本の大学教育ならではの独特な特徴が、広く認識されていた。その特徴はこの後に見ていく変化の出発点にもなるため、少し詳しく描き出しておく価値がある。まず、日本の大学には明確なヒエラルキーが定義されていた。高等教育の国際比較研究を牽引してきたゲイガー（1986: 35）は「ほとんどの国で、大学は高等教育機関の中である程度のヒエラルキーをもつが、日本では世界の中でも際立ってその度合いが強い。さらに、教職員もこのヒエラルキーを守っていて、さらに基本的には終身雇用のため、ヒエラルキーが人生に与える影響も他の国より大きいだろう」と書いている。このヒエラルキーはいくつもの〝定評〟ともいえる要素が組み合わさって成り立っている。設立時の経緯や規模、立地、そして入学の難易度などだ。特に国立大学は基本的に私立大学よりもヒエラルキーの高い位置に置かれている。大学についてほとんど知識や経験がないような人たちにも、このヒエラルキーは知られていて、例えば都心にあって、歴史も古く、大規模な国立総合大学である東京大学は、間違いなく素晴らしい大学だと誰もが自信をもって言うことができる。一方、九州の田舎に新しくできた私立の小規模単科大学は、実際の教育や研究がいかに良いものであっても、低ランクのものと思われてしまう。

大学のヒエラルキーのポジションを決める一番の要素は、その選抜の厳しさだ。偏差値で測られる入学試験の難易度である。受験における偏差値は他の競争相手と比べた時の自分の相対的な位置を測るもので、予備校が提供する模擬試験の結果から割り出される[3]。予備校は毎年、大学に入学した学生たちの偏差値を、大学、学部ごとに発表している。元々の目的は、受験生が自分の偏差値と照らし合わせて、どの大学なら合格しそうかを判断して出願先を決めるためにあった。しかし、同時にこれによって、入りやすさを基準に、シンプルで一見透明性のあるランキングが作られてしまうのだ[4](Dore and Sako 1998: 21-37, Goodman and Oka 2018)。

直感的には、大学のヒエラルキーは、高ランクな大学は学費が高いというように、学費の高さとして反映されるはずだと考えられる。しかし、日本ではそれが当てはまらない。ヨネザワとババ(1998: 151)によれば、「大学の選抜度が高いほど、かかる学費は低くなる」のだ。多額の補助金を得て、評判も高い国立の大学の学費は、一九九二年には年間で三七万五〇〇〇円と比較的安いのに対し、私立大学の学費はその二倍以上だった[5]。大学教育の需要はかなり堅調なもので、学費の多寡《たか》が需要を下げるということはない[6]。実際には、中・低ランクの大学にかかる学費が最も高かったのだ。収入の多い家庭の子どもがより多く大学に行くというのは驚くことではないだろう。東京大学が二〇〇七年に行った調査によると、収入が一〇〇〇万円以上の家庭の子どもの六一パーセントが大学に進学していたが、年収が四〇〇万円未満の家庭の子どもの場合は三四パーセントだった(『日本経済新聞』二〇〇七年九月二日)。もっと驚くべきことは、大学に最も高い学費を払っているのは最も収入の低い層だったということだ[7](Ishida 2007)。

その他にも、日本の大学システムに関して二十世紀後半に世界で話題になっていたのは、アドミッション（入学者選抜）の方法や中途退学率の低さだ。日本で広く知られている格言は、「大学は入りにくく出やすい」というものだ。「入りにくく」の部分は、公的な投資が少なく、入学できる人も限られている中で、急速に大衆が大学教育を求めるようになったという状況を表している（詳しくは第二章で解説する）。大学入学は日本の教育システムの中でもピンチポイントになり、入学試験は教育のゴールともなる重要なものと認識されていたのだ。ロナルド・ドーア（1976: 48）がその結果を「教育的なおまけの付いた、とても手の込んでいて高額な知能テストのシステムになっている。（本来あるべき）その逆ではなく」と評したのは有名な話だ。

格言の後半「出やすい」は、大学のプログラムを達成することが簡単であることを示している。学士の学位は必修科目を含む決められた単位数を履修することで得られる。他の国々で見られるような「卒業試験」は行われない。卒業せずに中途でドロップアウトする割合はかなり低く、大学在学期間は、厳しい学問の世界に触れるというよりは、入試のプレッシャーと卒業後の就職の間に挟まれた「息抜きの場」として捉えられている[8]（Refsing 1992: 118, Tsuda 1993）。後に改めて取り上げるが、大学教員たちが自分たちの立場について、教育者というよりも研究者として捉えていて、教え方の質の優先度が高くないという偏りにも、この傾向は結びついている。大学での際立った、あるいは特徴的な教え方のスタイルについて語るのは難しいことだった。なぜなら、教室は個々の教員の持つ排他的な領域で、ほとんど詳しく調べたり標準化したりすることを許さない場だったからだ。学部生の教育と学習の中でことさらに特徴的なのは、最終学年かその前の学年から始まる少人数のゼミだ。学生はそこで、自ら研究プロジェクトを勧め、教授からの密な指導を受ける（Lee-Cunin

2004: 134, Poole 2010: 65-66, 152)。

大学卒業が単純に「簡単」と言われているが、言い換えれば「卒業は大学が決めることではなく、学生が決める特権だ」ということでもある。新卒の就職は労働市場に入るにあたって重大な意味を持ち、ここでスムーズに就職することは長期的な目でのキャリア計画にも重大に関わってくる(Ohta, Genda, and Kondo 2008)。だから、就職難の時期にはあえて留年をして卒業時期を伸ばす学生もいるし、そうでない時は予定されたタイミングで卒業することが求められる。留年や卒業の判断を大学側から下すことはニュースにもなりうることなのだ。(9)

卒業のしやすさから窺えるのは、基本的には大学が、学校から社会へと移ってゆくための場と捉えられているということだ。従来、大学は職に就くための特定のスキルを身につけることを求められていない。雇用者はむしろ、大学入試の成功に必要な知能と努力のキャパシティを持つ、素直なジェネラリストを求めている。だから、労働市場は大学教育を具体的なある能力を身につけさせる場というよりも、学歴を与えるための場だと見ているのだ(天野 2011 などを参照)。日本の高等教育システムが労働力のスクリーニングの道具になっていることは「学問の質を向上させるという目標にとって大きな障害になっている」とゲイガー(1986: 50)は指摘している。本田(2004)は、雇用者側は、学生が職場に入ってからの「訓練可能性(trainability)」を測るには入試の結果が最も有用だと信じているために、大学の学問的な文化を向上させるというプレッシャーがかからない、と述べている。

一九九二年の学生を見ると、いくつかの鍵となる特徴が見えてくる。最も目立つのは、大学に入学する学生の九五パーセントが、十八歳から十九歳だということだ。つまり、大学は高校卒業したばかりの層に向けて提供されていたことになる。(10) また、大学入学者の過半数は社会科学系か人文科学系のプログラムに入っていることも特徴的だ。日本の大学では科目の区別は際立っていて、学部は縦割りにはっきりと分かれている。入学定員は学部や学科レベルで決められていて、その選考プロセスは大学全体で行われるというよりは、学部ごとに行われると言える。所属する学部を変えるのは難しいため、入る学部を選ぶのは重大なことになる。自分の選択が間違っていたと感じた場合は、一度大学を辞めて入り直すほうが簡単な場合が多い。

もう一つの特徴は、特に社会科学と人文科学の分野では、大学院進学の割合が極端に低いということだ。例えば一九八〇年代には、およそ二〇万人の学生が仕事のキャリアを想定しながら経済学の学士号を取っていたが、修士や博士課程に進んだ学生は二〇〇〇人(一〇〇人に一人)より少なかった(Clark 1995: 171-2)。物理学などではより多くの学生が大学院に進むが、一九八〇年代後半には、修士課程に進んだ学生のうち博士課程まで進んだ学生はおよそ八パーセントしかいなかった。一般的に、日本の企業は、学部を修了したばかりの卒業生を新入社員として入れ、企業ごとの独自の働き方を組織内で教えていくことを好む。これによって、社員としては身につけたスキルを他の場所で生かすことは難しくなる。企業の側として、人材育成のために大学院教育システムに投資する必要も少なくなる。日本の多くの大学は大学院プログラムも提供しているが、実際に大学院で学ぶ大学院生は、学生全体の中ではかなり小さい割合しか占めていない。論者の中にはそれを「空《から》のショーウィンドウ」と呼ぶ人もいる(Clark 1995: 167)。

さらに、一九九〇年代初頭の日本の大学生に関する特徴として、ジェンダーの不均衡が挙げられる。一九八〇年代、男女雇用機会均等法の施行などから女性の社会への参画が急速に進められたが、全体で見れば女性はまだ過小評価されていた。例えば学部生のうち女性は三〇パーセントで、大学院生では一九パーセントしか占めていなかった。多くの女性は、大学へ行くよりも二年間の短期大学で主に人文科学や家政学を学んでいた。大学教員の間ではさらに顕著なジェンダーの不均衡が起こっていた。一九九二年には、専任の大学教員のうち女性は一〇パーセント未満で、そのほとんどは人文科学や社会科学の学部に所属していた。教授職では五パーセント、大学学長では四パーセントしか女性はいなかった。

また、大学教員に関するもう一つの際立った特徴としては、新しい教員の募集をする時に大学は自校の卒業生を好んで雇うことが多く、つまり「生え抜き」の大学教員の割合が多いということが挙げられる。

「生え抜き」の仕組みは、学部の間のヒエラルキー、そして戦前の帝国大学における〝後ろ盾〟の風土が元になっている。大学がさまざまに広がっていく中で、帝国大学の教授たちは、自分のところの学生たちを他の大学に就職させ、大学機構全体の中で学閥の系統を保ち、知的な「共同体」を作る傾向があったのだ（Horta et al. 2011）。自分の教育のもとで育った教員を好むのは、そこで育った忠誠心によって組織としての安定性や一貫性を保ちやすいという経営上の理由もあった（山野井 2007）。ヨネザワ（2015）が論じた通り、法学、人文科学、工学の分野では同じ大学の卒業生が教員になる割合が高く、経済学などの分野ではその割合は低かった。

「生え抜き」は大学のアイデンティティと名声にも繋がっていて、大学教員のアイデンティティが教育より研究に関連付けられていたことにも関係する。教員たちは大学という機関への中央集権的な所属意識ではなく、高い自立意識と学問的な同僚意識を持っていた（Ehara 1998）。また、教員たちは社会的な地位も高かった。ヤマモト（1999: 314-315）が引用した一九九〇年代初頭の調査によれば、大学教授の社会的な地位は、法律家や医師、国会議員と並んでいて、会社の社長よりも高いと考えられていた。アルトバックとルイス（1995: 57）による比較調査によると、韓国以外の国の大学教員と比べて、日本の教員は自分たちがオピニオンリーダーとして影響力が強いと感じていた。大学教員の社会的地位は高く、研究が学問的なアイデンティティとして重視されていた。それにもかかわらず、大学は産業に貢献するような研究の生産性が低いと繰り返し批判され、大学に拠点が置かれた研究と、企業の研究所が行った研究で比べると、企業の研究所のほうがより多くの投資を受けていた（Coleman 1999, Hatakenaka 2010）。

一九七〇年代以来、国際化が日本の高等教育の最大の弱点の一つと言われていた中で、大学はゆっくりと国際化を進めていった。日本の学生は海外に足を運ぶようになり、一九九二年にはおよそ四万人の学生が海外留学をした。しかし、大学のプログラムを通したものではなく、個人的に行った留学がほとんどだった（文部科学省 2014）。一九八〇年代、日本に来る留学生の数はほぼ伸び続けていたものの、その割合はまだ学生全体の一パーセントを少し超えるくらいで、日本国籍を持っていない専任の教員は、全体の二パーセント程度だった。また、日本語の出版産業が発達していたうえに、国内のアカデミックなコミュニティに自ら満足していた風土もあって、研究が国際的なジャーナルに掲載されるのも限られていた（Eades 2000, 2005）。

一九九〇年代初頭の日本の大学教育は完璧には程遠かったが、そこでみられた欠点の数々は、高度に発展した、比較的安定したシステムの存在を象徴していた。しかし、その一〇年後には、話は大きく変わってしまった。日本の大学が持っていた良い特性は、全て脅威にさらされることになったのだ。

大学崩壊シナリオはどう語られたか

『大学激動』『大学崩壊』『迷走する大学』『大学倒産』『大学革命』『危ない大学・消える大学』『崖っぷち弱小大学物語』『潰れる大学、潰れない大学』、これらは二〇〇〇年を迎えた後に日本の書店に並んだ新たなジャンルの本のタイトルだ（朝日新聞教育取材班 2003, 川成 2000, 黒木 1999, 中村 2000, 多田 2001, 島野 1999, 杉山 2004, 読売新聞大阪本社 2002）。これらの本にはことさら人の目を引くメッセージが込められていた。――「我々の大学は深刻な危機に瀕している」と。劇的な運命を面白がるような本のタイトルが映し出す問題の原因は、多様にあった。第一に、日本の国立大学を急速に民営化しようという動きだ。これは文部科学省の下で守られていた大学にとっては運営の基盤をひっくり返される「ビッグバン」であり、国公立・私立も合わせた全ての大学が、同じプールから政府の補助金を受け、学生の学費を得て、研究契約を結ぶという新しい時代の幕開けになるのだ。もう一つの問題は、二〇〇〇年代初頭に初等・中等教育のカリキュラムが変更されたことだった。これにより、大学の教授たちは学力のより弱い学生たちと向き合わなくてはならなくなった。さらに、日本の産業にもっと貢献せよ、という大学へのプレッシャーが強くなったこともある。即戦力になる卒業生を輩出し、経済の回復に貢献するような、産業に関係するような研究をするよう求められたのだ。

だがそうした中で、前述の通り大学生の七五パーセントが属し、その収入の多くを学生からの学費が占めていた私立大学こそが、最も絶望的な論調の対象となっていた。日本の高校卒業生は、すでに世界的に見て高い割合で大学へ進学していたために、人口減少を補える分だけ大学への入学率がさらに増える見込みはほとんどないと思われた。大学入学希望者数が大学の学生募集数を下回る時が早晩訪れるだろう。それは二〇〇七年と予想されていたが（後に二〇〇九年と修正）、そうなればかつての日本の大学のように、募集人数より入学希望者数のほうが多いという基本的な原則が完全に覆ることになる。

そういう新しい時代の中では、誰でも大学に入ることができ、学生は受験合格のための「地獄」のようなプレッシャーを受けずに済み、代わりに大学が新入生を獲得するためにプレッシャーを受けることになる。エリート層の大学は、選抜性の高い狭き門を目指して受験生が集まってくるため、この新しい状況からもメリットを受けるだろう。しかし大多数の私立大学は、生存を賭けた、犠牲者が出るような苦しい戦いを迫られることになる。この明快なロジックは『週刊エコノミスト』誌の二〇〇〇年三月の特集のタイトル「18歳人口減少→全入時代→定員割れで倒産が現実化」に集約されていた（黒木『週刊エコノミスト』二〇〇〇年三月二十一日号）。それから一〇年が経過する間に、この懸念はデータによって実証された。二五パーセントの四年制大学が二〇〇二年には赤字になり（『朝日新聞』二〇〇一年六月十日）、二九・一パーセントの四年制大学で二〇〇四年には新入生の定員割れが起きた（『朝日新聞』二〇〇四年八月四日）。二〇〇六年の春には四〇・四パーセントの私立大学が学生数の目標に達することができなかった（『産経新聞』二〇〇六年八月二十五日）。二〇〇八年春には、全ての四年制大学のうち、およそ四七パーセントが定員割れをし（『産経新聞』二〇〇九年四月十九日）、三二パーセントの私立大学が赤字となった（『朝日新聞』二〇〇八年一月二十一日）。

そういう状況を受けて、頻繁に取りざたされた話題は、どれだけの数の私立大学が閉校に追い込まれるか、だった。先に記した出版物の中では、閉校する私立大の割合の予想が一五パーセントから四〇パーセントになっていた。例えばヤマダ（2001: 287）は「二〇〇四年にはおよそ四〇パーセントの私立大学が経済的な危機に直面すると試算されている」と書いている。大学のリーダーたちも、比べれば低めの数字にはなっていたが、自らその予想を立てていた。法政大学総長の清成忠男は、三〇パーセントと予想した（インタビュー、二〇〇四年二月三日）。筑波大学大学研究センター長の山本眞一の予想は二〇パーセントだった（インタビュー、二〇〇四年二月二十四日）。また、七つの有名大学の学長たちが集うシンポジウムは、次の一〇年で六〇校、あるいは一〇パーセントの大学が新入生の受け入れを止めると試算した（『朝日新聞』二〇〇五年六月二十五日）。日本経済新聞による私立大学のリーダーたちを対象としたより大規模な調査からも、近い結果が出ている（『日本経済新聞』二〇〇五年十月三十一日）。

高等教育の研究者のほとんどは実際の数字を明言することは避けたものの、私立大学群が数年の間に直面する悲惨な条件については認め、大学の閉校や統合、新たな連携などが混合して起きることを予想した。高等教育研究の第一人者である天野郁夫は二〇〇四年に（当時日本には五二六の私立大学があった）、「生き残るのは四〇〇校ではないかとか、三五〇校程度ではないかとか、さまざまにいわれていますが、今の時点ではまだ誰にも分かりません。しかしこの一〇年、いや五年の間にかなり大きな変化が起こることだけは、間違いないでしょう」と書いている（天野 2004: 229）。

図1－2　毎日新聞の記事への用語使用頻度（1990〜2010）

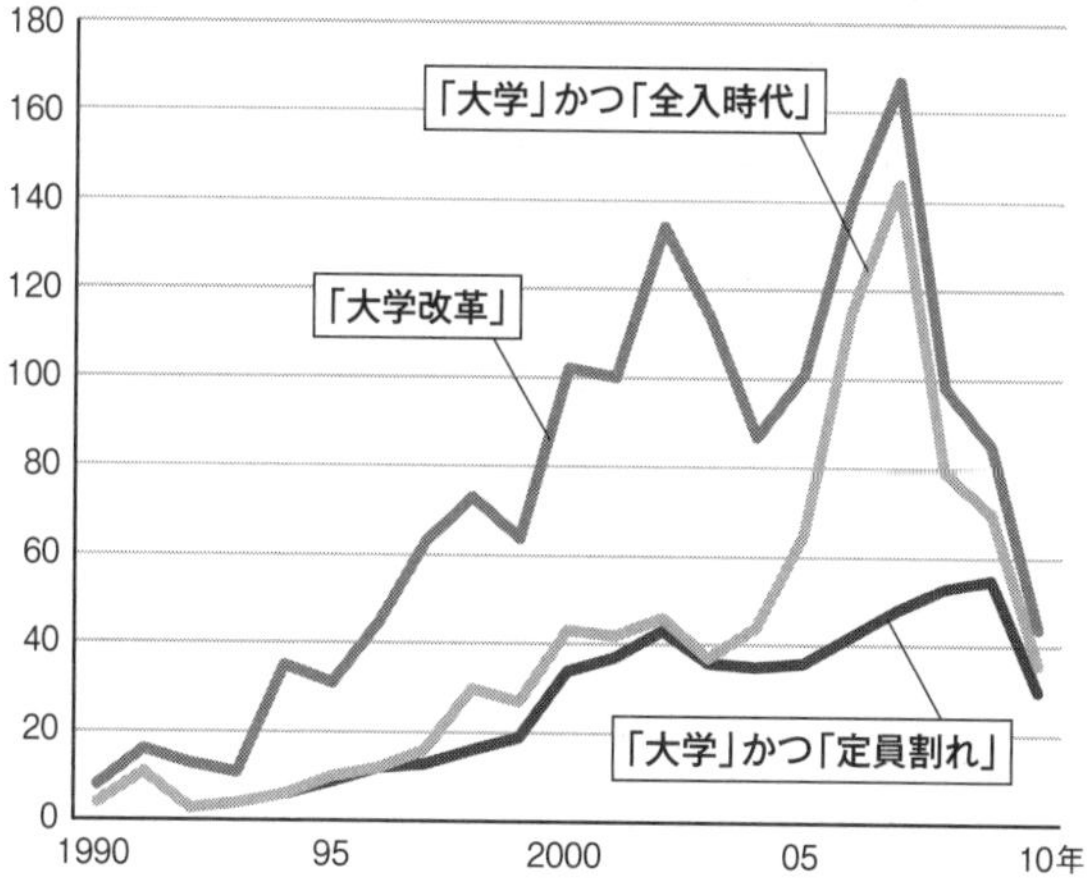

出典：毎日新聞データベース「毎索」2018/11/1アクセス。Y軸は記事の見出し・本文に用語が使われた数を表わす。

主要なニュースメディアもこの大学崩壊シナリオの中毒になった。例えば二〇〇四〜〇五年、『日本経済新聞』の五回シリーズとなった「大学激動」では、「二〇〇七年ショック走る」「迫るバブル崩壊」「私大淘汰の衝撃」といった回が組まれた（二〇〇四年八月三日、十月二十三日、二〇〇五年十一月八日）。『読売新聞』は「大学、戦後以来の改革」と予想した（二〇〇四年十一月十四日）。ジャーナリズム的な新しい用語も生まれた。最も目立ったのは「全入時代」という言葉で、文字通り全員が入学できる時代という意味だ。学生募集数が入学希望者数を上回るという差し迫った状況を表すのに使われた。もう一つの用語は「定員割れ」で、学生からの学費に頼っている私立大学が危機を迎えていることの説明に使われた。二〇〇〇年代には「大学改革」という言葉も広く使われた(11)(図1－2参照)。

「全入時代」の最初の犠牲が出始める二〇〇七年には、論調がさらに動揺を招くものになっていた。「4割が定員割れ、破綻予備軍は27法人」と『週刊エコノミスト』の見出しで書かれ(二〇〇七年一月十六日号)、『朝日新聞』の見出しでは「母校が消える 学校法人、相次ぐ破綻」と書かれた(二〇〇七年四月十六日)。『週刊東洋経済』では「市場規模が半減! 大淘汰時代がやってくる」と報じられた(二〇〇七年十月十三日号)。私立大学セクターの代表者たちは、こういった意見を否定する気はなかった。「私たちは適者生存の時代に入ろうとしている。学生たちの学びを混乱させずに弱い大学を閉校させてゆく方法を私たちは探らなければならない」と日本私立学校振興・共済事業団の西井泰彦は言う(Fackler, *New York Times*, 2007/6/22)。

危機に瀕していた大学の学長(例えば福井 2004 参照)の中には、「生存戦略」の必要性を語り始める人もいた。大学は生死を賭けた競争の時代の中で、生き残るためにどのような新しい戦略が取れるのか。大学に子どもを送り込もうとする家庭は、生き残りそうな大学をどうやって見つければよいのか。就職活動市場の中で、学位は価値となり続けるのか。この変化は中等教育にどのような変化を与え、大学入試に備えるための塾や予備校の巨大な産業にどのような影響を与えるのか? 政府は滅びゆく大学にテコ入れするのか、それとも新自由主義の精神は、当時の他の産業への態度と同じように、市場の原理のもとで大学を放っておくのか。これらの疑問は、二〇〇〇年代初頭から中期にかけて研究者や教育者だけでなく、大学入学希望者やその家族、そして日本中の幅広い読者層を夢中にさせた。

日本の人々は高等教育システムの差し迫った崩壊にどうしてあれほど驚愕《きょうがく》していたのか。それは一見すると〝謎《パズル》〟だった。人口統計学者にとって、崩壊に向かうこのシナリオを描くのは驚くほどの難問とは思えなかった。移民がほとんど入らず、乳児死亡率がほとんどゼロの中、人口の変化は比較的予測しやすい。この差し迫った最悪の事態を防ぐためのアクションをなぜ早くに取らなかったのかは理解し難い。その一〇年前、十八歳人口が減り始めていた頃に巻き起こっていた議論を思い返せば、この問いは確かに的を射ていた。日本私立大学連盟の一九八六年の刊行物では、人口に訪れる変化を「嵐が待ちうけている」と言い、当時大学が享受していた短期的な入学希望者数の豊富さに夢中になるのではなく、その後訪れるであろう人口減少に備えて長期的な視点で計画を立てるべきだと書いていた。例えば*Japan Quarterly*の一九八七年の記事では「私立大学は一九九二年、十八歳人口がピークを迎えて以来入学者の減少を懸念していて、大学の運営方針は、その時が来たらどうやって生き延びるかということに集中している。今の需要に合わせて入学者数を拡大するのではなく、将来生き延びるために、能力の高い学生を惹きつけ、大学の評判を良くしていこうとしている」と書かれていた（Nishimura 1987: 182）。また、代表的な高等教育研究者、喜多村和之が共編した本ではいくつもの劇的な変化が予測され、「大学「不死」幻想」が終焉を迎えると書かれた[12]（喜多村 1989）。大学に関する政策を政府に提言する大学審議会の一九九一年の答申では、「十八歳人口急減期の計画」として今後どのような方向で高等教育を発展させていくのかが直接的な問いとして示され、「大学等の新増設については原則抑制の方針で臨むこと」と進言していた（大学審議会 1991）。

二〇〇〇年代初頭の危機と改革論

一九九〇年代から二〇〇〇年代初頭にかけて、人口動態の変化は、政治、経済、社会の変化と合わせて、人々の不意をつくように訪れた。例えば、日本の若者の雇用は、バブル経済が弾ける一九九〇年代初頭と二〇〇〇年代初頭とでは完全に状況が変わった。大学の最終学年の十二月、つまり高度に形式化された日本の就活システムの中で重大なタイミングまでに就職先が決まっている割合は、二〇〇三年、最低記録の七三・五パーセントまで落ちた（『日本経済新聞』二〇〇四年一月十四日）。この減少は、ホワイトカラーの仕事の形態の変化とともに起こっていたため、懸念はより大きかった。一九八〇年代、九〇年代の高校卒業生たちは、大学に入るために厳しい戦いをしていたが、大学を卒業してしまえば安定した長期雇用のホワイトカラー職を得られるという文化が待っていた。しかし二〇〇〇年代初頭、経済不況と労働市場の規制緩和によって、雇用主はかつての終身雇用の文化よりも、期間が限定された雇用や派遣による臨時雇用（雇用のアウトソーシング）をより好むようになった。二〇〇五年には、労働力の三三パーセントが「非正規」に分類された。平成初期の一九八九年には非正規の割合は一九パーセントだった（統計局 2014）。誰でも大学に入れるようになった以上、大学の学位を優秀な経歴として提示できる価値を保つにはどうすればよいか。それは難しい問題だった。日本のメリトクラシー（能力主義）の重要な特徴――教育と社会経済的なステータスの密接な繋がりは、まちがいなく衰えていくものと考えられた。雇用市場の中で他と違いを出すために、雇用者は就職希望者や大学卒業者を選ぶために新たな戦略を立てなければならなくなった。

「全入時代」に入り、大学卒業後の就職の見通しも不安定になる中で、「良い」大学を探し、出願する大学を決めるという最初のステップはより複雑になった。先述の通り、日本の大学は入試の難易度を基にしたヒエラルキーが定着していて、大学はその枠の中で運営されている。しかし、希望すれば誰でも大学に入れてしまうという新しい時代の中では、入試は一部のエリート層を除いて、ほとんどの人にとっては関係ないものになり、入試難易度をベースにした既存のヒエラルキーのロジックも間違いなく消えてなくなると考えられた。入試の結果を基にした大学の細かい差別化は、より大胆な二極化に置き換えられると考えられた。まずは入学の競争が残るエリート層の大学と、どんな希望者も教室に入れるような大学という二極化。そして、「全入時代」に合わせて賢く経営の舵《かじ》を切る大学と、それができない、もしくはそれを望まない大学という二極化が起こると思われたのだ。この二極化シナリオは、二〇〇〇年頃に出された『潰れる大学・伸びる大学』（梅津 2001）や、この本の執筆段階では今でも毎年出版されている『危ない大学・消える大学』（島野 1999）シリーズといった、一般向けの書籍のタイトルに集約されていた。「勝ち組」「負け組」という言葉もこの話題の中で広く使われるようになった（Nakai 2002）。

学生やその親、高校の教員たちは大学を見極めるのに新たな判断基準が必要になった。先に紹介した本はその起点となるポイントを提供したが、より精密なアプローチも新たに作られた。そのさきがけの一つで今も人気なものは、朝日新聞出版が毎年出している『大学ランキング』だ。一九九四年に創刊されたこの本は、高校教員からの評判や研究による収入、地域に働きかけるアクティビティなど、幅広い評価基準を基に大学を評価している（朝日新聞出版 2002）。もう一つの有名なものは、『週刊東洋経済』が毎年出す「本当に強い大学」という増刊号で、特に財政状況や卒業生の就職事情に重点を置いている（『週刊東洋経済』二〇〇〇年九月十六日号）。これらのランキングの多くは、結局は以前からあった、入試難易度をベースにしたヒエラルキーに酷似していたが、中には、時代の変化に合わせた小規模の、エリート校ではない大学の際立った成功を評価するものもあった。この時期の大学改革について書かれた文献の中には、どうすれば入試難易度に頼らずに大学の質を判断できるのかを探ろうとしている読者に向けて書かれたものも多く含まれていた。

公立の大学セクター（国公立大学）に起こった変化は、大学が激変の渦中にあるという人々の感覚をさらに高めた。二〇〇四年、国立大学は法人化という重大な時期を迎えていて、教育行政による支えがなくなり、資金もより自由な市場から集めざるを得なくなった（Goodman 2010）。これによって日本の高等教育の見取り図は、より「ボーダーレス」で「一元化」されるようになるだろうと思われた。特に市場が縮小する時代の中で、一部のトップ私立大学以外にとっては競争が急速に厳しいものになりうるのだ（国庫助成に関する全国私立大学教授会連合 2004、市川 2000、清成・早田 2005）。国立大学の法人化によって三〇〇の私立大学が息絶えることになると明言した論者もいた（中村忠一 2001）。

人口の変化に伴う市場の締め付けは、政府の大学改革の姿勢とかなり一致していた。政府による規制ではなく、市場の力によって形作られていたのだ。「潜在的な学生の人口の減少は、大学間での競争の環境を生み、学生のニーズに合うよう大学が改革を進めるようになるという意味においては日本の大学に良い影響ももたらすかもしれない」「確かに破産が待っているかもしれないが、究極的にはそれによって、生き延びるために大学が変わらざるをえなくなるのは良いことなのかもしれない」(*The Japan Times*, 2002/10/6) と二〇〇二年に文部省高等教育局大学課長を務めていた合田隆史はコメントした。他の私立大学の学長も同じように考える人はいた。「大学が破産したとしても、それは誰かがそうなるように動いたからということではない」と千葉商科大学の加藤寛は話す。「つぶれるのは、だれかがつぶそうというんじゃなくて、学生数が減ってつぶれる。つぶれれば自然に統廃合はできますね」(13) (天野 2000: 179)

また、学生獲得に苦しむ私立大学が、以前ならば学力の面で大学入学にふさわしくないと不合格にしていたような学生も受け入れるようになることで、教育実践に関する懸念が広がった。このような学生たちについてはすでに問題化していて、一九九〇年代後半には、三年かけて取り組まれた全国的な調査によって、基本的な学力に大きな格差があり、多くの大学生が小学校レベルの算数の問題を解けなかったことなどが注目された(戸瀬・西村 2001)。教え方や授業の運営の新たなアプローチが広く共通の話題に挙げられた(古沢 2001、絹川・舘 2004、東海高等教育研究所 2001)。二〇〇五年には大学の授業についてゆけるだけの準備ができていない学生のために、補習の戦略を立てることを目的とした日本リメディアル教育学会という新たな団体も作られた(14)(『産経新聞』二〇〇五年三月二十三日)。また、授業中にひそひそ私語を交わし、電子機器を持ち込む学生たちに教授がどう向き合えばよいのかなどといった教授たちの悩みに答えるような本も出ている(例えば島田2002を参照)。学生の変化への関心は、初等・中等教育の改革にも繋がっている。二〇〇三年の、いわゆる「ゆとり教育」と言われたカリキュラムの導入は、学力低下というパラドクスに繋がり、パニックを拡げることになった。ゆとり教育を受けた学生が最初に大学に入学することを指す「2006年問題」は大学教員たちが直面する壁を表す言葉として広く使われるようになった(例えば『読売新聞』二〇〇四年十一月八日参照)。大学崩壊の言説は、大学教育を超えて広い範囲の懸念にまで及び、そのどれもが差し迫る崩壊に繋がっていた。

一方、大学の崩壊が大学教育の本格的改革を進める機会になると考える研究も多く行われた。天野はこの機会を「日本の大学の歴史の中で、初めて大学の教え方や学び方に関する改革が始まろうとしている」(Amano and Poole 2005: 697)と書いている。高等教育研究の新たな中心が作られ、大学院では大学の専門事務職員(アドミニストレーター)を育てるようなプログラムが新設された(Oba 2009)。「皮肉だが、この危機によって学生をちゃんと教育しなければならないと大学が気づくことができた」と関西国際大学の濱名篤学長は話している(Fackler, *New York Times*, 2007/6/22)。三菱総合研究所の村上清明は「無情な競争が究極的には学生のためになる」と話す(Walsh, *Time Asia*, 2005/7/4)。

多くの大学教授たち自身は、この危機をぜひ前向きに利用したいと考えていていた。長年抱えていた産業界のニーズとのずれや、官僚主義的な効率の悪さ、アカデミズムの伝統主義、そして一九八〇~九〇年代の頃の大学拡大期に生じた粗悪な無駄などといった問題に、大学がいよいよ立ち向かわなければならなくなると見抜いていたからだ（日下他 2003, 西田 2000, 佐藤 2001, 竹田 2001）。日本の教育界で働く海外出身の研究者の多くもこの考えには賛同していた。どこか漫然としていて変化に乏しかった日本の大学の性質や、日本の学術界の全体的な機能不全の傾向といった、彼らの抱いていた批判がこの大学崩壊のシナリオと綺麗に一致していることに気づいたからだ[15]（Hall 1998, McVeigh 2002, 2006）。日本の大学で長年働いた北米出身の教授が、日本の学生生活の風刺を書いていた（未発表）。どんな分野に早急な改革が必要か、効果的に描き出している。紹介しよう。

バカタロウ《ママ》は掛け持ちする三つのアルバイトのうちの一つを終え、実家で短時間眠ってから、九〇分かけて創徳情報研究国際大学のキャンパスに到着した。六週間ほど大学へ来ていなかったが、学期末が近いことに気づき、試験があるのか、そしてあるならばそれがいつなのかを知るために登校したのだった。試験の詳細は授業シラバスに載っているが、彼はシラバスを読んでいないどころか、クラスの課題文献も薦められた文献も読んでいなかった。おそらくシラバスは持っているはずだとは思うが、それを探し出すには疲れすぎていた。

教室に到着すると、授業開始時刻から一五分遅れていた。でも何かを聞き逃したのではないかと心配することはない。どのみち担当教授は開始時刻の二〇～三〇分後になってからしか教室に来ないことを知っているからだ。彼は教室を見まわし、知り合いがいないか探すが、誰もいなかったので、後ろのほうの席に座った。ここならば教員の講義の声もあまり届かず、試験の詳細を聞いた後にする予定の昼寝の邪魔にならないだろう。彼がいるのは「国際大学」だが、教室にいるのは全員日本人であるということについて何か感じたことはない。以前、社会科学や人文科学を学ぶ中国人学生がいたと聞いていたが、彼らはお金を稼ぐ副業をするためにより大きな街へ出て行っている。

二〇〇〇年代初頭の文献の多くは、大学経営の新たなモデルを探し出すことに注目していた。比較高等教育の研究者たちは、日本の私立大学の苦境は前例が全くないというわけではないため、大学の経営者や政策立案者は他の国での過渡期の事例を調べるとよいだろうと指摘していた（江原・杉本 2005）。アメリカでの経営の合理化と、教育分野・研究分野両方での新たな市場の開拓の成功は特に参考になると紹介されていた(16)（青木他 2001, 喜多村 1997, 舘 1997）。共通の話題としてよく上がっていたのは、大学の官僚主義的なプロセスの改革や管理職が多すぎる構造の改革、財政の立て直し、そして危機管理システムを作るといったものだった（青木他 2001, 川原 2004, 丸山 2002, 中村 1997, 小日向 2001）。法政大学や立命館大学といった改革に熱心な私立大学の取り組みも、改革すべき課題を受け入れきれない大学経営者たちに良い参考例として紹介された。既存の改革だけでは差し迫る崩壊に立ち向かうには足りないとは分かっていたが、法政大学の総長は大学の「新たな運営モデル」を思い描いていた。そこには効率的な運営、教育の質と学生の幸福の重視、地域コミュニティや産業との深い繋がり、豊かなテクノロジーの経験、そして何より、子どもの数が減少する日本社会の中で高校卒業者以外のグループから顧客を取り入れる企業家精神といったものが盛り込まれていた（清成 2001 and 2003, 中村清 2001）。これらの提言は、前述した大学審議会のレポートの

「ポスト一九九二年」の高等教育の計画も反映されていた[17]（大学審議会 1991）。

議論の焦点となったのは、大学教育の新たな市場の開拓だった。人口動態の変化の呪いを祝福に変える一つの方法は、大人、特に今の日本で最も大きなボリュームを占める六十代以上の世代への教育の提供だ。既存の大学教員と既存のキャンパスの資源を使えばできる「生涯学習」プログラムは、特に効率が良い（Yamamoto 2012）。一方で、グローバル化や技術の進歩といったトレンドはビジネスや専門職の関心分野を変化させていた。大学はこの変化に合わせて、学位を授与するような専門的な教育をしたり、エグゼクティブトレーニングのような企業向けの短期的なモジュールを仕立てたりと、大学院のプログラムを柔軟に組むことができる。先進国でのもう一つの重要な収入源は国境を越えた留学生教育だが、これは日本ではあまり開発が進まなかった。学費を払ってくれる海外からの留学生を入れれば、日本の高校卒業生の数が減るのをいくらか補ってはくれるはずだ。

しかし、学術的な研究の中には、大学の行く末に対してそこまで楽観的ではない評価を下したものもあった。それらは、多様でまとまりのない個々の計画が、統一性がなく、全体的な変革の効果が欠けていることを指摘していた。（有本・山本 2003, 山岸 2001）。財源が豊富でリーダーシップの構造が強い一部を除き、私立大学は改革を追究するにあたって、多くの制限に直面した。天野（2000）の大学学長たちへのインタビュー集からは、この問題が鮮やかに描き出されていた。大学の縮小と崩壊の可能性のシナリオは、インタビューの中にはっきりと含まれていたが、対策としてなされるべきこととのズレを描くに留まった。ドラマチックな変化を求める者、長年の方針を振り返る者、個人的に挑戦を受け入れようとする者、そして外部に答えを求めようとする者もいた。最も驚くべきことは、これらのインタビューの全てが、人口減少はすでに一九九二年以来起きているというのにもかかわらず、将来のことについての挑戦と捉えているということだ。

二〇〇五年に行われた主要私立大学の学長を対象とする大規模な調査（『日本経済新聞』二〇〇五年十月三十一日）が明らかにしたのは、私立大学セクターを覆っていた不安と先行きのわからなさが入り交じった独特の様相だ。回答者の過半数が二〇〇四年までの五年間で経営が悪化していると答えている。競争がさらに激しくなった場合どうなるかを予想してもらう問いでは、過半数が選んだのが「定員割れが増え、破綻・廃校が相次ぐ」だった。他に四〇パーセント以上が選んだ回答は「定員割れが増え」統合や経営移譲が増える」「外部委託など外部資源を活かす合理化が進む」「教職員の人件費の切り下げが増える」だった。八〇パーセントの回答者が日本には大学が「多すぎる」と答え、大学の数が「適切」と答えたのは一五パーセントしかいなかった。もっと多くていいと答えた人も四・四パーセントいた。多数派（五五・九パーセント）が「大学には経営の分かる人は少ない」に同意した。


では、第一章を要約してみよう。

二〇〇〇年前後の文献を見ると、学術的なものでも一般向けのものでも、日本の私立大学セクターが近い将来大規模な崩壊を迎えるという考えで一致していた。人口変動は大学の入学者数と収益の減少をもたらすきっかけになり、多くの大学が赤字になり、相当な数の大学が閉校になるか、少なくとも合併すると考えられた。また、この一連の出来事が及ぼす影響に関する推測も広がっていた。明らかに勝者と敗者が生まれ、それらを分けるラインはこれまで以上にはっきりしたものになる。勝者の席を勝ち取り守るには、大学は早急に新たな市場を見つけ、運営のやり方を発展させていかなくてはならない。

しかし懸念されたのは、大学そのものの運命だけではなかった。大学崩壊のシナリオは、本章の冒頭で紹介した日本の大学システムの最も安定した特徴となる部分までも再検討することを迫った。入試難易度をベースにした大学のヒエラルキーは乱され、大学の学位もその価値が疑問視されることを余儀なくされた。これらの幅広い懸念を最も凝縮してまとめたのは、東洋経済新報社が二〇〇一年にまとめた、日本の大学の将来に対する専門家の予想を集めた本だろう（大学未来問題研究会 2001）。この本に上げられた予想は、学生募集の競争の激化の始まりや大学の経営破綻の急増といったものに留まらない。入試や偏差値の終焉や、大学への公的な助成金の廃止、三〇パーセントを超える中退率、営利目的の企業立大学や海外の大学など新たなプレイヤーの参入、予備校や専門学校との戦略的な提携、大学院や専門学校教育の発展、アジア出身の留学生の大規模な募集、そして教授職の能力給制の導入といったものまで含まれた。長く当たり前とされてきた日本の大学ならではの特徴のどれもが、事実上の危機を迎えていたのだ。

次からの章では、二〇〇〇年代初頭に予想された崩壊のシナリオの後、日本の大学で実際に何が起こったか、なぜそうなったかを検証する。事例研究に取りかかる前に、まずは一歩下がってより広い比較研究の視点に立ち、歴史的な文脈に置いて、日本の高等教育システムを検討する。日本の大学で起きたことは、日本社会の他のセクターや、他国の高等教育システムに教えや喚起をもたらすことができる。第二章では、比較の視点で日本の私立大学を見ていくことにしよう。

註

（1）特に明記がない限り、このセクションでの大学数や学生数のデータは文部科学省と学校基本調査（文部科学省 2018a）から引用している。

（2）私立高等教育機関の運営は個人の投資に大きく依存している。それは、日本政府が高等教育に向けて支出している公的助成金のGDPに対する割合がOECD諸国の中で最も低く、OECDの平均と比べて半分以下になっていることとも繋がっている（Fukudome 2019: 43）。見方を変えれば、日本の家庭は高等教育のコストにOECD平均の倍の貢献をしているとも言える。一方、日本の公立小・中学校への投資は比較的多い。この段階では、子どものほとんど全員が公立の学校に通っている（OECD 2017）。

（3）偏差値は、中央が五〇になるように算出される。偏差値は二〇から八〇までの幅があり、九五・四パーセントの人が偏差値三〇から七〇の間に含まれる。偏差値は公式に認められているシステムではなく、予備校や塾が生徒やその親が志望校を決めるために発展させてきた仕組みであるため、使われている値や計算にはいくらかのバリエーションが存在する。よく知られていて信頼されている二つのサイトは「大学偏差値.biz」と「大学偏差値情報」だ。前者では、二〇一八年、七五一校の大学が八分類されていた。一五校は競争が激しく「S」とカテゴライズされ、偏差値（全ての学部の平均偏差値）は六五から七〇だった。次いで三〇校が「A」にカテゴライズされて偏差値は五九から六五、「B」は五〇校で偏差値五四から五九、「C」は一三五校あり偏差値は四九から五四、「D」は九五校で偏差値は四四から四九、「E」は一二〇校で偏差値三九から四四、「F」は二六五校で偏差値三四から三九、「G」は四

○校で偏差値三一から三四だった。二〇一八年には一七一校あった国公立の大学で「C」より下のグループに入った大学はなかった（つまり、国公立全ての大学が競争の激しいトップ三〇パーセントの大学に入っていた）。見方を変えれば、ランクの低い四カテゴリに入った大学は、全て私立大学だったということだ。

（4）偏差値は大学に入るための全体的な競争力も反映している。一九九二年（競争が最も激しかった時）の、大学に入るために必要な偏差値の平均は四七だったが、二〇〇〇年にはそれが三九まで下がっていた（大学未来問題研究会 2001: 104）。

（5）私立大学の場合、ヨネザワとホアン（2018: 432）が指摘した通り、「需要吸収大学」は一般的に「競争のある大学」よりも学費が高い。トップ層の私立大学は、良い学生をめぐってトップ層の国立大学と競うために比較的安い学費になっている。

（6）タイヒラー（2019: 6）は、レベルの低い（一般的には私立の）大学でより高い学費を払う学生は、教育システムの中で成功できていないことに対する「罰金」として払っているのだ、と表現している。カリヤ（2011）は、基本的には高い学費を払っていても、高いレベルの大学へ行く人と同じような成果を得られない一方で、特に一九九〇年代、二〇〇〇年代の経済的な停滞の間は、全く大学へ行かない人と比較すればこの投資は大きな対価を生んでいることを明らかにしている。こういった事情で、私立大学は高い学費を請求することを続けられているのだ。

（7）最も学費が安いのは国立大学で、そこには平均的に見れば裕福な学生が通っている。国立大学に通う個々の学生は、私立大学の学生に比べて政府の助成金を四〇倍以上受けていることになる。国立大学に費やされるこうした税の配分を通して、裕福な家庭はそうでない家庭に対して莫大な二重の補助を受けていることになる。

（8）二〇〇一年の『世界競争力年鑑』（IMD）によれば、経済のニーズに合わせた大学教育のあり方に関する四九の経済圏を対象とした調査で日本は最下位だった（Arita, *Japan Times*, 2001/12/26）。マクリーン（1995: 169）は国際的な高等教育システムの比較の中で、日本の最も独特な特徴は、自己開発のためのモラトリアムが許されている度合いと、その恩恵のためには消費者が大部分の費用を支払わなければならないことだと言及している。
（9）一九九一年の有名な事例として、明治大学の法学部で、ある科目の最終試験を合格できなかった一〇〇名以上の学生が四年間での卒業ができなくなった。学生たち自身からの反対運動が起きただけでなく、この出来事は世の中を驚かせ、その科目の担当教授自身も「一番驚いたのは私です」と困惑するほどだった（産経新聞社会部 1992: 19-20）。
（10）日本は高等教育機関に通う二十五歳以上の学生の割合が常に最も低い国だ。現在のその割合はおよそ二パーセントで、一方OECD諸国の平均は二〇パーセントだ。
（11）国立国会図書館のカタログ検索では、一九九五年から二〇〇四年の間で「大学改革」という言葉がタイトルに含まれる本は少なくとも一一九冊、雑誌記事では少なくとも八四五点あり、その前の一〇年間では同様の言葉が含まれる本と雑誌記事はそれぞれ二一冊、一六七点だった。
（12）その一〇年ほど後、喜多村（2002、クラーク 2003 も参照）は、多くの大学が「失われた一〇年」の間に浪費し、来るべき危機への準備がまるで進んでいないことに気づいている、と残念そうに叙述している。
（13）市場原理によって高等教育システムの問題を整理しようとするこの動きは、外側から日本のシステムを観察する海外の諸機関の見方とも合致している。OECDによる主要なレポート（Newby et al. 2009: 49）はそれをはっきりと示している。「文部科学省は私立大学の破産手続きを認める際に、見事にそれを抑制できることを示した。その一例目は二〇〇五年に起きている」と明記している。
（14）メディア教育開発センター（NIME）が一万三〇〇〇人の大学一年生に対して行った調査によれば、私立大学に通う学生のおよそ五分の一は、読解力が十三〜十五歳程度だった（Johnson, *Guardian*, 2004/11/25）。二〇〇六年には、大学全体のおよそ三〇パーセントが何らかの補習教育を提供している

(『産経新聞』二〇〇八年四月十八日)。

(15) ホールの著作に関するラムザイヤー(1999)のレビュー、またマクベイの著作についてのキンモンス(2008)のレビューはともに批判的で、彼らの論は利己的で、日本に対して冷酷なほどネガティブであり、自民族中心的になっていると非難している。

(16) 日本の高等教育に関して論者が集めた記事(大学未来問題研究会, 2001: 40-43)では、一九七〇年代、八〇年代にはアメリカで八〇校以上の大学が破産し、力の強い大学が弱い大学を吸収合併するケースが多いことが特徴だったと指摘している。一九九〇年代の日本の大学と銀行の状況の簡単な比較も少ないデータからではあるが行っていて、かつて独立性をもっていた銀行同士での合併もいくつかあったことも導き出している。

(17) スノッディ(1996)は日本とアメリカの私立高等教育機関の学生数確保の戦略を比較分析する中で、三つの基本的な選択肢があることを描いた。それは、従来の顧客の拡大、従来とは異なる顧客の拡大、そして落第させず学生を学内にとどめる割合を上げることだ。彼(1996: 58)は、三つ目の学生の保持に関して、日本では学業成績の不振による落第がほとんどない(学生がみな及第点を取り卒業できるような努力がなされている)ため、この点に関する調査がほとんどされておらず、学生が落第した後、いくつかの単位を認定された状態で再入学することができる仕組みがないことを書いている。また、彼の調査(1996: 93, 98-100)では、ほとんどの大学職員は従来とは異なる層の学生をどうやって増やすかについては分かっていない。つまりは一九九〇年代半ば、学生数を維持するために強調されていたターゲットは従来のように高校卒業生たちで、その方法は、大学の提供サービスなどを充実させたり募集プロセスを改善したりして大学の魅力度を上げることだった。

第二章　日本の私立大学を比較の視点から見る

比較の枠組み――私立の高等教育セクター

二〇一八年四月、多くの閲覧者を持つブログサイト「高等教育の内側（Inside Higher Ed）」の論説コラムで、ダニエル・リーヴァイ[1]（2018a）が私立高等教育とその研究の現状についてうまくまとめている[2]。

世界全体の高等教育の学生のうち、三人に一人が私立の教育機関に属している。二〇一〇年にはその数は五七〇〇万人、今では間違いなく七〇〇〇万人に届こうとしている。……その約七〇パーセントが一〇ヵ国に集中している。世界中の約二〇〇の国々のうち、私立機関の学生がいない国は一〇もない。アジア地域は最も私立機関の学生が多いが、……世界の七つの地域のどこでも、大学生の一〇人に一人以上の割合で私立機関に通っている。……つまり、私立高等教育セクターは、あまりに巨大で、さまざまな社会にあまねく永続的に溶け込み、傍系的存在ではまったくないのである。過小評価することなどできない。……私立教育セクターを理解せずして世界の高等教育を理解することはできないのだ。

マージンソン（2018）が指摘した通り、私立高等教育の分類にあたっての一つの課題は、「私立private」「私立化・民営化 privatization」という言葉の使われ方があまりに多様で、その定義が常に疑問視され、時と共に変化しているということだ。例えば二〇〇〇年代初頭の欧州大陸では、この言葉は中央ヨーロッパ、東南ヨーロッパでの純粋な個人資本による新たな高等教育機関の出現についての文脈で使われた。同時に、公立教育機関がいわゆる準市場構造の中で資金獲得競争をしなければならなくなった過程の中でも、同じ言葉が用いられたのである[3]（Dima 2004）。「独立」「非営利」「非国立」といった用語の使い方も国によって異なり、混乱があるが、「私立」の定義の標準化の試みはすでにいくつかある。例えばＯＥＣＤの『国際比較教育統計ハンドブック』（2004: 58）では、「学校機関の最終的な意思決定が非政府の組織（例えば協会、労働組合、企業など）に任されているか、もしくは理事会のメンバーが公的機関からは選ばれていない場合、『私立』と分類する」と書かれている。さらに、私立機関のサブカテゴリも定義されている（OECD 2004: 59）。その一つが「政府依存型」で、受けている資金提供の金額のうち、五〇パーセント以上を公的機関から受けているか、あるいは教員の給与が（直接的であれ間接的であれ）公的機関から出ているものを指す。もう一つが「独立型」で、上記の条件に当てはまらない機関を指す。

一九八〇年代、国ごとの高等教育の状況を高等教育の公立・私立セクターに注目し、二つに分けて考える分類が登場して、以降、この分野では常に重要視されるようになった。ゲイガー(1986)は私立大学と国公立セクターとの関係性を八ヵ国で比較検証した結果を三つに分類にしている。それぞれ「大衆化した私立セクター」(日本、フィリピン)、「〔公立校と〕並列する私立セクター」(オランダ、ベルギー)、「周縁化された私立セクター」(フランス、スウェーデン、イギリス)だ。アメリカ合衆国の私立大学セクターはこれらの三分類のどれにも当てはまらなかったため、ゲイガーは四つ目として「アメリカ的私立セクター」と分類した。アメリカでは十九世紀半ばまでは私立の高等教育機関が圧倒的多数派で、一九七〇年代半ば以降巨大な公立高等教育が大衆の間で拡大した(といっても数の上ではまだ少なかったが)。その後、今では学生全体のうち、私立の高等教育に通う学生は四分の一にも満たないという状況になった。したがって、アメリカで拡大したのは主に公立セクターのほうで、私立セクターが拡大した日本とは逆のプロセスをたどったと言える。

ゲイガーによる三分類モデルとほとんど同時期に、リーヴァイ(1986)はより幅広い基準による、より複雑な五つのパターンの分類を提唱した。はじめの二つのパターンは基本的に一つのセクターで高等教育が成り立っている、あとの三つのパターンは複数のセクターで高等教育が成り立っている。それぞれのパターンは、以下のような特徴や例で説明できる。

- 国家主導型:民間の資金による大学がほとんどない。大学の資金は国から出ていて、資金の使い方に関しては政府の発言権が強い(共産主義国、ほとんどの西ヨーロッパの国、多くの元フラン

ス領アフリカ諸国）

• 公立自律型：民間の資金による大学がほとんどない。過去には私的、公的な資金提供が混在していたが、今は主に公的なものになり、国と大学の間にバッファとなる組織がある（オーストラリア、イギリス、イスラエル、ニュージーランド、ナイジェリア）

• 公立―私立が均質化された型：資金獲得の形が伝統的に異なる二つのセクターに分かれている。公立セクター同様、私立セクターも公的資金を受けるように発展した。現在ではセクターの違いは、資金獲得というよりは伝統と、場合によっては管理方式がベースになっている（ベルギー、カナダ、チリ、オランダ）

• 公立―私立が明確に分かれている私立少数派型：学生の一〇パーセントから五〇パーセントが私立セクターに通っている。私立セクターはほとんどを民間の財源に頼り、公立セクターはほとんど公的な財源に頼っている（ほとんどのラテンアメリカ諸国）

• 公立―私立が明確に分かれている私立多数派型：五〇パーセント以上、一〇〇パーセント未満の学生が私立セクターに通っている。私立セクターはほとんどを民間の財源に頼り、公立セクターはほとんど公的な財源に頼っている（ブラジル、インド、日本、フィリピン）

一九八〇年代のゲイガーやリーヴァイによるモデルへの批判は、動的視点や変化や差異を捉える視点が弱いということだった。全ての国の、どの時点でもどれかの分類にあてはめることができるが、その背景となる過去のプロセスや、その先にどう発展していくかといった未来については説明されていなかったのだ。リーヴァイ（2008）は東京で行われた学会で、多くの東アジアの国々の私立高等教育システムがたどってきた軌跡を比較することで、これらの批判に対してある程度の説明を加えた。彼は、地域が異なれば私立高等教育のパターンも変わるという事実を示した。西ヨーロッパでは私立機関の数が最も少ない。長年他国のモデルになっていると思われていたアメリカは、今では私立機関の数は平均よりも少ない。東ヨーロッパ、特にポーランドなどでは、一九八九年以降、共産主義が崩壊して高等教育の需要が急増したのに合わせて、私立の高等教育も急速に大きく成長を遂げた。中東、北アフリカ、サハラ以南のアフリカ地域でも一九九〇年代から二〇〇〇年代初頭にかけて急成長を見せた（ただし、東ヨーロッパと違い、政府主導や、政府が推進したものだった）。そしてラテンアメリカ地域では一九八〇年頃までに高等教育の提供が約四〇パーセントまで増え、以来それを保っていて、公立と私立の大学がおおよそ同じ割合で成長している。

世界の各地域で共通するパターンとして、リーヴァイ（2008: 14-16）はいくつかの鍵となるポイントを挙げている。

一つ目は、世界をリードする大学ランキングには、アメリカの大学を除けば、私立の大学がほとんど入っていないということだ。そしてランキングに入っている大学は資金源から見ても、私的なものよりは公的な資金を受けている。これを強調するために、彼は「セミ・エリート」という用語を使い、アメリカ以外の国にある世界をリードする私立大学を分類した。ほとんどの国では、中等教育を好成績で卒業するトップの学生たちは、今でも大学の第一志望校にトップの国立大学を選んでいるのだ。

二つ目は、世界中で最も伸びているのが「需要吸収型の私立大学」というタイプだということだ。世界中の多くの国で高等教育への需要が供給を上回っていて、その背景として国が公的な予算を使うのを控える傾向が世界中で見られる。その結果としてこのタイプが拡大しているのだ。

三つ目は「文化的に複層的な」私立機関のタイプだ。教育システムが宗教と分離される中、そのグループのほとんどは文化的に保守的で、そして多くが宗教的だという。

最後にリーヴァイが指摘するのは、私立高等教育は女性たちにとって重要な役割を果たすことが多いということだ。それは革新的に高等教育に触れる機会を増やしたという面も、そして日本の女子大学のように、保守的に高等教育に取って代わる形態を提供するという面も両方含む。

リーヴァイ（2008: 21）はまた、私立高等教育セクターの世界的な拡大・成長を阻害している課題も、いくつか提示している。世界の一部では、私立の高等教育が「見慣れない存在で正規のものではない」と受け止められ続けていること。また、私立セクターの拡大に警戒する公立セクター側からの敵対視もある。学費の上限を規制したり、公立大学をモデルにしたプログラムの認証評価といった、政府が規制を押し付けたりするような方針は、私立高等教育セクターの存続には脅威だ。同時に、日本の二〇〇〇年代初頭の国立大学の法人化のように、公立の大学の民営化の拡大によって、公立の大学も起業家精神を持つようになり、産業界との協働や学生獲得競争といった私立セクターの領分に踏み込んでくるようになった。今、私立大学にとってのもう一つの脅威は、〝ローリエイト・エデュケーション〟のような営利目的大学の登場と発展だ。これらの大学の多くは国の認証のプロセスを回避し、成功・失敗の判断は市場に任せている。営利目的のセクターが成功しているブラジルなどの国では、その利益に課税をすることができるため、国が私立大学に営利目的になるよう推奨している。そして、リーヴァイが指摘する世界の先進国の私立大学の最後の脅威は、人口統計に関するものだった(4)。

最後のこの指摘は、日本について考える時、特に興味深い。なぜなら、第一章で検討したような日本の私立高等教育が直面した危機に関する文献の多くは、この状況がどこか日本特有のものとして描かれているからだ。ホアン（2019）が示すように、日本の高等教育研究者による研究のほとんどが、日本で起きていることを他国の高等教育でのことと結びつけていない。日本の状況との比較がなされることはあっても、ほとんど常にアジア内での文脈だ。日本の事例そのものについて見ていく前に、こうした国際的な視野による文献について考えることで分かることは少なくない。

アルトバック（2014: 15）によれば、アジアの多くの国では、西欧諸国から大学が入ってくるよりも前から、中国の儒教の学校や、インドの伝統的な宗教学校マドラサや、似たような施設を持つベトナム、カンボジア、タイといった国々の高等教育機関の例はあった。しかし、「アジアの大学には本当にアジア起源のものはない――そのどれもがヨーロッパの高等教育のモデルや伝統をベースにしていて、多くの場合は植民地時代に押し付けられたものか、そうでない場合（日本やタイ）は自ら西欧モデルを受け入れている」と書いている。これらの植民地化された国が独立した時、植民地時代に発展した高等教育モデルを捨て去った例はない。実際、彼らは海外、特にアメリカをよく見て、大学を発展させていくための良いアイデアを得ようとしていたのだ。こういった背景は、その後のそうした国々における大学の発展の方向に影響を及ぼした。また、なぜアジア諸国の大学

が科学や研究のリーダーシップに関して周縁化されてきたのか、という点についての説明にもなる。(5)

東アジア・東南アジア諸国における教育システムの発展には共通点が多い。カミングス(1997a)はそれを「Jモデル」と名づけた。「J」はジャパンのJで、このモデルの要素を初めに作り上げたのが日本だったためにそう名づけられた。その特徴的要素には、国が教育や研究の発展のコーディネーターとなり、マンパワーの社会的配分を考えて人材配置をすること、広範(universal)な初等教育を優先すること、資金としては個々の生徒や家族、私立セクターが担う比重が大きいことが挙げられた。こうした要素は元々、アジア諸国が西欧からの脅威に備えようとしてきたことに遡ることができる。日本が明治時代に国を中央集権化させて初等教育に投資をしたのがその始まりだった。そしてその方法が最初に実を結んだのは一九六〇年代、「日本経済の奇跡(高度経済成長)」が始まった頃だった。カミングス(1997a: 279)は、日本が先頭で、植民地の韓国と台湾が続き、さらに一九八〇年頃までに意識的に日本を模倣したタイ、シンガポール、マレーシア、インドネシアと続いた様子を、概念的に「フライングギース(雁行)」モデルとして、提示した。

強く中央集権化し、無駄を削いだJモデルのコンセプトは、それまでにも多くの文献に書かれてきた。基本的なスキルの育成と国の優先課題にピントを合わせた初等教育の強調、西欧モデルに倣いつつ、アジアの価値観と融合させて発展させようとする方針などが特徴となる。国が提供できていないことについては「社会」がそれを埋め合わせる、国がそのように期待しているという事実については、おそらくあまりよく理解されていない。カミングス(1997a: 284-285)は「大衆からの需要を抑え込むよりも、……国は寛容になることを引き受け、私立の機関が公的な方針と摩擦を生まない限りは介入しないことにしている。だから活気のある私立セクターはしばしば公立セクターを補うようにして発生するのだ」と書いている。この私立教育セクターは多様な形態をとっている。例えば日本では幼稚園、塾や予備校、そして私立学校や私立大学もそうだ。それらの教育をビジネスにする企業は、時に、Jモデルに該当する他国においても膨大な数の「溢れた需要」を受け入れるのだ（James and Benjamin 1988）。

カミングスがJモデルについて論じた研究では、東アジア・東南アジアの一三ヵ国を対象にした、より視野の広い比較分析をしている（1997b: 144）。彼は私立教育セクターの発展における五つの要素を明らかにした。（1）土着の教育機関の遺産、（2）土着の起業家、（3）ミッション・スクール、（4）海外の植民化政策、（5）海外の影響だ。さらに彼は五つの要素を国ごとに検証した。その結果、日本だけが明らかに五つの要素のうちの四つを満たしていた（日本は植民地化されていない）。

カミングス（1997b: 150-152）はさらに、こうした地域の私立教育機関に共通するポリシーの方向性を挙げている。

- 「私立であること」はさらなる「私立性」を生む：私立セクターは、拡大しながら「規模の経済」の力を経験する
- 大規模な私立セクターは一部の公的目標の達成を阻害しうる：民主制の下では、個人はより良い機会を得るために教育を買うことができ、国が維持したいと願う、教育におけるメリトクラシー（能力主義）の維持を弱めてしまう

・私立学校は公立セクターから重要なスタッフを引き抜く可能性がある
・私立学校は腐敗の温床になる可能性がある：組織として生き延びようとして、裏口入学に手を染める可能性がある
・私立学校が議論を巻き起こす可能性がある：私立学校を設立する起業家は、政府の政策に常に完璧に従うとは限らない
・中規模の私立セクターの存在によって、公立セクターの効率性が大きく刺戟される。しかし、私立セクターが四〇パーセントを超えると、この影響力は下がる

アルトバック（2004: 24-26）は、アジアの私立高等教育システムに関する短い要約の中で、次のような鍵となる特徴を挙げている。多くの場合、社会的評価のヒエラルキーでは下位に置かれていること、学生からの授業料収入に財政的に大きく依存していること、社会奉仕的活動については、ほとんど伝統を持たないこと（大学などの非営利の私立機関に寄附行為をしても税制上優遇されないという理由もある）、そして、改めて第三章でも取り上げる通り、多くが同族経営であるということだ。

最後に、馬越（2004）は、先に紹介したゲイガーの研究を踏まえてアジアの私立高等教育を分析し、アジアの国が「私立少数」「私立補完」「私立多数」の三つのカテゴリに分けられると紹介した。彼はそれぞれをマーティン・トロウによる「エリート段階」「マス段階」「ユニバーサル段階」といった古典的なカテゴリにも結び付けている。最初のカテゴリについては、彼は中国、ベトナム、マレーシアの例を挙げ、二つ目のカテゴリにはインドネシアとタイ、そして三つ目には日本と韓国と

フィリピンを挙げている。そこから推測されるのは、一つ目から二つ目、三つ目へと段階が進むにつれて発展が期待されていることで、二〇〇〇年代初頭に中国とベトナムで私立高等教育が大きな成長を遂げたのはこの理論を裏づけていると言える。馬越（2004: 47-48）はアジアの私立優勢モデルの将来にどこか悲観的だ。私立大学がより優勢になると、さらに大学は多様化し、高等教育としての質を保つのが難しくなるのではないかと懸念しているのだ。

日本の私立高等教育

こうして述べてきた通り、「私立」と「公立」を分類して捉えることは世界の高等教育を理解するための根本となる。あとでこの章でも論じるように、日本の高等教育システムは「私立」「公立」の分類をあやふやにさせるように進化し、運営のポリシーやプロセスの目に見えないところにその違いは囲われて、一般的にも、学問的にも、そういうものだと理解されるようになった。先述のような比較のフレームワークを用いても日本の「私立大学」を理解することはできるが、さらに世界の情勢の中で日本のポジションをより正確に理解するためには、さらに詳しい検討が必要だ。

本書は基本的に私立「大学」について取り扱う。そのため、まずは日本の高等教育機関の分類について整理することが必要だ。日本の日常語では、「大学」は四年制の学士号および（もしくは）修士・博士号の学位を与える機関を指す。[6] 二〇一八年時点でそれに含まれる機関は七八二あり、日本の高等教育機関に通う全学生のうちの大多数（約八〇パーセント）がこの「大学」に属している

（図2－1参照）。そのうち、およそ九〇パーセントの学生は学士課程に属する。時には「大学」はより具体的に「四年制大学」と呼ばれ、それは二つ目のタイプである短期大学（英語のジュニアカレッジに当たる機関）と区別するために使われる。短期大学は二年間の過程で短期大学士を授与していて、主に家政学、人文科学、そして教員養成の領域からなる。学生のほとんどは女性だ。これは戦後の日本の高等教育の再編成によって生まれた独特の産物だ（あとでこの章の中で改めて論じる）。短期大学は一九九〇年代からその数がかなり減少していて、今では高等教育を受ける全学生のうち三パーセントをやや超えるだけの学生を抱えている。

図2－1　高等教育の学生数、機関タイプ別（2018）

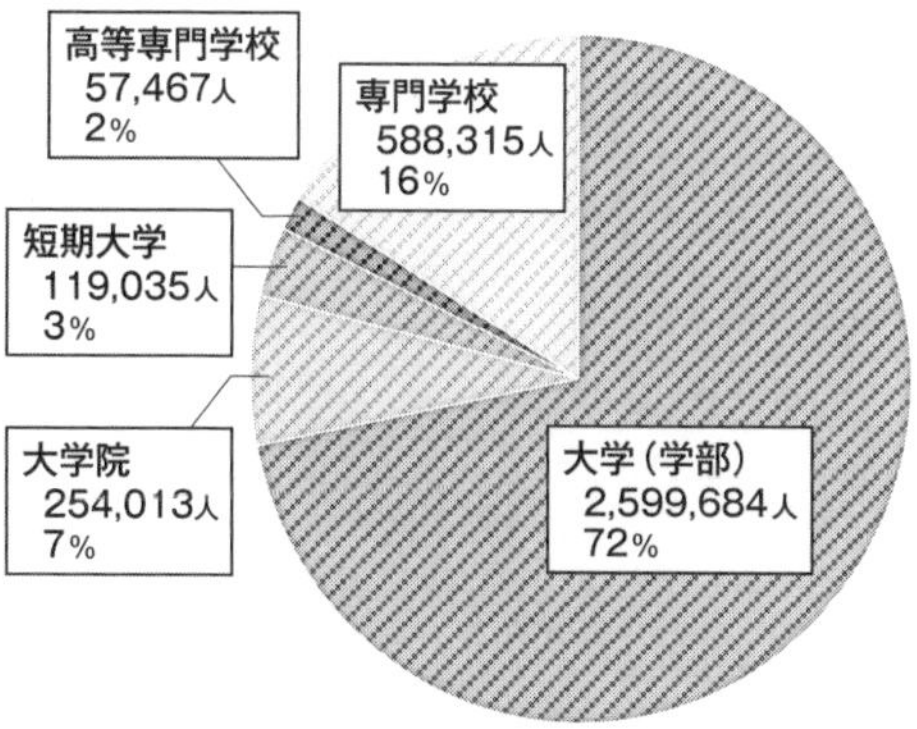

出典：文部科学省2018aをもとに著者が作成

大学と短期大学は、日本の中等後教育機関のアカデミックな片腕と捉えられている。もう片方の腕は、中等・高等レベルをまたぐ大きな職業訓練システムの一部として、高度なカリキュラムを提供する機関だ。これらの機関も二つのタイプに分けられる。一つは、主にエンジニアリングや科学、テクノロジーといった職業に繋がる資格を与える高等専門学校で、高等教育の学生のおよそ二パーセント弱を占めている。もう一つのタイプは、特定の専門的な技能の訓練をする専修学校のうちの、中等後教育のコース（専門課程）を提供している専門学校で、高等専門学校よりも数が多く、幅広い職業的な分野を基本的に三年のプログラムで提供している。これらの専門学校は高等教育の学生の一六パーセントを占めているが、ＯＥＣＤの定義によれば「non-university qualifications（大学資格外）」に入るため、大学に通う学生の割合を示す統計からは基本的には外される。仮に専門学校に通う学生を、大学学士課程、短期大学、高等専門学校に通う学生の数に加えたら、日本の年齢コーホートのおよそ八〇パーセントがいずれかの形態の中等後教育の教育機関に通っていることになる。これは世界で見ても就学率の最も高い国の一つと言える(Yonezawa and Huang 2018: 426)。

短期大学、高等専門学校、そして一部の専修学校のコースを卒業した後、大学に入ることができる今の発達した入学システムによって、職業訓練機関とアカデミック機関の間の移動はかなり大きくなっている。例えば高等専門学校の卒業生のおよそ四〇パーセントはその後大学に編入し、短期大学の卒業生の一〇パーセントも大学に入学している（文部科学省 2018a)。また、専門学校では、直接大学院に入学できる資格を得ることもできる。一方、逆方向の移動は重視されていないようだ。大学の卒業生のうち、そのまま専門学校に入る学生は一パーセントしかいなかった。ただし、大学に通いながら同時に専門学校に通う学生はかなり多い。これについては後に詳しく論じる。

二〇一九年、専門職大学と専門職短期大学が新たに創設され、日本の職業訓練機関とアカデミック機関の境目はさらに曖昧《あいまい》になった。これらの学校は大学の学部課程のコースを提供し、既存の大学や短期大学と同じように学位を授与するが、特定の職業分野に直接繋がるような実践的なトレーニングをより強調していて、従来の大学システムと職業訓練機関のシステムの間に入るような存在になっている。本書を書いている二〇一九年の段階では、政府は一四の専門職大学の設立申請のうち、三校を承認していた。

日本では「大学」というカテゴリ自体が幅広く、大学の規模、提供するカリキュラム、掲げている使命や経営のやり方はさまざまだ。多様な要素が非常に不均一な状態を示していることから、この分野を英語で研究をする研究者たちの中には、英語の「University」を日本の「大学」の訳語として使うのを避ける人もいる（例えばMcVeigh 2002 and 2006, Breaden 2013 参照）。高度な多様性ゆえに、ある大学が大学群の中で自分たちのポジションを測るには、いくつかのとても基本的なことを問う。大学の規模はどれくらいか、キャンパスはどこにあるか、そして、創立はいつだったか、という三つの問いだ。これらの問いは、それぞれ単独ではあまり大きな意味をなさないが、これらが組み合わさると、大学の位置づけが分かるスタート地点が見えてくることが期待できるのだ。

最も基本的な指標は規模だ。日本の大学は、学生が数百人の単一学部からなる単科大学から、複数の学部、さらに複数の研究科を持つ大学院までの全てを揃え、数万人の学生を抱える大学まである。平均して見ると、私立大学はおおよそ国立大学の半分の規模だ。二〇一九年には、四〇の私立大学（七パーセント）が一万人以上の学生を抱え、大半は（およそ六〇パーセント）は学生数一〇〇〇人から九九九九人である。そして残りの私立大学の学生は一〇〇〇人以下だ。最も規模が大きいのは日本大学で、六万七三五三人の学生がいて、最も規模が小さいのは、東京神学大学と長岡崇徳大学で、それぞれ学生数は四三人だった。

また、大学システムが近代化されたタイミングを大きな境目と捉えることで、大学は創立年によってもカテゴライズされる(7)。この章で後に説明する通り、戦後の日本の高等教育システムの大きな再編成を節目として、戦前の旧制度下で創立された大学か、一九四〇年代後半以降の新制度下で創立されたのかで分けることができる。後者のグループは戦後のどの時期に創立されたかでさらに分けることができる。一般的な認識では、より古い大学がより地位が高いと考えられている。

日本社会のさまざまな分野で、東京一極集中の状況は見られ、大学も例外ではない。日本の大学生全体のうち、およそ四一パーセントは東京と、近郊の神奈川、千葉、埼玉にある大学に属している。さらに、私立大学だけで見るとその割合はさらに増え、四九パーセントにもなる（文部科学省2018a）。また、京阪神エリアには、学生全体の一九パーセント、私立だけで見れば二一パーセントが集中している。政府は大都市にキャンパスを構える大学の新設や拡大を控えるよう求めているにもかかわらず、この学生の集中は過去三〇年ほどでさらに顕著になっている。

規模、創設年、そして場所の三つの要素を最もシンプルに一般化するならば、大規模な大学は歴史が古くて大都市にあり、小規模の大学は比較的新しく創設されて、キャンパスも郊外や地方にある。例えば最も規模の大きい二〇の私立大学は、どれも東京近郊か京阪神エリアにキャンパスを構えていて、一校を除く全てが一九五〇年以前に創立されている。これらの関係性は、この章の後半で見ていく日本の大学システムの発展の歴史、特に一九八〇年代、九〇年代の大学の拡大を見るとよくわかる。

経営方法——私立対公立

今日の日本の多様な大学セクターの分類は、第一に公立／私立の区別の上に成り立っていて、より明確に言えば、設置形態が主軸にある。本書の一番の主題である「私立大学」というカテゴリは、一九四九年に制定された私立学校法に基づく私立学校法人によって設立された大学を指す。学校法人とは非営利の法人で、資本、機器および設備、営利目的の活動の制限、標準的な経営の組織構造、そして会計監査の義務などの最低限の条件を課されている。私立大学は、設立者の寄附行為（起業の際の定款に似たもの）を定めたうえで、文部科学大臣か都道府県知事の認可（設立する大学のタイプによって届け出先が変わる）によって設立となる。一つのマイナーな例外として、二〇〇三年に新設された株式会社立大学というものもある。このカテゴリに入る大学は、本書を書いている時点では四校だけ存在する。

私立の教育機関は日本の高等教育の歴史の中でずっと多数派を占め、現在は、大学生の七四パーセント、短期大学生の九五パーセント、そして専門学校生の九六パーセントが私立に通っている。二〇一八年時点で七八二ある日本の大学のうち、六〇三が私立で、八六が国立、九三が公立大学だった（文部科学省 2018a）。私立大学のこの高い割合は世界的な基準で見れば異例なほどだ。近年の国際的な大規模調査によれば、世界の大学生のうち、私立機関に通っている学生は三二・九パーセントだった。最も大規模な高等教育システムを持つ一〇ヵ国の中で、唯一韓国だけが八〇・六パーセントと日本に近い割合を示した（Levy 2018b）。

一方、日本の公立高等教育セクターは、国立と公立の二つのタイプに分けられる。国立大学は、国により創立され、直接的に中央政府の管理下に置かれていた（職員は国家公務員に分類されていた）が、二〇〇四年、独立行政法人となった。これによって、大学のアイデンティティや方針を決める自由度が増し、同時に、徐々に経済的に自立するよう求められた。政府は段階的に運営費の助成金を減らし、独立行政法人化から最初の一〇年で約一二パーセントを削減した。それでも、国立大学はいまだに大部分が政府による資金で運営されていて、文部科学省の官僚との繋がりも多く残っている。現在、日本の大学生の二一パーセントが国立大学に通っている。

私立でも国立でもない残りの五パーセントの学生は、都道府県や市町村といった自治体によって設立、資金提供されている公立大学に通っている。これらの大学のほとんどでは、日々の運営は自治体の官僚組織とは切り離され、二〇〇四年以降の国立大学と同じように法人化された。しかしこの移行は強制ではなく、一部（二〇一七年時点で九〇の公立大学のうち一二校）は今でも地方自治体が直接運営している。どの公立大学もその地域のミッションを明確に掲げ、実際にもその方向性は非常に多様だ。国立大学と違わず、大規模で総合的な大学もあれば、その地域の課題に直接的に焦点を当て、経済復興や地域人材の確保を重視する大学もある。

設立方法の他に、私立大学を国公立大学と明らかに区別する要素は、収入の構造だ。これは私立大学のアイデンティティにも深く関わり、また、日本のかなり不均衡な大学セクターにおいて基礎的な枠組みをもたらしてくれるため、この構造は簡潔に解説する価値がある。

日本の私立大学は、設立や運営の観点だけで私立なのではなく、資金の面から見ても私的な資金からの提供が大きい。政府からの助成金は収入のおよそ九パーセントしか占めておらず、学生からの学費が収入のおよそ七七パーセントにも及ぶ（図2－2参照）。一方、国立大学は収入の五〇パー

図２－２　私立大学の歳入と支出（2016年、全体）

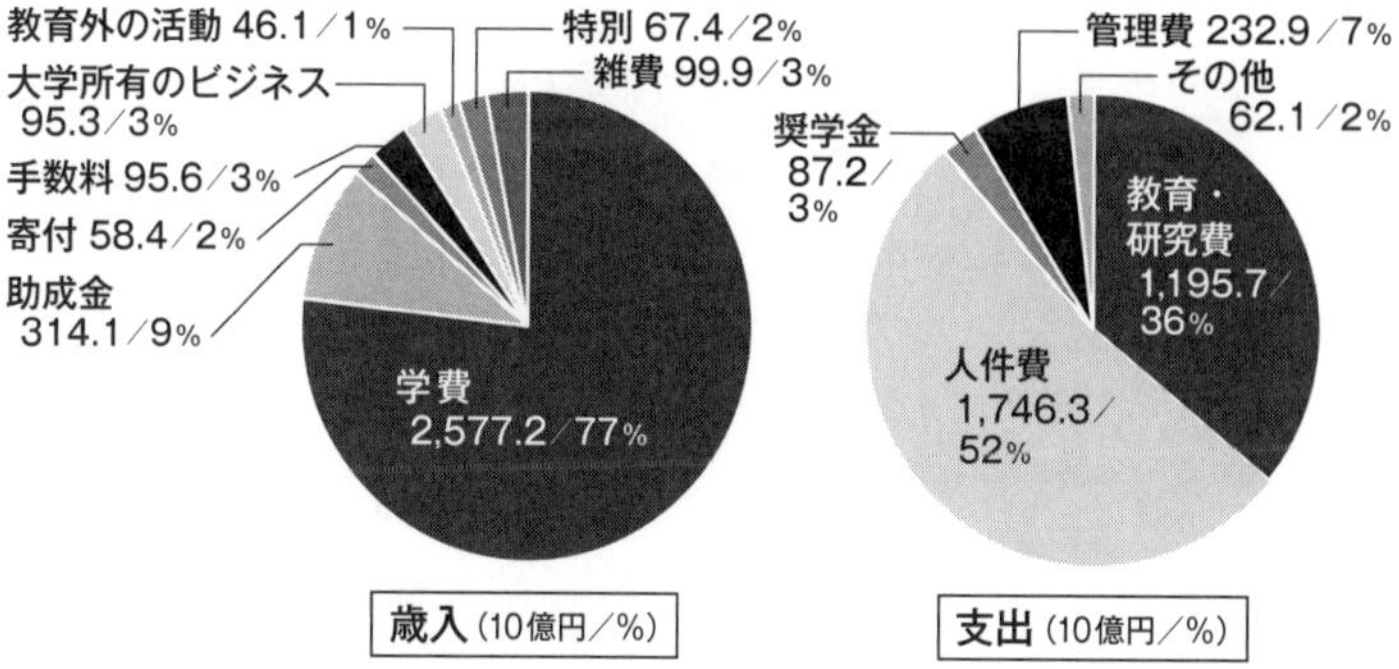

出典：文部科学省2018b

セント近くは助成金から出ていて、学費が占めるのは二〇パーセント未満だ。さらに日本は、学生一人あたりで見ても、ＧＤＰ比で見ても、高等教育への支出額が比較的低い（次ページの図２－３と図２－４参照）。これによって、もともと比較的小さなパイの中から小さな一切れしか貰えない私立大学セクターは「二重の矛盾」を抱えていると言う人もいる。これについては、図２－４が示す学生ごとの公的な支出額の比較データが明確に示している。学生一人あたりでみると、国立大学は私立大学の一三倍（二九九万円対一六万円）に当たる収入が公的資金として支出されているのだ。これの理由の一つとして、国立大学に通う学生は、薬学や科学、工学といったコストの高い科目を勉強している割合が高いということがある。そうだとしても、日本私立大学団体連合会（2017）は、私立大学の学生一人あたりの公的資金の支出を国立大学と同じレベルにするならば、毎年七一〇〇億円の追加予算が必要になると試算した。

私立大学が国立大学よりも高い学費を学生に求めなければならないのは避けられないだろう。しかし国公立と私立

図2-3　高等教育への公的・民間支出の割合

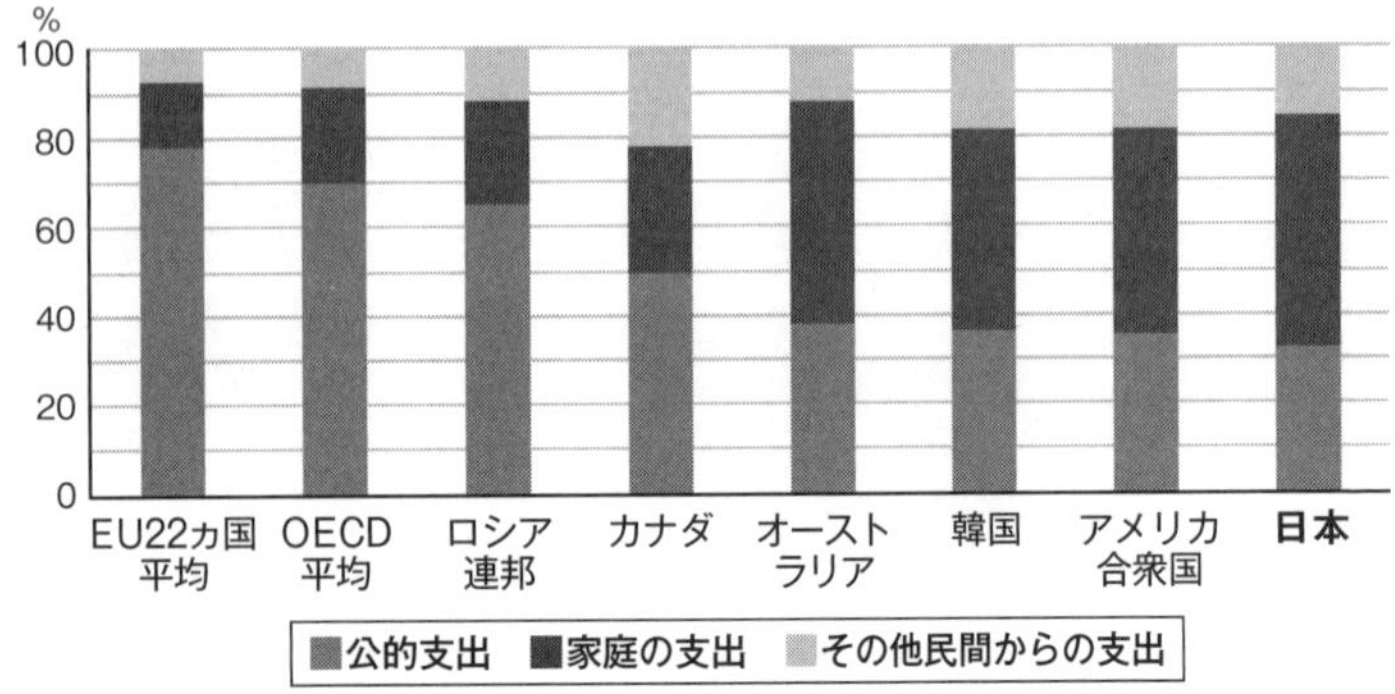

出典：OECD2018a:273をもとに著者が作成

図2-4　高等教育の学生1人あたりの公的支出

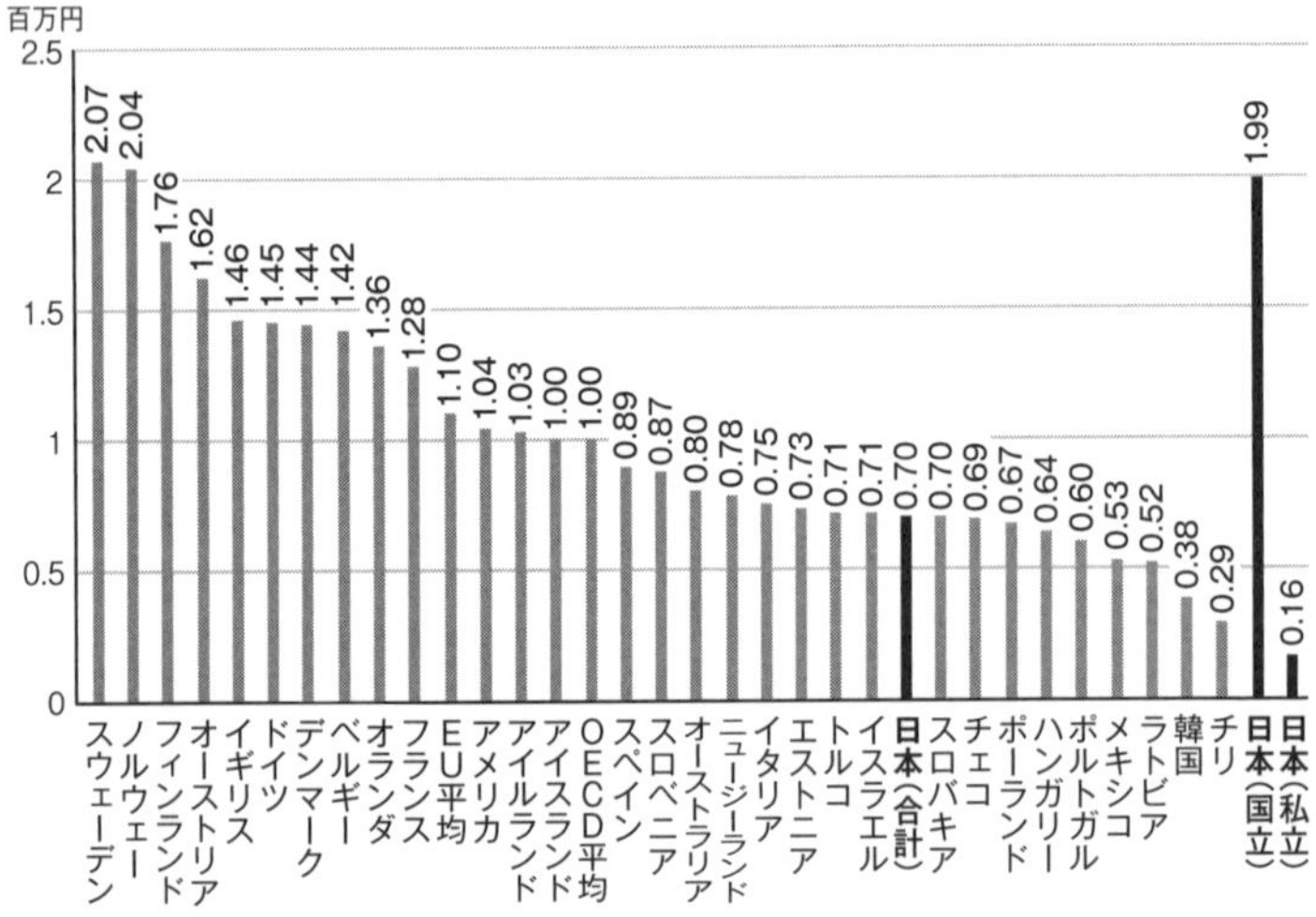

出典：日本私立大学団体連合会2017

の学費の違いは補助金の差ほど大きくはない。私立大学の学部レベルの学費は平均すると一〇〇万円強で、国立は五三万五〇〇〇円、公立は五三万八〇〇〇円だ。[8] その結果、私立大学の運営担当者は、支出の制約により深刻に直面していて、それは学生–教員比からも窺える。私立大学の人文科学系学部の平均的な学生–教員比は二六・九対一で、国立大学では一四・三対一だ。教員一人あたりの学生数は、工学では私立が二六・四で国立は一五・〇、法学では私立が三六・八で国立が一七・四、そして薬学では私立が二三・一で国立が八・四になっている（河合塾 2016: 21）。学生一人あたりの施設の面積でも同様の比較がされている。最も規模の大きい私立大学である日本大学では学生一人あたり四五二平方メートルで、対する京都大学は三七七七平方メートル、東京大学は桁外れの二万三三三二平方メートルもある。ただし、これには学部生の教育には関係のない研究施設の面積も多く含まれている（SankeiBiz 2017）。

国立大学と比べた時、私立大学を「可哀そうな従兄弟」という立ち位置と結論づけるのは簡単で、確かに公的な助成金へのアクセスという意味ではそれは正しい。しかし、それでは日本の各種法人の中でも私立大学を運営する学校法人が大きく優遇されているという事実を無視することになってしまう。教育活動を通して得る収益は免税となり、消費税や、その他の企業に課される税の義務も免除されている。また、営利目的の活動も幅広く認められていて、それに関しても有利な税制が適用される。[9] さらに、安定した学校法人は、現金預金や株券、そして不動産といった形で大きな内部留保資産を持っていて、こうした資産を運用したり、債券を発行したりすることで資金を増やすこともできる。次の章で見る通り、複数の教育機関を運営することで、ある程度の相互補助をすることもできる。また、学校法人は民間企業を創立するのに資本を提供して、ビジネスの影響力のネットワークを広げることもできるのだ。

日本の私立大学は非営利であるということになっているが、実はかなり利益になるという矛盾したことも言われている。大学財務研究の専門家、マルヤマ（2010: 62）は、このように書いている。

私立大学の損益計算書に書かれている純利益や赤字額を読むときには注意が必要だ。会計システムは大学が学費を上げたり給与増額を抑制させたりするために会計を操作するのを許容しており、それによって私立大学は、実際は財務状況に問題がなかったとしても、十分ではないと言い張ることができるようになっている。私立大学は非営利組織に分類されているが、「利益」は基本財産として確保されているのだ。

両角（2010）は、利益を内部留保できるこのような立場を、日本の私立高等教育システムの鍵となる特徴の一つに挙げている。大きな内部留保資産を作り、好況時には拡大に使い、低迷期には危機を切り抜ける当てにして市場の変化に対応しているのだ。

学校法人のモデルから派生するもう一つの特徴は、学校や大学の縦の繋がりだ。初等・中等学校も運営したり、他の私立学校の経営者と提携を結んだりしている学校法人は、「エスカレーター式」のシステムを作ることができ、一般的な大学入学試験を避けて、特別なルート（基本的には推薦入学という形）で卒業生が提携校に入学できるようにすることができる。したがって、エリート校に入るための最も競争が激しいポイントは、大学入試の時点ではなく、中学や高校の入学時の審査であることが多く、極端な場合では小学校入学時点での競争が激しい場合もある。[10] 縦方向の提携は国公立大学セクターにも存在するが、ほとんどの提携校は小学校と中学校で（国立大学の附属となっている高校は一七校しかない）、私立セクターに見られるようなエスカレーター現象は避けられている。

もう一つの日本の公立と私立の大学を分けるものは、クラーク（1983）が「権威の分化から見た類型化」と呼んだものだ。クラーク（1983: 125-131）はその違いを「大陸方式」（ギルドのような教授団と国家の官僚的統制との結びつき、ただし両者の間をつなぐ強固に自立した行政的連携を欠く）と「イギリス方式」（ギルド的な教授団と、そして最近までは国家より影響の強い理事会やアドミニストレーター〔上級職員〕との組み合わせ）、そして「アメリカ方式」（教授団が比較的弱く、理事会やアドミニストレーターの権限が強く、官僚制は高度にそれぞれの大学ごとに特徴づけられる）と表現した。そして「日本方式」として、彼（1983: 131）は、公立大学セクターとしては大陸式、私立大学セクターとしてはアメリカ式の、「これら対極的な要素を魅力的なほどに折衷した「組織と権威」の形態」と表現している。

ホイットリー（2019）によるもっと最近の著述でも、三種類の大学経営の違いを説明している。二〇〇〇年代初頭の日本での国公立大学の法人化は、ホイットリー（2019）が言うところの「空洞の大学」（国立大学は独立した意思決定の権限をほとんど持っていなかった）から「国公認の大学」（雇用と昇進に関しては一般企業と同等の条件で、包括的補助金の使い道の決定権は持っている）に変化させるよう計画された。ただし、国からの独立性がより高く、資源の分配や優先順位の決定などについては大学の学長と上級職員の力が強く、教員の発言権が弱い、というホイットリーが分類した三つ目のカテゴリー――「法人大学」へ変化させることには成功しなかった。ホイットリー（2019: 71）によれば、この「法人大学」の主要な例はアメリカで私立運営されている大学だ。また、日本の私立大学の主要なモデルにもなっている。

政府からの独立性は日本の私立大学に重要な恩恵をもたらしている。全国レベルの私立大学のグループは、特に国公立大学との比較の観点から、私立大学の教育上の強みについて強調している（日本私立大学協会 2004, 日本私立大学団体連合会 2017, 日本私立大学連盟 1987）。その一つは、私立大学は各校の抱えるミッションを指針に、オリジナルで革新的なカリキュラムを開発することができ、大学教育全体に多様性と活気をもたらすことができるというものだ。経営を学生からの学費に頼ることによって、雇用傾向や消費者の好みに素早く対応できるようになり、学生のアカデミックな成長にしっかりと焦点を絞ることができる。さらに、アカデミックな面の人材の配分とヒエラルキーが国立大学セクターほど厳格ではないため、革新的な授業や研究に挑むのも容易だ。また、私立大学は学生の選抜の柔軟性もあり、個々の学生の状況や能力を受け入れる多様な科目や進路を用意できる。これらの私立大学が自ら主張した強みは、当然、別の方向から光を当ててみれば国公立大学と比べた時に劣った特徴と見ることもできる。カリキュラムの革新は学問の慣習への軽視、学生中心の精神は過度な消費者主導主義の志向、そして選抜の柔軟性は厳格さの欠如と見ることもできるだろう。実際、ほとんどの私立大学の特徴は、見方によって強みとも弱みとも言うことができる。

私立大学のガバナンス

私立大学のガバナンス（管理運営）は、それ自体が多様で複雑なトピックだ。学術的なものから経営者目線のものまで数多くの本が書かれている（例えば丸山 2002, 水戸 2014, 両角 2010, 実藤 2015, 斎藤・青木 2009, 山崎他 2018, 米澤 2011 参照）。特に際立つ特徴は、ガバナンスの二元的な特性だ。実際、私立大学は二つの独立した存在から成り立っている。一つは、大学本来の教育と研究の機関、そしてもう一つは、その機関の管理運営を行う学校法人だ。前者は万国の人に馴染みのあるような、学長や学部長、その他の教育研究の主要な組織、その傘下にある教員による委員会といった要素のことだ。一方、学校法人は理事長をトップとした理事会によって運営されている。理事長は法的な代表で、事実上の最高経営責任者だ。建前としては評議委員会と監事が理事会のチェック機能になっていて、予算や資金繰り、学校法人の寄附行為といった重要なことについてアドバイスすることになっている。しかし、このチェックの範囲は限られていて、[11] 実際に学校法人を運営しているのは理事会と、それをまとめる理事長個人であることが多い。[12]

大江（2003）が指摘した通り、ここでの問題は、ほとんどの私立大学学校法人理事会は経営の手腕において限界があるということだ。理事の三六パーセントは教員、一七パーセント強はアドミニストレーション（経営管理）の職員で、他の民間組織や企業で経営的な役職に就いたことがある人は一九パーセントだ（日本私立学校振興・共済事業団 2019b）。経営層の流動性もかなり低く、理事長のうち、他の学校法人でも理事長を経験したことがある人は五パーセントしかいない。さらに、経営力を強化することを優先度の高い問題として取り上げることはほとんどなく、経営人へのリーダーシップ教育はいまだに普及していない（両角他 2018）。

二元的構造になっている学校法人と大学組織とを調和させるのは、全ての私立大学が抱える課題で、そのアプローチの方法によってそれぞれの機関の特徴が重要な違いとして現れてくる。日本私立大学連盟（1987: 127）は基本的に三つの基本的なアプローチがあると言う。一つ目は「学長付託型」で、大学学長[13]が財務やアドミニストレーション（大学の運営管理）を含む全ての問題について一番の権限を持ち、日常的なことに関する決定権は、学内の多様なアカデミック組織やアドミニストレーション組織に移管されている。学長は学校法人の理事会に対して責任を持っていて、学長自身（そして他の大学の上級職員）も理事会のメンバーだが、理事会は大学自体の自治を尊重している。二つ目は、「経営・教学分離型」で、学長の責任は主に大学の教育と研究の範囲に限定されていて、大学の財務やアドミニストレーションについては、別の、多くの場合ノン・アカデミックの経営チームに任されている。学術的なこととアドミニストレーションの調整は学校法人の理事会と理事長の責任となっている。三つ目は、「学長・理事長兼任型」で、理事長が大学の学長も兼任し、理事会が大学のガバナンスのコントロールを取るタイプだ。このアプローチは、学長兼理事長が強い力を持つことから「ワンマン経営」、もしくは「オーナー経営」モデルという呼び方で知られている[14]。六〇八の学校法人を対象とした大規模な調査によると（日本私立学校振興・共済事業団 2019b: 5）、およそ二二パーセントがこのワンマン経営パターンを取っている。

理事会と学長の権力をベースにしたこの分類に連動するのは、大学のガバナンスに影響力を持つ教員の範囲を決める教授会（文字通り、教授たちの会だが、たいていは准教授やその他の専任の研究者たちも含む）だ。教授会に関する法律は曖昧で、学校教育法の第九三条は、大学内の学部等で行われる教育や研究活動に対して、「審議する」こと、そして、学長が定めた学生の入学や卒業、課程、学位の授与、その他の「教育研究に関する重要な事項」に対して「意見を述べる」ことを単に規定しているだけだ。特に小規模な「学長・理事長兼任型」と「学長付託型」のパターンの大学では教授会の役割は法的に許された範囲で最小限に抑えられていて、一般の教員たちは大学のアドミニストレーションの運営についての情報は共有されず、学長の内輪で行われる意思決定には関与しないことが多い[15]。

規模が大きく、古い大学では、学問的な自由と職員の独立性がより発達している。教授会は多様な問題に慎重に取り組み、財務上の問題に関わる決定の責任は学長や理事会が負うものの、教授会は学長や理事会の決定を拒否することもできる。これらの大学の運営方針は、他の大学で見られる「理事会支配」と違い、「教授会支配」と言われる（Ehara 1998）。公立大学セクターでは常に教授会支配モデルが主流だが、法人化の構造の中で「学長付託型」モデルに移行しつつあり、教授会支配は控えめになってきている。教授会が意思決定の権限を持つにもかかわらず財務的な責任を負わないということについては、次第に問題視されるようになり、二〇〇四年に国立大学が法人化した背景にもなっている（Yamamoto 2005）。私立大学の中での意思決定の力を持つ教授会の役割についても、職員たちによって似たような議論がされ、その権限は学校の理事会だけに制限しようという動きもあった[16]（絹川 2002, 潮木 2002）。

大学運営について研究上で見逃されることの多い最後の問題は、いわゆる事務組織、事務局、あるいは事務部といった運営組織の位置づけについてだ。アドミニストレーション組織が大学のアカデミックな組織とほぼ平行して置かれている大学では、事務は教授陣の利益を守り、教授会のルールを円滑に進めるように働く。事務職員は教員よりも明らかに下位の立場にある。しかし多くの私立大学では、運営組織は、学校法人それ自体とより密接な関係・立場にある。法人の財務や新しいプロジェクトといった意思決定について、教授会とは一線を画した重要な力を持ち、同時に、教員たちでは立ち入れないような官僚的ロジックを駆使して日々の大学運営をこなしている（Breaden 2013, Poole 2016）。このように、強いアドミニストレーションは理事会支配モデルと歩調を合わせるように機能している。(17)

ここまで、私立の高等教育機関は、他の機関と比べると研究はされていないものの、比較的明確に定義された存在であり、日本の私立大学も明らかにその定義の中に入ることが分かった。しかし、日本の私立大学には独特の特徴もあることも明らかになった。日本の高等教育システムを構成する諸機関の中で最も大きなカテゴリになっていること、非常に多様であること、政府からのサポートがほとんどなく、管理運営にあたって政府のもたらす役割は不明確であること、運営方法のアプローチや権力の分配はかなり多様ではあるが、標準的なガバナンスの構造を守っていることなどの特徴が挙げられる。日本の私立大学がなぜこのような形を取っているかを知るためには、歴史的な知識も必要だ。

日本の私立大学の歴史的概観

これから描いていく日本の大学の歴史は、私立セクターの視点からのものになる。従来のオーソドックスな歴史研究は、国立大学を主人公に据え、私立大学は傍役という立ち位置だったが、ここでは敢えて視点を変えたい。このアプローチによって、国と私立大学との間には自由放任主義と高度な干渉が混ざり合う、複雑な関係性があること、投資家・起業家にとって私立大学が魅力的な投資先に見える理由、そして強い自立の感覚を持つようになった経緯などがくっきりと見えてくる。これらの三つの要素はどれも、一九九〇年代、二〇〇〇年代のドラマチックな変化に直面した私立大学の粘り強さ、復元力（レジリエンス）を理解するのに重要なものになる。

日本の私立大学の基盤

近代の日本の大学のオーソドックスな歴史は、一八〇〇年代後半、日本の近代化を先導した明治維新の流れの中で創設された「帝国大学」（のちの国立大学）に始まる（例えば永井 1971; 第2章参照）。こうした始まり方をしたことで、国費で運営する集権的な国立大学システムの構築と改革に焦点を当てるという歴史観が広がってしまった。しかし、日本私立大学連盟（1984, 後に英語でも出版。JAPCU 1987）が出版した日本の私立高等教育の歴史では、これは、日本の高等教育のより大きな流れのごく一部でしかないと強調している。いつであれ、私立の教育機関が主流だったというのだ。

日本私立大学連盟の見方によれば、日本の私立高等教育の起源は九世紀、空海（弘法大師）が京都に教育施設を作ったところまで遡る。国や地方の役人の育成を目的とする大学寮・国学といった当時の教育機関からは、明らかに逸脱したものだった。そうした官製の学寮は厳格な儒教のカリキュラムを組み、ごく一部の貴族や官僚だけに許されたものだった。その後、江戸時代には、日本中の大きな都市や何千もの小さい村に数多くの宗教的な学校や寺子屋が存在した。また私塾、家塾、私学などと呼ばれる民間の、より発展的な教育の場も多様に作られた（日本私立大学連盟 1984: 14, 日本私立大学連盟 1987: 4, Anderson 1975: 14–15）。それらの中には儒教の学校や、適塾（大阪大学の礎）などの西洋の医学や科学を扱う学校、そして儒教の古典だけでなく数学や天文なども教えた現在の大分県にできた咸宜園《かんぎえん》などもあった。封建社会の中で職業訓練の需要が高まったことで、それに応えるために作られた学校もあった（Rubinger 1982）。

当時は、今のような「ナショナルな教育システム」は存在しなかった。学校が段階的になっていたり資格のタイプがシステム化されていたりせず、また、社会全体の中でも教育の意義が広く認識されているわけではなかった。私立の学校は、侍たち（侍の中でも大きな特権を与えられず、政治的パワーの中心からも離れていて、だからこそ自己研鑽《けんさん》への強い願望を持っていた層）から、急増していた都市の商人・職人層（近代という時代を理解することや技術へのアクセスが重要だった層）まで、幅広い生徒を抱えていた（天野 1990, Dore 1965, 1970）。

封建制度は一八六八年の明治維新で終わりを告げ、代わりに近代主義者たちを中心として西洋の考え方や技術を取り入れることで急速な産業化が進められた。高等教育による恩恵が明らかになり、医学や工学、法学といった専門的な分野への需要の増加に応えるように、新たな私立の学校が次々にできた。この頃の私立高等教育は、地主層や都市の中級階層、明治政府への対抗勢力など、かなりの支持基盤を得ることができていた（Kaneko 2004: 121–14）。

当初、政府はこれらの私立学校のことには大きな関心を寄せる余裕もなく、新たな国立の大学システムを作り出すことに忙しくしていた。政府が支援する最初の高等教育機関は現在の東京大学で、諸説あるが、十七世紀に徳川幕府が作った儒学の学校と、フランスのグランゼコールに触発されて明治初期に実験的に作られたいくつもの学校がそのルーツとなった。しかし、その結果出来上がった大学は、学者の自律性が高く、人材開発や国益のための研究の中心地となり、形としてはドイツの大学に似通っていた（Bartholomew 1989: 89–124, Kaneko 2004: 117–118）。一八八六年の帝国大学令では、帝国大学の目的が「大学院ハ学術技芸ノ蘊奥《うんおう》ヲ攷究《こうきゅう》シ分科大学ハ学術技芸ノ理論及応用ヲ教授スル」（永井 1971: 21）とされた。この帝国大学令の下、最終的に九校の帝国大学が設立された。そのうち七校は日本本土に作られ、当時の植民地だった朝鮮と台湾にも一校ずつ設立された。それらの大学の学長は天皇からの勅命で任命され、スタッフたちは国の公務員という地位だった。政府の高いポストに就くエリートは圧倒的に帝国大学の卒業生たちで占められていたため、帝国大学と国の中心の権力との繋がりは強まっていった。

一八九九年には私立学校令が出され、私立の教育機関への公的な規制が始まった。私立の教育機関は地方長官の管理下に置かれ、地方長官は新たな施設の設立認可を出すだけでなく、教育内容のことなどを含め、学校の具体的な運営に関しても幅広く介入した。また、社会秩序にマイナスと判断した学校を閉校させたりする力も持った。こうした動きは、明治政府のリーダーたちが作り上げた、潜在的に矛盾しうる国の教育管理の二つの考え方のバランスを反映していた。一つは、広範な国家主義的政治目標の一環として、国の教育セクター全体を政府が管理したいという願望。もう一つは、明治社会の他の分野でも見られたように、国家権力からの距離に比例したヒエラルキーの考え方だ。その見方からすれば自然に、私立学校はエリートの帝国大学よりも劣ったポジションに置かれ、その結果、国が直接管理する帝国大学と同じ枠組みの中に入ることは考えられなかったのだ。

一九〇三年、政府は専門学校令を出し、文部省の管轄下で新たに専門学校という国のシステムが作られた。多くの私立の学校が応募をし、認可され、この新たなシステムに加わった。これによって、帝国大学令の下にできた大学ほどではないが、公式に国の支援を受けられるようになった。専門学校システムはアカデミックではない、実用的な中級の専門資格認定を提供するよう作られた。それでもなお、私立の学校の中には、自分たちを「大学」と名乗り、帝国大学のシステムに近づけようとした大学もあった。これらについては、政府職員は非公式に目を瞑り、見逃していた。

私立の学校が大学として公式に認可されたのは、ついに大学令が制定された一九一八年だった。帝国大学システムを超えて大学セクターを拡げようとしたこの動きは、社会の中で、帝国大学で学ぶエリート層の他に、幅広く高等教育への需要が増してきたことを反映している。産業セクターはより高度に熟練した人材を求めるようになり、日本の政府のシステムも、より幅広い市民社会に対応できるように発達してきたのだ（伊藤 1999）。ゲイガー（1986: 22）が指摘した通り、私立大学は溢れた需要に応えるために法的に認められるようになったので、最初から公立機関よりも一段低いものとして見られていた。私立の機関は国立のものよりも劣るという、官高私低の考え方は日本の大学セクターの中で今でも見られるものだ。

当初、大学の地位を得るだけの資金を持っていたのはごく一部の私立学校だけだった。政府は少なくとも五〇万円の「供託金」を出すよう求め、もし複数の学部を用意する場合はさらに高額となった。大学予科のコースの開設も求められ、そこでも設備や人材が必要になった。早稲田や慶應義塾といった、最も潤沢に資金を持っていた学校でさえ、こうした条件を満たすのに苦労したという(JAPCU 1987: 17-19)。政府からの当座の助成金によって最初の数年間の運営費を賄うことができる場合もあったが、私立大学開設は容易ではなかった(天野 1986: 83, 森川 2007 も参照)。一九二〇年に私立学校で公式に大学の地位を得られたのは一一校だけだった。他の多くの学校は専門学校システムに留まっていたが、一部の少数の学校は代わりに「(旧制)高等学校」を設立し、戦前の複線型を特徴とする階層的教育システムの中ではより下位の段階にあたる教育を提供した。

しかしその後一九三八年には公式に認可された私立大学は二五校まで増え、学生の人数を合わせると四万四〇〇〇人にもなった。これは大学生全体のおよそ三分の二を占めていて、さらに七万五〇〇〇人の学生が一一九の専門学校に通っていた(表2-1)。学生の大多数は男性だった。一部の私立大学は女性向けの枠を用意していたが、大学入学の準備のための教育にアクセスできる女性はほとんどいなかった。さらに、政府が作った女子師範学校や女性向けの私立専門学校など、高等教育の代替となる道が女性向けに作られていた(Iida 2013)。しかし、女性のうち、高等教育に進む

表2－1　戦前日本の大学と学生

年度		大学				私立専門学校
		私立	国立	公立	計	
1918	学校数	0	5	0	5	63
	学生数	0	9,040	0	9,040	33,918
1923	学校数	16	11	4	31	75
	学生数	21,944	15,149	1,638	38,731	37,145
1928	学校数	24	11	5	40	93
	学生数	36,251	22,586	2,665	61,502	59,552
1933	学校数	25	18	2	45	110
	学生数	41,560	27,901	1,432	70,893	63,802
1938	学校数	25	18	2	45	116
	学生数	44,017	28,034	1,466	73,517	75,734

出典：私立大学連盟（1987:11–12）をもとに著者が作成

人は一パーセントより少なく、これらの学校の存在感も小さいものだった（稲垣 2007）。

一九一八年の大学令は、日本で最初に私立大学の設立を公式に認めただけでなく、都道府県が公立大学を設立することを認め、そして一九二八年には市が公立大学を設立することも認めた。これによって、先に紹介した国立・公立・私立の大学の三分類のベースが作られた。ただ、設立者が誰であれ、全ての大学は国の文部省の管理下に置かれ、統一された枠組みは国が管理する国立大学セクターに合わせたものになっていた。

また、一九一八年の大学令は大学の社会的な機能に関する共通理解を育てるよう作られた。第一条には「国家ニ須要ナル学術ノ理論及応用ヲ教授シ並其ノ蘊奥ヲ攻究スル」と書かれていた。これは明らかに明治時代、大学システムが国家に奉仕するために作られたことを反映している。新たな私立大学や公立大学は、この点については帝国大学モデルを模倣するよう求められた。研究者は、制度的にもイデオロギー的にも、効果的な「官学化」が行われたと見ている（成田・寺崎 1979: 81-83）。この官学化のプロセスは一九二〇年代後半から三〇年代にかけ、日本が軍国主義になっていく中で強くなっていった。しかし、この時期、私立大学は手続き上、帝国大学令やその他の規制の下、帝国大学の下に置かれたままだった。この規制はその後、帝国大学が教育システムの頂点であり、日本社会のエリートの座への道だという一般的な考え方を支えた（天野 1986）。

戦前の私立大学は、高等教育の需要が増える中で市場原理をベースにした解決法を提供し、政府が大金を投じる必要もない形で、高度に訓練された人材を求める社会の需要に合わせて拡大することができた。国とのこうした取り決めは、既存の「国家」と「私（private）」とのヒエラルキーを強化させ、この後論じるように、戦後の時代まで続くことになった。

戦後の改革と成長

敗戦後、連合軍による占領期に行われた教育改革の一環として、戦前に多様に作られた高等教育のタイプを「単線型」にするために新たな高等教育システムが作られた。一九四七年の学校教育法により、大学は四年制で学士号を授与するものとし、さらに、博士号などのより上位の学位授与のための大学院も任意で設置することができるようになった。また、学校教育全体の複線型学校体系はこの時に簡略化され、基本的に中等教育の修了が学士課程への入学資格に、そして学士号が大学院の入学資格となった。

第二次大戦後半に力を強めた国家主義的な体制の崩壊に合わせて、大学の使命は新たに「広く知識を授けるとともに、深く専門の学芸を教授研究し、知的、道徳的及び応用的能力を展開させる」

（学校教育法、五二条〔二〇二〇年十二月時点では八三条〕）となり、新たな日本国憲法が保障する学問の自由（第二三条）とともに刷新された。しかし、この改革によっても国立と私立の高等教育の根本的な違いがなくなることはなかった。戦前の帝国大学は国立大学として改めて構成され、戦前の公立の専門学校や師範学校、そしてその他の高等教育機関の合併によって新たに日本各地に六九の新たな大学が国立大学として作られた（羽田 2004: 39）。これらの大学はきっちりと国の傘下に留まり、国の教育予算でまかなわれ、運営されて、エリート人材の育成と国の発展のための研究に重点的に取り組んだ。この新たなシステムの中では地方自治体も新たに大学を作ることができるようになり、一九五〇年までには新たに二六の公立大学が開校していた（公立大学協会 2017）。

新たなシステムの中、私立大学は一九四九年の私立学校法の下に管理されるようになり、その法は「私立学校の特性にかんがみ、その自主性を重んじ、公共性を高めることによって、私立学校の健全な発達を図る」ことが目的とされた（第一条）。私立セクターと国立セクターとを分ける法的な違いは、もともとは私学が政府の管理から独立して繁栄できるようにするものだった。しかし政府が私立学校の「健全な発達」を図ることを請け負い、私立学校の「公共性」を強調することを明記することで、中央集権化された管理体制を続けることが正当化された。私立学校は学校法人によって運営されるということが規定された。新たな大学や学部を設立するためのプロセスも形式化され、中央集権化された。当初は一九四七年に既存の四六の大学が集まって設立した独立組織の大学基準協会が条件を定めていたが、一九五六年以降は文部省が設置基準の規定を定めたり管理したりしている（Baba and Hayata 1997）。

このように統一化された大学システムの構造を作ることは重要な戦略だった。当時、宗教組織から企業まで、社会のさまざまな業界が高等教育に足掛かりを持とうとし、また、教育と研究への多様なアプローチや運営モデルが他業界へも広がる可能性が大きくなっていた。設立の経緯や使命、そして教育に関する考え方は非常に多様であったが、学校法人という一つのシステムの中に受け入れられた。学校設立の基準は、大学としてふさわしい設備やスタッフの配置、カリキュラムなどをカバーした。私立大学全体を貫く基本的フレームワークの統一性と大学ごとの質的な多様性とは、現在でも日本の私立高等教育の最も独特な特徴の一つになっている。

一九四五年以前のシステムの中で大学の地位を得ていた私立大学は、合併や改称が行われたケースもあったが、新たな法制度の中でも大学として認められた。そして新たな大学も多く設立され、一九五〇年には私立大学の数は一〇五校になった（日本私立大学連盟 1987: 34）。新たな大学の多くは、戦前から続く中等諸学校や専門学校によって設立されたものだった。この章の前半でも解説した通り、日本社会で人材のニーズが複雑化・拡大していき、さらに（特に戦前の専門学校の経営者にとっては）戦前システムでは手に入れられなかった「大学」というステータスをようやく得られる機会を前に、これらの団体が大学セクターに流入してくるのは自然なことだった。

それでもなお、多くの団体にとって、大学を設立するために必要な資金やアカデミックな人材をすぐに集めるのは難しかった。十分に訓練を受けた人材に対する社会のニーズの膨らみにすぐに応えられるように、そして女性や経済的に不利なバックグラウンドを持つ人など、大学入学に経済的・文化的な障壁がある人に対して、大学の代替となる教育を提供できるように、政府は中間のシ

表2－2　大学の学校数と学生数（1955〜75）

		1955	1960	1965	1970	1975
私立		122	140	209	274	305
国立		72	72	73	75	81
公立		34	33	35	33	34
合計		228	245	317	382	420
私立の割合(%)		53.5	57.1	65.9	71.7	72.6
学生	合計	523,355	626,421	937,556	1,406,521	1,734,082
	女子(%)	12.4	13.7	16.2	18.0	21.2
	私立(%)	59.7	64.4	70.5	74.4	76.4
	入学率(%)	7.8	8.2	12.8	17.1	27.2

出典：文部科学省2017aをもとに著者が作成

ステムが必要だと判断した。そこで一九四九年、学校教育法が改正され、四年間で取る学士号ではなく、二、三年で準学士の学位が取れ、内容的にはより職業訓練に重点が置かれた大学の設立を認可するようになった。それがこの章の前半でも触れた短期大学システムとして知られているもので、一九六四年の学校教育法改正でようやく日本の高等教育の中での永続的な制度となった[18]。

短期大学はもともと、日本社会が大学教育の大衆化へ移行する間の暫定的なものになると思われていたが、一九六〇年代、短期大学の数は四年制の大学の数を大きく超えていた。短期大学の経営者たちは、中等教育の卒業生の中に、質の高い中等後教育を求めつつも将来の雇用主には高度な学問的な経歴は求められていない、という顧客の存在に気づいた。この顧客は、圧倒的に女性だった。一九六〇年代、日本の女性はおおよそ男性と同じくらいの割合で中等教育を修了していたが、高度なスキルが必要な職業への参画にはまだ壁があり、多くの親は娘たちに大学の学位を取らせるという投資に価値を見出していなかった。短期大学は、そこにちょうど良い中間地点を提供したのだ。短期大学は一九五〇年代には男女で同じくらいの学生を抱えていたが、一九七〇年代には女性―男性比がおよそ四対一になって、四年制大学の逆になっていた(表2-2)。私立の学校法人にとって、短期大学は発展の可能性のある事業であり、同時に多くの場合、短期大学の設立はもともとのねらいである四年制の大学の設立に向けた足掛かりにもなりうる。本書の第三章、四章で扱うメイケイ学院大学もそのパターンの実例となる。

さらに、戦後の単線型教育システムの外にはみ出す教育機関もあった。大学や短期大学といったステータスを得ず、それでも中等教育を終えた学生に重要な教育の進路を提供するものだ。これらは、学校教育法の第一条で定められた初等・中等・高等教育機関(いわゆる「一条校」)と区別するために「各種学校」と呼ばれた。多くの各種学校は、戦前の専門学校システムと似たような職業訓練を提供していた。各種学校と大学・短期大学との間にはいくつか大きな違いがあった。一つ目は、各種学校という分類によって、政策の管理権限の及ぶ範囲から大きく外れることになるということだ。政府からの支援も規制も実質的にはなく、多額の設立基金も不要で、自分たちのカリキュラムを自由に組むことができ、特定の職に就くためのスキルや資格に直接的に集中できるのだ。さらに、どのような学生を受け入れ、どれくらいの学費を取るか決定するのも自由だった。ただし、各種学校と、私立大学や私立短期大学に移行した学校との間には基本的な違いがないことが多かったということは、心に留めておくべき重要なポイントだ。どちらのタイプの学校を運営するのか、あるいは両方にするのか、というのは、教育理念によって変わるとは限らなかった。

政府は中等後教育段階の職業訓練教育に関して本格的な政策を作ることには関心を持っていなか

ったが、一九五〇年代、六〇年代にかけて、各種学校に対して最小限の教育上の基準を設け、同時に小さな従属的なカテゴリとして新たに「高等専門学校」を作り、高等学校教育と高等教育をまたぐ機関とした。しかし、各種学校が正式に専修学校という新たなカテゴリとしてシステム化されたのは、一九七五年に学校教育法が改正されてからだった。専修学校のうち、専門課程を提供する学校は専門学校と呼ばれ、戦前の専門学校の呼び名が再び使われるようになった。

もともとシンプルな単線型のシステムが想定されていた日本の戦後の高等教育システムは、このように多様な進路や組織形態の取り合わせになっていて、中等後教育に対する需要の高まりの中で出てきた多様なニーズに合わせてそれぞれが教育を提供していた。大学セクターの中だけでも、古参もニューカマーもいて、それらのヒエラルキーを区別するのに新たなラベリングもされた。もともと戦前に設立された旧制大学は新たな大学（新制大学）より遥かに高い名声を得て「旧帝大」として別格の名門の立場を得た（今でもそれは続いている）。一方、地方の新たな国立大学は、どの駅にもその土地ならではの駅弁があるように、蔑称として「駅弁大学」と呼ばれ、地域の大学があるという町が各地にできた。

米澤（2010: 第三章）がさらに指摘するのは、この時期は私立大学の区別化が進んだ時期で、評判が高く名声が安定した大学は、受験難易度の高さを武器として需要吸収型の拡大をやめ、「エリート」私立セクターを作り上げた。一方、比較的新しい大学は、需要を吸収し続ける周縁的な大学になるか、特殊な市場に合わせたニッチな大学になるかに分かれた。しかし、「エリート」カテゴリの大学は、学生からの学費に頼らなくてはならないこと、さらに高い評価を得る戦略のために入試の選抜に集中しなければならないことを理由に、発展が遅れ、アメリカのトップの私立研究大学のようになることは阻まれた。

これらの区別は、私立大学の学校法人にとっての優先順位を理解するためにも重要だ。戦前から大学を運営していて戦後のシステムにすぐに合わせることができた大学もあり、一方、戦前の制限的なルールの下では大学の設立はできなかったが、資本は十分に持っていて戦後の新たなシステムが始まって大学設立が叶ったという大学もある。また、大学の地位を目指したがまずは一時的に短期大学にしなければならなかった機関もあり、結局は多くの場合、それが一時的ではなく永続的なものになり、時にはそれが学校法人にとって主要な事業になることもあった。さらに、職業訓練の分野に深く根づく学校もあり、専門知識を生かして学校を運営し、中等教育セクターと繋がり、その後、大学や短期大学を設立するのに繋げようとした機関もある。職業訓練の機関に対する政府からの扱いの粗末さや地位の低さを考えれば、そうした学校法人の多くが、大学設立を社会的地位の上昇のための道と考えていたことも推測できる。もともと純粋にアカデミックな関心はほとんどなくても、学校法人の運営側が社会的評価を気にする、その一つの現れだろう。

高等教育の大衆化と私立セクターの擡頭

日本の戦後の教育制度改革は、誰もが初等・中等学校教育へ就学する基盤を作り出し、新たな世代が学校教育システムの中で育っていくことになった。産業や技術の発展とともに高いスキルを持った人材のニーズが高まる中で、日本は早急に大衆向けの高等教育システムを求めていた。しかし、そのようなシステム構築へ投資する資金は欠けていたために、政府は、私立セクターが成長し、増える需要を吸収するのを許した。それは一九二〇年代、三〇年代の様子と酷似していたが、さらに大きなスケールで行われた。

表2－2で示した通り、日本の大学セクターは一九五〇年代、六〇年代に目覚ましい成長を遂げた。大学へ通う学生の数は一九五五年から一九七五年にかけて二三一パーセント増加し、同じ時期に一九二の大学が新たに設立された。この成長のほとんどは私立セクターで起こった。学生数は三二四パーセント増え、新設校の数は一八三校である（新たな大学の九五パーセントが私立だった）。この成長によって、大学入学率（十八歳の人口のうち、大学の学部に入学する人の割合）[19]が一九六〇年代から一九七〇年代初頭にかけて急速に上昇した。

この変化は、当時の日本の特殊な経済状況の文脈の中で見ることが重要だ。当時、GDP成長率が急上昇し、高いレベルで家庭の貯蓄が増大した。こういった状況を見て、政府は、高等教育への資金投入を私立セクターに子どもを入れる家庭に大きく頼り、大規模な税の投資を避けたのだ。当時の拡大期についてのジェイムズとベンジャミン（1988: 179）による最も綿密な分析も、このポイントをかなり強調していて、「ノーマルなレベルの経済成長や貯蓄の状態であったなら、人々の教育への需要がこれほど伸びたとは言い切れない」と結論づけている。

表2－2が示す通り、大学生の人口は依然として圧倒的に男性に偏っていた。一九七〇年代後半になって初めて女性の割合が二〇パーセントまで上がり、男女が同じ割合に近づいたのは二〇〇〇年代になってからだった。しかし短期大学は女性が入学者のほとんどを占めていたために、高等教

表2－3　短期大学：学校数と学生数（1955〜75）

		1955	1960	1965	1970	1975
私立		204	214	301	414	434
国立		17	27	28	22	31
公立		43	39	40	43	48
合計		264	280	369	479	513
私立の割合（%）		77.3	76.4	81.6	86.4	84.6
学生	合計	77,885	83,457	147,563	263,219	353,782
	女子（%）	54.0	67.5	74.8	82.7	86.2
	私立（%）	81.1	78.7	85.3	90.1	91.2

出典：文部科学省2017aをもとに著者が作成

育全体で見れば、女性の割合は高くなる（表2－3）。大学と短期大学の違いは、ジェンダーのバランスの観点だけでなく、カリキュラムの内容から見ても明らかだった。マクベイ（1997: 16-17）によれば、四年制の大学では工学や社会科学が優勢だったが、短期大学では圧倒的に「女性的」と思われた学科に偏っていて、家政学や人文科学、そして教員養成といった科目が主だった。それによって短期大学は「花嫁学校」とも呼ばれた（Fujimura-Faneslow 1985: 476）。

日本の高等教育システムは、マーティン・トロウ（1973）の定義した「エリート」から「マス」への移行を明らかに達成したが、大衆が大学レベルの教育にアクセスするための競争は依然として激しかった。大学と短期大学に出願した人の中で実際に入学できた人の割合は一九六〇年代にはおよそ六〇パーセント、一九七〇年台にはおよそ七〇パーセントだった（文部科学省 2013）。そして最も評判の良い大学への入学は特に厳しく、「受験地獄」と呼ばれた。

大学の選抜がどうやって最高の学生を選ぶのかという問題は極めて重大で、熱い戦いになっていた。戦前から、日本のエリート大学は厳しい入学試験による選抜システムを作っていた。戦後の大学教育の拡大によって、全ての受験生に均等な機会が与えられるという基本の下に、戦前の選抜システムが大衆レベルにまで拡張された。学生のバックグラウンドに関わりなく、入学試験で自分の学力を証明すれば誰でも東京大学への入学資格を得ることができるのだ。家庭の財力や地域の差といった、試験結果に影響を与える要素が明らかに存在することで、機会の平等の保証は損なわれていて、日本の典型的なメリトクラティック（能力主義的）な選抜の順機能と逆機能を明らかに示していた（Kariya and Dore 2006）。それでもなお、特に、大衆向けの、より公平な代替手段がない中で、このシステムを支えた基本的な平等主義の方針に反論するのは難しいことだった。

入試システムは、単に大学教育のため特定の大学に志望者を選抜しマッチングさせるだけではなく、企業にとっても採用活動の一部となった。質の良い研修のシステムや身分の安定性（いわゆる「終身雇用」と呼ばれるシステム）を有する大企業は、より良い待遇を求める大学卒業生に好まれ、企業側は選抜度のより高い大学の卒業生を求める。選抜度の高い大学の学生は、大学入試の成功を通してすでに知性や努力といったものを証明しているからだ。必然的に、そういった大学は今でもほとんどの受験生を惹きつけていて、競争をより厳しいレベルへと導いている（Kaneko 2004: 128-129）。第一章で解説した偏差値によって表されている大学の選抜度は、受験生にとっても、卒業後の雇用者にとっても、大学の質を表す標準的な基準となった。高校は偏差値を使い、生徒の出願する学校をガイドし、さらに、受験準備のための教育と、各大学・学部の選抜度の比較データなどを提供する、巨大な予備校産業が生まれた（Goodman and Oka 2018）。

私立大学に関する公共政策と財政的支援

すでに触れたように、一九五〇年、六〇年代の私立高等教育の成長は、政府が意識的に行った政策の産物であったと同時に、純粋な市場原理の力でもあった。ジェイムズとベンジャミン（1988: 65-67）は、新たな大学や学部の設立の基準が一九六〇年代に緩められたことや、貸付限度額の制限が厳しい時代の中で、大学設立を望む学校法人に対して銀行が寛大な融資をするよう暗に勧められていたことを指摘した。しかし、政府が具体的に明確に助成金の計画という形で私立高等教育をサポートしたのは一九七〇年代に入ってからだった。

私立セクターを公的な財源から切り離すのは、実は日本国憲法の第八九条で定められていて、条文には「公金その他の公の財産は、……公の支配に属しない慈善、教育若《も》しくは博愛の事業に対し、これを支出し、又はその利用に供してはならない」と書かれている。これは、私立教育には税金からの資金提供をしてはならないという原則を推し進めたいというよりも、非商業的な私立セクターの活動に対する政府の干渉を最小限にしたいという、戦後の改革者たちの希望の産物だった。実際、日本国憲法制定の三年後に成立した私立学校法では公的にサポートされることが明らかに想定されていた。第五九条には「国又は地方公共団体は、教育の振興上必要があると認める場合には、別に法律で定めるところにより、学校法人に対し、私立学校教育に関し必要な助成をすることができる」と書かれている。

しかし、一九六〇年代後半、背景に多様な動機を持ちながらも、大学の授業料値上がりに反対することで結束した暴力的な学生たちが日本中の大学キャンパスに現れるようになって、私学助成問題の合憲性の議論に暗雲が立ちこめた。その一方では、日本社会がエリートを対象とする高等教育から大衆のための高等教育にシフトしていくための費用を、私立大学やそこに学費を払っている学生が負担している、という不満の声が高まった。私立大学は、一九六〇年代に増えた入学者を受け入れるために新たな土地や設備、スタッフを雇うための資金調達として多大な借り入れをした。そして一九六〇年代の終わりには、大学入学年齢の人口が減り（戦後のベビーブーム世代の終わり）、歳入が減少した結果、多くの大学の財政はひどく逼迫《ひっぱく》した。ローンや助成金を除けば、私立セクターの経営収支のバランスは一九七三年にはおよそ二〇〇億円の赤字になっていた（米澤 2010: 242）。私立大学への助成の決定は、この苦境を前に、ある程度の責任を国が負うことを認めるということでもあった。

一時的な資金援助の体制は一九七〇年に制度化され、一九七五年には私立学校振興助成法が成立した。この法にまつわる審議の結果、最終的には私立大学の運営にかかる支出のうち、半額までを国が援助することが目標とされた（Baba 2002）。一九七〇年に始まった政府による一時的な助成は、当初は私立大学の運営支出の七・二パーセントしかなかったが、法律が通った後の一九七〇年代後半にはその割合がおよそ二〇パーセント上がり、一九八〇年には二九・五パーセントになった。その後はずっと下がり続けていて、二〇一〇年代半ばには一〇パーセント弱になっていた（文部科学省 2017b）。この章ですでに触れた通り、日本は高等教育に関して、ＯＥＣＤ諸国の中で最も政府による財政支援の割合が低く、そして私立－公立の支出の比が大きい国だ。すでに多くの助成金を受けている国立大学に比べて、私立大学への投資はより大きな社会的、経済的なリターンがあるという根拠によって、より多くの人に現状を認識してもらい、助成金を受けられるように今でも呼びかけが続いている（Tanaka 2019: 275）。

一九七〇年代に始まった政府による私立大学助成金システムによって、二つの重大なインパクトが生じた。一つ目は、高等教育の計画的な発展の中で新しい時代の先駆けになったことだ。国が私立大学への助成をすることで、人口増加やスキルを持った労働力への需要の増加を反映しながら、政府は大学の在籍者数について、私立大学をより厳しく管理できるようになったのだ。その結果、文部省の方針にどれだけ合っているかによって、各大学が受けられる助成金の額が変動するようになった[20]。資金援助の制度は、在籍者数が規模に対して過剰であった場合には不利になるようになっていたり、優先度の高い課題について積極的に取り組み、改革を行っている大学へは「特別補助」が出たりしている。当初は助成金の数パーセントが割り当てられていただけだったが、二〇〇〇年代には二〇パーセントを超える額が特別補助に使われた（文部科学省 2017b）。新たな大学の設立や既存の大学の拡張に関する基準は厳しくなり、あるアメリカの研究者が観察したように、文部科学省は一つの授業あたりの学生の人数や、授業を行う時間、そして授業を行う建物の大きさなど、組織や運営に関わるあらゆることについて、細かく監督できるようになった（Ellington 1992: 219）。一九七〇年代後半、この「助成と規制」（米澤 2010）の仕組みが定着すると、大学数や学生数の成長が急激に緩やかになった。

二つ目のインパクトは、一つ目と深く関連していて、学生が大学に通うために支払うコストに関することだ。助成制度が私立大学の学費を公立セクターレベルまで下げる方向に働くよりは、むしろ長期にわたる高等教育機関全般の学費値上げの傾向と重なってしまった。大学教育への社会の需要が増える中、大学新設への国の管理が厳しくなると、既存の大学は顧客を失う恐れをほとんど抱えることなく学費を上げられる「独占し保護された市場」の状態を作り出した（Kaneko 2004: 126）。米澤（2010: 246）が示した通り、私立大学の平均的な学費が最も大きく値上がりしたのは、一九七三年（二〇〇〇年の物価で年間三〇万円弱）から一九八八年（二〇〇〇年の物価で年間七〇万円近く）の期間で、これは戦後の大学システムの開始以来、私立大学の学生数の増加が最も緩やかだった時期（一二〇万人から一四〇万人）と一致する。しかし同時期、公立セクターではさらに激しい勢いで学費が上がっていた。私立大学と公立大学の学費のギャップは五対一から二対一まで縮んだ（国立大学法人評価委員会 2015）。逆説的ではあるが、公的な資金援助が直接的に増え、学生数も増えているにもかかわらず、実際には大学教育にかかるコストは高くなったのだ。中澤（2014）は、学生やその親が学費の上昇を許容しているのは、大学教育が、社会全体のためというよりは基本的に個人が恩恵を受ける、私的な利益のためであり、さらに、大学教育へのアクセスは入学試験という公平な選抜システムによって管理されていると見なしているからだという。この後見ていくように、こういった見方は人口減少している中で高等教育が拡大していくことで疑問視されるようになった。

米澤（2010）は、大学の定員をコントロールするという新たな方法が私立大学教育の市場にもたらした効果について詳細に分析している。彼によれば、大学教育の需要と供給のバランスの操作（需要は増え続ける中で定員は制限する）によって、私立大学は入学の選抜性の高さと大学の質との高い相関性を活用して社会の評判を強化している。私立大学セクターの最上位校では、大きな制度上の不平等があるにもかかわらず、最終的には難関国立大学と同レベルの学生を惹きつけることができている。米澤（2010: 231-234）は、この私立セクターと公立セクターの重なり具合は、助成と規制の組み合わせがなければ起こりえなかったと結論づけている。また彼は、教育や研究の質に対するマイナス効果も強調している。高等教育マーケットで合理的判断に基づいて動く主体として、私立大学は選抜度をベースにした社会的評判の構築に集中せざるを得ない。一方で、公的な資金援助は制限され、国による管理は教育・研究の質の担保にまでは及んでいないのだ。この分析は、第一章で触れた、私立大学の学費の額が評判の高さを反映しているとは限らないという特異な状況の説明にもなる。[21] 定員をコントロールされ、需要は多いという環境の中、「エリート」の地位をめぐって争う大学は、学費を下げてより多くの入学希望者を惹きつけようとする。それによって選抜度を上げ、評判を上げていくことにも繋がるのだ。

一九七〇年代の改革による実際の効果は、結局のところ、日本の私立大学の経済的な状況を完全に逆転させた。OECDのチームが一九七〇年に日本を訪れた際には、日本の私立大学は事実上破綻していて、金融界が自発的に借金の返済を求めるのを控えていただけだと結論づけている（OECD 1971）。しかし、一九七四年に運営に関わる収支がバランスを回復し、一九七八年には収入が支出を一三パーセント上回った（Geiger 1986: 48）。ゲイガー（1986: 48）の言う通り、これは私立大学が「収入を増やすために市場でのポジションをうまく利用した」からだ。この傾向は次の一〇年でも続き、私立大学がその後の二〇〇〇年代の学生減少という難局をどうやって乗り越えることができたかを説明することにも繋がる。

拡大と多様化

一九八〇年代は、更なる拡大の時代だった。一九八〇年代前半の短期間、大学入学年齢の十八歳の人口が減少したにもかかわらず、大学教育への需要は増え続けていた。日本の経済は成熟しつつあり、高等教育への意欲も、授業料を払う家庭の経済的余裕がその後押しをした。男女雇用機会均等法が一九八六年に施行されたことによって、女性の大学入学も促された。また、この年は第二次ベビーブーム世代が大学入学の年齢に達し始めた年でもあった。需要の高まりと十八歳人口の急増が組み合わさり、一九六〇年代以来の大学入学をめぐる競争はさらに激化した。入学先が決まらない受験生の増加を表す「受験難民」という用語も流行した（『朝日ジャーナル』一九八九年十一月三日号）。この十八歳人口の急増に対応するため、政府は一時的に定員を増やす「臨時的定員」のシステムを定めたが、それでも需要は供給を上回り続け、市場の力が強くなるのに合わせて政府が管理をする力は大幅に弱まった（天野 1997）。

一九八六年から一九九二年の間は特に私立大学にとって有利な時期になり、「ゴールデンセブン」と呼ばれた。政府は本来よりもかなり多い定員数を一時的にも永続的にも認めた[22]が、需要は相変わらず多く、大学はたくさんの志望者の中から厳しい選抜を経て学生を選び、教室を学生で埋め尽くすことができた。多くの受験生は安全のために複数の大学に出願し、複数の入学試験を受けていたため、出願一件あたり三万円かそれ以上となる「出願料」が私立大学の歳入の中でも大きな財源となった。

しかし、この時期は大きな不安も予測された時期だった。長期的な人口減少が始まるという予測が出てくるようになり、政府は大学セクターの大規模な改革の種を蒔き始めた。一九八四年、当時の中曽根康弘首相が高度経済成長期後の日本の教育の計画を立てるために臨時教育審議会（略称：臨教審）を作った（Schoppa 1991, Hood 2001）。臨時教育審議会は大学を厳しく批判し、たとえば学生からの増え続ける多様なニーズに対して大学側は非効率的で不十分な対応しかできていないと指摘した。提供する教育の幅を広げ多様化することと、教育と研究の質への注目を高めることが、国際化や「情報社会」の始まりといった、大きな変化の流れに大学が乗り遅れないための基本的な必要条件とされた。中曽根は同時代のイギリスや北米の政治家と同じように、新自由主義的政策立案への転換の案内人と言われた。臨時教育審議会も、それを一九八〇年代後半に継いだ大学審議会も、大学は労働力＝人材を高度化し、産業を革新させるための原動力であるという考えをベースにしていて、また、政府が大学セクターに対して事細かに介入するよりも、市場の競争を強調していた（臨時教育審議会 1987, 大学審議会 1991, 1998, Takahashi 2017）。しかし、こうした展開の目新しさへの過大評価は禁物だ。私立大学セクターはすでに市場の力に合わせることを実践していて、中曽根政権の頃やその後に議論された、競争の激しい環境の中でのカリキュラムの多様化や授業の質の向上といった改革のテーマの多くは、一九七〇年には論じられていたことだった（天野 1988, 永井 1971）。

私立大学にとって最も重大な変化の一つが起きたのは一九九一年だった。大学設立のための基準が改訂（大綱化）され、大学が独自のカリキュラムをより自由に組めるようになり、従来のような学科に関する指定や、一年生が受ける一般科目（教養科目）と高学年が受ける専門科目の厳しい区別といったものから解放されることになったのだ。一九九一年の改革の後も、新たなカリキュラムを提供するには政府による承認が必要だったが、承認のプロセスは簡素化され、従来のように学科の枠組みを順守させるのではなく、物理的な設備が十分にあるかどうか、適格なスキルを持ったスタッフはいるかといった条件に対応できているかを求めた。市場原理（すなわち、学生がその学科に入りたいと思うかどうか）と、高まりつつあった自己評価重視の流れに乗って、新たなカリキュラムの質や有効性は判断された。自己評価については、最終的には二〇〇四年から法整備化された第三者評価と認証評価システムに変わった。

新たな学部によって出される学位の名称は一九九一年以降急増して、二〇〇〇年代半ばには五八〇もの異なる専攻分野が日本国内で提供されていた。そして、そのうちの六〇パーセントは、どれも一つの大学でしか提供されていない独自のものだった（中央教育審議会 2008）。新たなコースの開設によって、私立大学は変化し続ける労働市場の需要や情報化時代の開始などの大きな流れに対応できるだけでなく、それまでは大学に興味を持っていなかったり、大学に入学できなかったりした若者へ大学教育をアピールすることもできた。カリキュラムのデザインの基本として、従来の学問領域ではなく、現代的なテーマを取り入れた新たな視野のもとで、それを合理化しようとすることで、大学にはさらに利点があった。さまざまな学部に散らばっていた既存のカリキュラムやスタッフを一つのトピックの傘の下に集めることによって、大学は自分たちを新たにブランディングすることができ、しかも国による承認が必要であることが多い人事や学位の構造の大きな変更を避けることもできたのだ。[23]後の章でも見る通り、二〇〇〇年までにはこういった外見上の革新は、経営に苦労をしている私立大学で行われる標準的な試みになった。[24]

一九九〇年から二〇〇〇年代半ばまでの期間には、一九六〇年代の戦後のブーム以来、大学の数も進学率も最も飛躍的に増えた（図２－５参照）。一九九六年から二〇〇五年の間に、新たに一六七の四年制大学が創設され、日本全体で見ると大学の数は七一〇に上った。増えた大学のほとんどは私立大学だった。一九九〇年代初頭にはおよそ二五パーセント弱（男子は三三・四パーセント、女子は一五・二パーセント）だった大学進学率は、二〇〇〇年には三九・七パーセント（男子は四七・五パーセント、女子は三一・五パーセント）まで増えた（文部科学省2017a）。短期大学への入学も加えると、二〇〇〇年には入学率が五〇パーセントを超え、専門学校や高等専門学校も加えるとほとんど七〇パーセントまでになった。私立大学にとっては、「ゴールデンセブン」のあとの人口減少を埋め合わせる以上の進学率上昇だった。このブームの時期に取り入れられた一

図２－５　大学進学率の成長と大学（タイプ別）の数（1955〜2015）

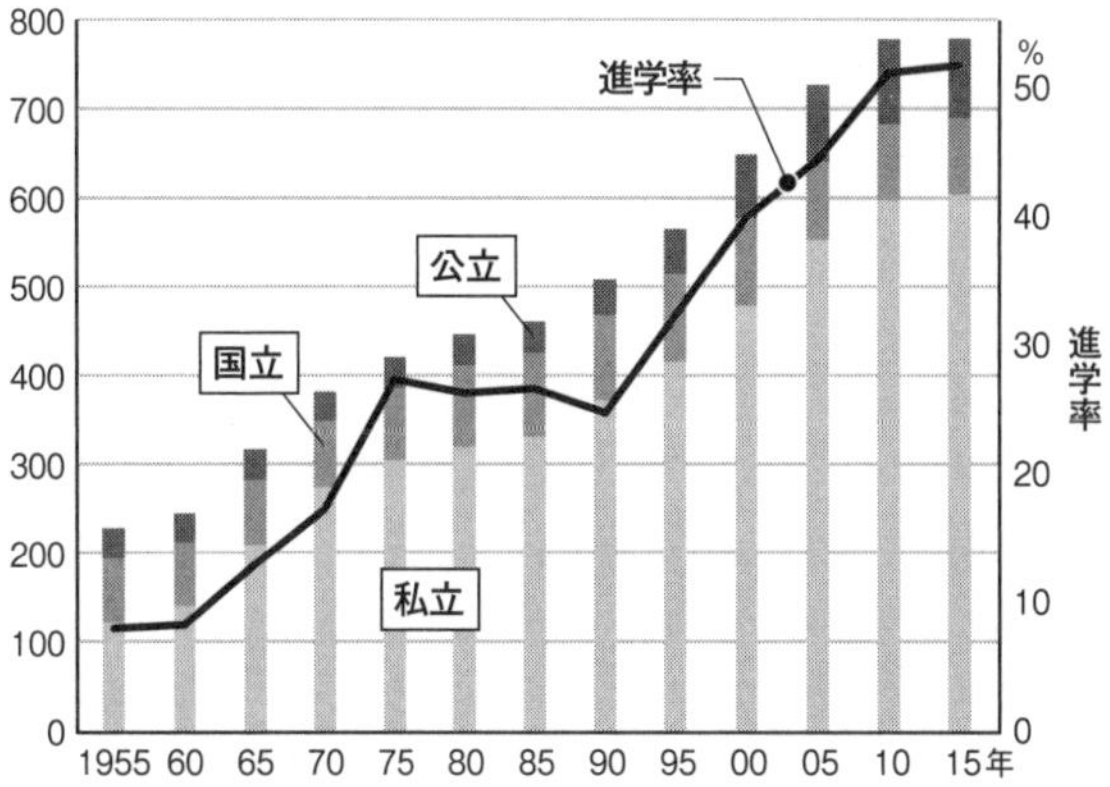

出典：文部科学省2018aをもとに著者が作成

時的な入学定員数の増加はすぐには廃止にならず、最終的には一時的な増加分の半分は公式の入学定員にしてもよいことになった。定員超過も厳しく制限されたわけではなく、補助金の一時的停止のペナルティは定員を一三〇パーセント以上超えた大学にしか科されなかった。したがって、実際のところ入学者数が過剰になっているのは通例となった。一九九〇年代の入学者の緩い管理と、新たなプログラムの設立に関する自由放任主義が、日本の高等教育が「planning（事前計画）」モデルから「market（市場）」モデルへとシフトした鍵となるポイントだったと天野（1997）は明らかにした。この規制緩和と民営化というシフトは、日本社会の他の分野でも見られた現象だった。

この時代は、カリキュラムの面だけでなく、大学のアイデンティティの面でも多様化が進んだ時期の一つだった。一九九〇年代に新設された私立大学の多くは、もともとは短期大学で、大学設立の基準が緩和されたことで四年制大学に「昇格」したり、同じ学校法人の中で既存の大学に吸収されたりしたものが多かった。この動きの結果、一九九〇年から二〇一〇年の間に少なくとも一六一の短期大学が閉校になり、短期大学セクターの総学生数はこの時期に四七万九三八九人から一五万五二七三人まで減少した（木田 2012, 文部科学省 2017c）。これは大学生の男女比にも影響を与えた。大学生全体で女性の割合は一九八五年には二四パーセントだったのが、二〇〇〇年には三七パーセント、二〇一五年には四三パーセントまで伸びている(25)（文部科学省 2018a）。

高等教育の新たな参画者として、地方行政からのサポートを得て設立された地方の私立大学がある。これらは産業界からの投資を惹きつけたり、都市部への人口流出を防いだりするための施策の一環として行われた。この「第三セクター」アプローチは観光や漁業といった産業にも向けられ、それによって新たにいくつかの事業が一緒になって公的、私的な資金を受けることができ、これが公設民営の大学のモデルとなった。多くの他の私立大学はこの公設民営のカテゴリに直接入らず、それでもなお、地方行政機関から大学設立のための土地や設備といった形でのサポートを受けた。第一章でも触れた通り、高等教育の機会の地域的不平等を解決するために政府が取り入れた大都市の大学での新規プログラム開設の制限は、地方のキャンパスの拡大をさらに後押しした。高等教育の機会の地域的不平等を解決するため、国の教育行政は大都市での新規プログラムを制限したが、地方大学の拡大はその動きを後押しした。

こうした私立大学セクター拡大への批判として、教育の質の低下の声は避けられなかった。実際、最も厳しい批判が上がったのは一九九〇年代の拡大期の直後の時期だった。英語で書かれた、最も知られた研究はブライアン・マクベイによる*Japanese Higher Education as Myth*（神話としての日本の高等教育）（2002）で、その序章では同時代に日本で出版された文献の批評をしている。しかし、一九九〇年代の変化は、教育の質の劣化と見るよりも、それまで日本の多様な高等教育機関同士の間に見られた厳密な境界線を曖昧にさせる、避けられないものだったと見ることもできる。例えば短期大学が大学に昇格したり吸収されたりした現象も、ジェンダーを基準にした（伝統的に女性のための）二年制の準学士と（男性のための）四年制の学士という区別の崩壊に伴う自然の産物と言える。同時に、地方行政のサポートで創立された私立大学は、すでに触れたように、高等教育の「私立」と「公立」の厳密な区別が難しいことの証拠でもある。

しかし、こうした区別の不明瞭化にもかかわらず、戦後の高等教育システムにおける公立と私立

表2－4　専門学校：学校数と学生数（1980〜90）

		1980	1985	1990
私立	学校数	2,187	2,664	2,952
	学生数	396,443	496,036	746,193
国立	学校数	187	178	166
	学生数	15,843	18,070	17,433
公立	学校数	146	173	182
	学生数	20,628	24,069	27,805
合計	学校数	2520	3015	3300
	私立の割合（%）	86.8	88.4	89.5
	学生数	432,914	538,175	791,431
	女子の割合（%）	66.5	58.0	51.9
	私立の割合（%）	91.6	92.2	94.3

出典：文部科学省2017aをもとに著者が作成

の区別は厳密に残り続け、それによって多くの矛盾が生まれた。例えば、新たな私立大学の設立に融資をした地方自治体は、学校法人から経営に対する発言権をほとんど得られない。大学が本当にその地域のコミュニティの利益になるような発展をするのか、確証が持てないことがあるのだ。もう一つの例は、大学と短期大学の区別が残り続けていることだ。ジェンダーによるヒエラルキーは徐々に崩壊しているとはいえ、短期大学はかなり独特なアイデンティティを持ち続けていて、大学との共同研究や資源の共有といった、本来ならば短期大学をかなり補完してくれるはずのことに背を向けることも少なくない。次の章から論じるメイケイ学院大学での事例も、同じ学校法人の中での運営の分断の明確な例を提示している。

日本の教育界の最も重要な変化は、大学や短期大学セクターの外でも起こっていた。すでに論じたように、中等後教育の職業訓練の学校は長年、戦後に作られた高等教育システムの外で運営されていたが、一九七五年からは専門学校という公式の地位を得る機会を得た（吉本圭一 2003）。表2－4は、ほとんどが私立であるこれらの専門学校への入学者数を示していて、すぐにその数は短期大学に並び、抜き去り、一九九〇年代には日本の高等教育に入る学生全体の三〇パーセント以上を占めるようになった。専門学校は、運営構造は大学というよりはビジネス経営的で、短期大学や大学に比べると規制からも自由だったため、学生の好みや労働市場のニーズの変化に対してより素早く対応することができるのだ（Goodman, Hatakenaka and Kim 2009）。

黄金期から募集地獄へ

一九九〇年代が半ばに達するまでに、潮の流れは変わった。第一章で述べたように十八歳人口が急激に減少したのだ。一九九二年のピーク時には二〇〇万人を少し上回るくらいだったが、たった一五年後にはおよそ一二〇万人になっていた。大学進学率は引き続き伸びていたものの、人口減少と、大学が募集者の枠を増やし続けたこと、この二つの組み合わせに負けずについていけるほどのペースではなくなっていた。十八歳人口が減っている中で大学が入学者の定員数を増やし続けたというのは、直感から外れる施策のように見えるだろうが、実際には、応募者が減ったことに対する戦略だった。大学は次々と新しい学部や学科を作り、新たなタイプの志望者を獲得し、競合校との差別化を図ろうとしていたのだ。応募者数のうち入試に合格する割合は一九九〇年代末期には八〇パーセントに達し、批評家たちは、志望者数に対して募集者数のほうが余ってしまう日が来るのはそう遠くはないことだろうと警告を発した。大学は出願をした学生なら誰でも喜んで受け入れるようになり、以前の「受験戦争」は、今度は大学側「募集地獄」に取って代わられるだろうと考えられた（Kinmonth, 2015）。

私立大学は学生を獲得するために新たなアプローチを取り始めた。その動きのほとんどは「推薦」に関係するもので、以前までは系列の高校からの生徒を入学させるためのものだったが、今では「自己推薦」や「公募推薦」など、個人の才能や適性をペーパーテストの結果ではなく、面接などによって選抜する方法ができた。二〇〇〇年には、私立大学に新たに入学する学生の四〇パーセント近く、大学セクター全体で見ると三四・二パーセントが、いわゆる一般的な入試とは異なるプロセスを通して入学している（文部科学省 2013）。大学審議会が二〇〇〇年に出した大学入試に関する報告書では、こういった「アドミッション・オフィス入試」について一つのセクションを設け、学生の能力や適性と大学のカリキュラムとの「相互選択」ということ、そして、「適正に」学力の基準を設け、求める学生像や求める能力を明確に示すことなどを求めている（大学審議会 2000）。

同時に、政府は、二〇〇〇年代初頭に多くの政策分野で活潑に行われたような規制緩和とともに、古くからの大学セクターのルールにも大改革をもたらそうと計画を立てていた。国立大学は二〇〇四年に独立行政法人化され、国からの直接的な管理から解放されて、最終的には、学生数に応じて額が決まる政府による補助金への依存からも独立するということになった[26]。国立大学が経済的な自給自足を目指すことで、高等教育市場の中で活潑なプレイヤーになり、私立大学にとってはすでに論じた「二重の矛盾」といわれる不平等（もともと高等教育に使われる公共支出が低い中で、私立大学に充てられる資金はさらに極端に少ない）が残っているにもかかわらず、新たな競争になるのではないかと考えられた[27]。その一方で、国立大学のコミュニティの中では、独立法人化のプロセス自体が、大学運営のシステムをできるだけ良くしていくという本来の目的に十分な注意が払われないまま、規制緩和とスリム化の政治的な見本として押し通されたと大きな批判を浴びた（天野 2006: 102-3, さらに Goldfinch 2006, Yamamoto, S 2005, Yamamoto, K 2004 も参照）。

独立法人化の他にも、規制緩和や市場競争の精神の下、多くの改革が計画された[28]。その一つは、大学セクターへの新たなプレイヤーの参画だ。二〇〇三年以来、民間営利企業が特定の分野で株式会社立大学を設立できるようになった。新たなカテゴリとして専門職大学院も二〇〇三年に導入され、同時期の他の改革も組み合わさり、大学院教育を伝統的な研究を超えた高度に専門的な分野まで拡張させた。第四章で紹介する法科大学院もこのカテゴリの一つだ。もう一つの重要な変化は、教育の質の評価や監査が事前評価から事後評価に変わったことだ。「認証評価」が新たな制度として始まり、国立大学に限らず全ての大学が、七年以内ごとに政府が証認する独立評価機関による評価を提出しなければならなくなったのだ。実績の評価や提言も含む詳細な評価報告書は、評価の結果にかかわらず公開される。保留や不適合が必ずしも大学の権利の剝奪に直結するわけではないが、大学の評判や将来の資金集めなどに重大な影響があるのは明らかだ。

一般の学生や家庭の視点に立てば、一九九〇年代から二〇〇〇年代にかけて起こった最も重大な変化は、大学教育の費用の壁がより高く見えるようになったことだろう。この時期、特に大学教育の需要と供給バランスの変化もあり、学費が上がり続ける傾向にあり、その一方で雇用は不安定になり、家庭の収入の格差も広がった。私立大学の学費の平均額は一九九〇年から二〇一〇年の間に倍増したが、その一方で日本の平均賃金はおよそ二〇パーセント分減少している（日本学生支援機構 2017）。

私立大学が高額な学費を続けつつも多様な学生を惹きつけ続けた一つの要因は、経済の低迷にかかわらず、低所得層の学生向けの学資援助の公的システムが拡大したからだった。二〇〇四年までは日本育英会、その後は日本学生支援機構（JASSO）が、国の予算によって運営されている。「奨学金」という言葉は使われているが、実際は給付の助成金ではなく返済の必要なローンで、金利があるものと、低所得層の学生には無金利のものとがある。[29] 新たな学生を惹きつけることに熱心な大学は、家庭の経済力から考えると私立大学に手が届かない受験生にJASSOのローンを紹介している。この戦略は政府からも暗黙裡にサポートされていて、JASSOのローンのための予算を一九九〇年代後半から二〇〇〇年代初頭にかけて大幅に増やすことを承認している。奨学金を得る学生は急激に増えた。一九九八年には三八万人だったのが二〇〇四年には八四万人まで増え、二〇〇七年には一〇〇万人を超えた（日本学生支援機構 2017）。人口減少の時期に私立大学が生き延びるうえでJASSOの奨学金システムが広がることが担った役割については、第五章で改めて述べることにする。

振り返り——私立大学の発展の計画と無計画

ここまで述べてきたのは、日本の私立大学の発展の歴史の概要と言うこともできる。ただ、「発展」と言うと、調整され、少なくとも練り上げられたものというような意味が暗示されるが、この物語からはそういった要素はとりわけ見られない。しかし、私立高等教育機関が自分たちだけで行き当たりばったりの進化を遂げたと結論づけることもしがたい。多くの決定的な変化は現実を無視して起こったのではなく、政治家たちが、高等教育への需要の変化に対応するために、市場原理をベースにした解決策を積極的に育てたものだった。私立高等教育機関は社会の需要の変化を吸収することを期待されていたが、柔軟な定員数や緩い設立条件によって、成長した時の利益は受け取ることが許されていた。公的セクターが新設のサポートを担う地方活性化の政策によって、多くの私立機関を間接的に支え、さらに、友好的な信用の環境を育てた。私立機関が需要の急伸に即応するため、資金にすぐにアクセスできるようになってもいた。政府による管理が厳しくなっても、それは私立セクターには利することが多かった。例えば一九七〇年代に政府による助成制度が始まると、大学拡大に関しては政府による管理が厳しくなったが、それによって売り手市場ができあがり、私立大学の選抜度が上がり、より高い学費を設定することもできるようになった。こういった状況の中では、政府からの直接的な資金提供がなくても、私立大学の設立は利益が上がり、比較的リスクの低い事業だと考えるのは難しいことではない。

長期的なビジョンが欠けていたり、直接的な財政支援を渋ったりしていたものの、政府は明治時代以来、常に苦労をしてきた。近代的高等教育システムを成長させるための資金を民間資金に担わせることと、国公立機関と同じ規制枠組みの中で私立機関をしっかり管理したいという誘惑との間でバランスを取ろうとしてきたのだ。市川(2004)はこの歴史を戦前の「統制」時代から戦後の「放任」時代、一九七〇年代の「育成」時代、そして一九九〇年代は「育成」と「放任」の組み合わせだったとまとめた。尾形(1978)は戦前を「ノンサポート・フルコントロール」、戦後を「ノンサポート・"ノーコントロール"」、そして一九七〇年代を「サポート・アンド・コントロール」

という言葉で説明した。自由放任的だが介入的でもあるこの方針によって、私立大学は、独立性を誇りつつ、同時に規制制度の変化に高度に同調することにも誇りを持ち、断固としてそれを守ろうとして国の教育行政を満足させ、さらに国立大学からリードを奪おうと備えていたのだ。

こうした歴史と、この後の章のテーマから導き出される最終的な結論は、私立大学が消費者の需要や政府の規制の変化について豊富な経験を積んでいるということだ。二〇〇〇年頃に書かれた多くの文献のトーンとは正反対になるが、その頃私立大学が直面していた状況は全くの未曽有の状態だったとも、また私立大学自身が来たるべき難局に立ち向かうための資源を全く持っていなかったとも言い難い。

次の章ではメイケイ学院大学と私たちが呼ぶ私立大学のエスノグラフィーを通して、こういった変化を実際に大学がどのように経験したのかを見ていく。他の多くの私立大学と同じように、メイケイ学院大学は二〇〇〇年代初頭、深刻な定員割れに苦しんでいた。大学の中のさまざまな立場の者たちがどのようにこの危機を受け取り、対応していたのかを検証することで、この章で見てきた私立大学の特徴や、どのように難局に挑み、時に強化されたかといったことが明確に示される。また、これまでの章には説明されていなかったり、（ごくわずかに例外はあるものの）日本の私立高等教育に関する研究でも教育行政でも触れられていなかったりする私立大学の重要な特徴にも光を当てる。それは経営者の親族関係だ。日本の私立大学学校法人の関係者の中で鍵となる関係として頻繁に見られるものなのだ。

註

（1）ダニエル・リーヴァイ（Daniel Levy）は、私立高等教育に関する国際的な研究センターとして最も活潑に活動している機関の一つ、私立高等教育研究プログラム（Program for Research on Private Higher Education/PROPHE）を運営している。

（2）この記事は初の包括的で国際的な私立―公立高等教育のデータセットに付随して書かれている。https://www.prophe.org/en/global-data/ を参照。よって、研究の結果は学術誌 Higher Education（Levy 2018b）で公開されている。

（3）イギリスでは、大学の教育にかかる資金の大部分は学生たちがローンを使って支払っているにもかかわらず、大学と言えば公立のものだと一般的に認識されているため、高等教育についての「私立」「私立化」といった用語は特に複雑になっている。近年は営利、非営利を含め新たな民間の提供者が小規模な（そして多くが短命な）高等教育機関を作っていることでさらに複雑になっている。イギリスで二〇一四年に運営されていた私立の高等教育機関はその五〇パーセントが三年後には姿を消していた（Hunt and Boliver 2019）。

（4）この現象は広く見られるものだが、移民やマイノリティの人口が増え続けているアメリカには関係がないという事実によって見えづらくなっているところもある。二〇一三年の *The Independent* 紙では「インタビューを受けた（イギリスの）七七パーセントの大学経営者は学費の上昇と出生率の低下によって出願する学生が減り……その結果多くの大学が破産したり行き詰ったりすると信じていた」と報じている（Garner, *Independent*, 2013/6/24）。

（5）アジアでの高等教育の発展に見られるもう一つの一般的特徴は、キリスト教のミッション系学校の役割だ。実際、フィリピンとおそらく韓国を除いて、キリスト教会は信者を増やすよりも教育機関を作ることのほうが明らかに成功していると言えるだろう。

（6）少数ではあるが、大学院の学位だけを提供している「大学院大学」も存在している。これらのほとんどは研究に集中した国立機関か小規模経営のニッチで専門的な分野を手掛けている。

（7）日本の全ての高等教育機関を代表する組織はない。創立が戦前である大学と戦後作られた大学との区別は、二つの全国レベルの私立大学の連合会が存在することにも反映している。最も古く、最大規模でもある日本私立大学協会（私大協）は一九四八年に組織され、全私立大学の三分の二が属している。もう一つは日本私立大学連盟（私大連）で、戦前からの大学グループ（青山学院大学、中央大学、同志社大学、上智大学、関西大学、関西学院大学、慶應義塾大学、明治大学、日本大学、立教大学、立命館大学、早稲田大学など）によって一九五一年に組織された。新設大学がどんどん増えている流れの中で、しっかりとした影響力を持ち、自分たちの関心や目的を代表する力が既存の組織では不十分だと感じたようだ。上述の大学をはじめとするリソースに富んだ私立大学をメンバーにもって、私大連は、加盟大学の学生数や研究による収益の面で私大協よりも規模が大きい。私大連は質に重点を置き、国立大学と同じステータスを獲得することを目指す一方、私大協は数を増やすことに集中していると言われることもある。しかし、これらの組織はどちらも組織の設立以来、何十年も新たなメンバーを惹きつけていて、今ではこれらの間に明確で重大な観念的違いはない。私大協と私大連の本部は、同じビルの違う階に設置されている。リソースを共有したり共同で主張をしたりするのは主に日本私立大学団体連合会を通して行われる。私大協と私大連の共同体として一九八四年に作られたものだ。およそ七五校の私立大学はこれら二つの組織のどちらにも属していない。

（8）私立大学の学部の学費は、平均で年間九〇万円の授業料と年間一八万一〇〇〇円の「施設設備費」を含んでいる（文部科学省 2018c）。学科によってこれらの費用は大きく変わる。例えば、人文科学系、社会科学系の年間の授業料は平均およそ七五万円で、科学や工学系は一〇〇万円を少し上回るくらい、そして医学部は三〇〇万円近くになる。さらに、入学初年度には平均二五万円の入学料が加わり、これらは国公立の大学でも（少々高い額で）支払わなければならない。

(9)文部科学省は私立学校審議会の助言に基づいて大学に一定範囲のビジネス活動を認めている。その範囲は非常に広く、農作物や漁獲物の卸売り、保険業、不動産業なども含まれる(文部科学省 2016)。これらのビジネスによる収入には「中小企業」向けの低減税率が摘要され(文部科学省 n.d.a)、利益の最大五〇パーセントは学校法人への非課税の寄附とみなされる(法人税法第三五条(1)、(5)、施行規則第七三条(3))。

(10)「慶應義塾大学システム」の小学校である幼稚舎への入学試験は、最も厳しい試験の一つだ(Clavel, *Japan Times*, 2014/2/16)。

(11)評議委員会は理事会の少なくとも二倍の人数が必要で、学校法人の職員と卒業生を含む必要があるが、理事は評議員と兼任することができる。評議会の意思決定は多数決によって決まるが、出席者の単純過半数が要件なので、評議会での意思決定は理事会でも同じになることは簡単に予測できる。ともあれ、評議会の意思決定の実際の効力については法的にも曖昧だ。明記されているのは、単に評議委員会の「意見を聞かなければならない」ということだけだ。二人以上いなくてはならない監事は、より独立していて、理事との兼任はできず、理事会や評議委員会に対して自発的に提言をすることができる。しかし、監事からの積極的な介入は稀のようだ。二〇一五年に発表された調査結果によれば、調査中の三年間で、大学を運営する学校法人のうち監事から運営上の大きな問題についての勧告や提言を受けた例は一四パーセントに留まっている(私学事業団 2015)。

(12)私大協のメンバーに対する二〇一二年の調査では、およそ六五パーセントの回答者が、自校は理事会の「個人の強いリーダーシップ」の下で運営されていると答えた。そしてほぼ同じ割合が、理事会の会議は年に数回、予算などの基本的な経営上の事柄について話し合うだけだと回答した(私学高等教育研究所 2012)。理事長が強い権威を持っていなくても、理事会の中の小さなグループが権力を持っていることもある。学校法人は法的に理事長をアシストする理事を少なくとも五人選ぶことが決められていて、彼らは理事長と共に学校法人のビジネスに関する重要事項の意思決定をする。理事の人数の平均は一一人だが（私学事業団 2019b)、多くの場合ここには外部の名誉職的なメンバーが含まれる。つまり実際には、学校法人はより少ない人数の常任理事によって運営されていて、常任理事は大学内や学校法人内の他の教育関連の組織内でも重要な役職に就いている。

(13) 学長を選出する方法は、理事会からの一方的な決定から投票で決める選挙まで様々だ。二〇一八年の調査によれば、四〇・二パーセントの私立大学は、学長選出に対する影響力が最も強いのは理事会だと答え、三三・一パーセントは学長選出の選考委員会を立ち上げていると回答している（私学事業団 2019b)。一方、最も影響力のある要素は選挙・投票だと回答したのは一九・七パーセントだけだった（私学事業団 2019b)。小林（2008）によれば、日本では歴史的に学長になるための三つのルートがある。内部選出、外部からの招聘、そして創立者一族での継承である。小林によれば、内部で選出された学長は基本的に「お飾り学長」で、外部から呼ばれた学長は教育や研究、大学経営を活性化させるための積極的な活動を期待されるそうだ。小林（2008: 68）は平安女学院大学で学長と理事長を兼任する山岡景一郎の選出についての詳細な解説を書いていて、彼は一九九〇年代末に日産が破産しそうになった際に会社を救うために思い切った行動を起こした元CEOのカルロス・ゴーン氏の立場と似ていると言われていた。

(14) 私立大学のガバナンスに関して「オーナー経営」に触れた数少ない研究の一つは、宮嶋（2016）のものだ。どの単一のガバナンスモデルも他の経営モデルよりも本質的に優れているとは言えないと結論づけている。

(15) 私学事業団（2019a）による調査から、教授会の意見が学校法人の意思決定に重要な意味を持つのは教育計画（これについては学校法人の四二パーセントが「教授会の意見が最も重要だ」と答え、三九パーセントは「学長が最も重要だ」と答えた）と教員の採用（教授会の影響が二八パーセント、学長は四五パーセント）についてだった。

（16）教授会の扱いにくさに関するいくつかの文章は大学改革に関する文献の中でも重要なものだ。大学未来問題研究会（2001: 200）はこの批判の本質をよく表していて、「大学の運営は、教授会がにぎっている。理事会で決議しても、教授会が拒否権を発動したら、何も動かない。エンドレスの議論が延々と続く……経営感覚も経営経験もまったくない先生がたが、原則論から一歩も出ずに、議論百出、現実的妥協は最も忌むべきものとして、議論のための議論を続ける。これが学問の自由の基本と、信じられてきた……教授会が大学経営のがんになっていることは、だれでも認めている」と書いている。バレッタ（1987）による立教大学の研究は、大学の教授会支配についての古典的な事例だ。そこでは六学部それぞれが教授会（彼女はそれを「議会」と呼んだ）を持っていて、大学の大規模な改革を阻害する傾向があったという。大学全体の意思決定のために学部長らによる会議が組まれても、メンバー全員の合意がなければ権限を持つことができない。しかし、彼らはそれぞれ、大学に対してというよりは学部への帰属意識が強かったため、そうした会議による意思決定ができるのは稀なことだった。実際、六つの「議会」は理事会よりも強い権限を持っていたと彼女は論じている。ホール（1975）も一九七〇年代の東京大学について同じようなプロセスを描いていて、「組織的な麻痺状態」と表現している。

（17）この組み合わせは私学事業団の意思決定に関する調査の結果にも反映されている。経営陣は理事会よりも財務計画について最終的な決定権を持っていることが多い（最終意思決定者として、四三パーセントが経営陣を、三一パーセントが理事会を選んだ）。設備やインフラ（同三六パーセント対二八パーセント）、教員以外の人事（同四六パーセント対一六パーセント）も経営陣の力が強く、中長期的な計画については理事会がわずかに上回っただけ（同二九パーセント対三〇パーセント）だった。経営陣の事務局や秘書室・理事長室は理事会をサポートする最も一般的な形だった（六四パーセントの学校法人がこれらを選んだ一方、副理事長を選んだのは二〇パーセントだった）（私学事業団 2019b）。

(18) 短期大学の盛衰の全体像についてはウォーカー(2007)を参照。二〇〇〇年代半ばまでに、短期大学は主に地方エリアに見られることが多くなり、実家を離れたくない学生のニーズに応え、四年制大学よりも就職率が高く(大学で提供されているコースがより職業訓練的な性質であるため)、三年制の専門学校よりも人気が高い(より良い設備を持っているため)ことが多かった(『日本経済新聞』二〇〇五年三月十四日)。

(19) 大学入学率を計算するにはいくつかの方法がある。同じ年に高等学校を卒業した人数に対する大学入学者の割合、三年前に中学校を卒業した人数に対する大学入学者の割合などがある。本書第二章で取り入れた計算方法(十八歳人口に対する大学入学者数の割合)は文部科学省によって使われているもので、データの一貫性を保つために選んでいる。

(20) ゲイガー(1986: 219)によれば、運営予算が一〇億円の大学は、一九八〇年代初頭、文部科学省の基準をどれだけ満たしているかによって二億円から五・二億円の幅で助成を受けることができた。

(21) 大学のランキングと学費が反比例する関係は今でも続いていて、特に医学部で顕著に見られる。二〇一七年、私立大学セクターで最も高額な学費は六年制の医学部での四七〇〇万円以上というもので、国立大学のおよそ一三倍の額であった。これは医学部ランキングで最も低い偏差値の大学のものだった(庄村 2017)。

(22) 一九八六年から一九九二年の間で、定員数の恒常的増加分は全体で七万八一七三人だったが、政府の当初の予定では四万二〇〇〇人だった。臨時的な定員増加はさらに大きく、四万四〇〇〇人の予定が一一万二四四三人となった(中央教育審議会 2003)。一部の私立大学は臨時的定員増加に強く依存していて、一九九二年には龍谷大学の入学者数の四二パーセント、大阪産業大学の四八パーセントが臨時的な定員増加の枠での入学だった(両角 2010: 210)。

(23) この動きは二〇〇四年に導入された運営の変更に関する「届け出」システムによってさらに加速した。一九九一年の規制緩和の段階では、全てに文部科学省からの公的承認が必要だったのだ。私立大学はこのシステムを活用し、「届け出」を出すだけで済むような変化を少しずつ起こし、新しいコースを設立した。渡辺（2017: 89ff）はこのプロセスの仕組みを詳しく描き出し、一部の私立大学が品質管理チェックを避けながら新たな学問分野を作り出す「抜け道」になっていたと結論づけている。

（24）一九九一年の大学設置基準の緩和は、一九四七年を境として創設が戦前か戦後かという区別とは別に、新たな分類軸をもたらすことになった。この観点から、新たに大学は三つのタイプに分けることができる。一つは一九五六年の設置基準よりも前に作られた大学、一つは一九五六年の設置基準に従って作られた大学、そして最後の一つは一九九一年の基準緩和以降に作られた大学だ。後者の二つのタイプは現在の日本の私立大学のそれぞれ約五分の二を占めていて、一九五〇年代後半以降の大学セクターの成長が目覚ましかったことを示している。一般的な認識では、一九九一年以前に創設された大学のほうがより信頼できる大学だと思われている。

（25）日本は、今でも科学、技術、工学、数学の分野の高等教育レベルの学生に占める女性の割合がＯＥＣＤ諸国の中で最低となっている（OECD 2017: 1）。男女比が最も不均衡なのは工学で、学部レベルでは女性は一五パーセントだ。一方、人文科学では学生の三分の二が女性で、教育学や教職課程もそれに近い割合となっている。

（26）公立大学もまた、地方自治体からの自律性を十分に得てより効率的な運営をするために、法人化という選択肢が与えられた。しかし当初、それを取り入れる動きは比較的ゆっくりしていて、七三校ある公立大学のうち二〇〇四年には一校、二〇〇五年に五校、二〇〇六年に二一校が法人化した（文部科学省 2018d）。本書を書いている二〇一八年の段階でもおよそ二〇校の公立大学は法人化していなかった。

（27）この不安感は、中村（2001）による『国立大学民営化で３００の私大が潰れる』という本のタイトルがよく表している。

（28）二〇〇〇年代初頭の高等教育に関する重要なキーワード（とその重要性の解説）については、大佐古・白川（2003: 162-169）を参照。

(29) 私立大学における給付型奨学金の提供に関するデータは限られているが、日本私立大学協会による二〇〇一年の調査によれば、給付型奨学金を受けている学生の割合は平均すると一パーセントを少し超える程度で、大学によるローンや学費減額はどちらも一パーセント未満だった。ただし、これは大学によって大きく異なり、給付型奨学金受給者は〇から一三パーセント、そしてローンに関しては〇から六三パーセントの幅があった。朴澤・白川(2006)によるこれらのデータの詳細な分析により、奨学金を受ける学生の割合と大学の競争率の高さには相関があることが分かっているが、学費の高さとは関係がなかった。

第三章　ある大学の危機——MGU：1992-2007

一九七〇年代、ファン・デン・バーク（1973）がナイジェリアの大学について一部を匿名化して書いた著書 *Power and Privilege at an African University* と、F・G・ベイリー（1977）が大学理事会の駆け引きについてわずかに脚色を加えた *Morality and Expediency: The folklore of academic politics* が出版されたが、それ以降、アカデミックの世界を対象とした人類学的な研究はほとんどない。エスノグラファーたちが高等教育機関に身を置いて研究をしていることから考えると、その高等教育機関のエスノグラフィーが欠けているのは驚くべきことと思われるだろう。大学生に関する民族誌（エスノグラフィー）的な研究は数多く存在し（例えば Moffatt 1989 や、最近では Nathan 2005 参照）、高等教育機関の歴史や組織に関する研究も豊富にある。しかし、大学教授や理事、アドミニストレーター（経営管理に関する職員）に関する研究や、彼ら相互の関係性、あるいは特に目立つような学生とどう関わり合うかといったことに関する研究が欠けているのが目を引くのだ。ウィズネスキー（2008）はこの現状について、自分たちが優位に立っている（「自分のことなら分かっている」）という感覚と、所属するコミュニティを詮索しすぎて自分のキャリアを危うくさせたくないという過敏な態度とのミックスだと表現している。

日本の場合、これまで見てきた通り、日本語でも英語でも、日本の高等教育の歴史や政治経済に関する研究が数多くなされてきた。大学生の経験に関する日本語の文献もかなり多いが、それらは基本的にほとんど量的な研究だ。リー＝クニン（2004）はこの分野の調査について英語で良い本を出している。また、大学生活については「部内者」からの批判的な暴露も多い。鈴木雄雅（2001）は、都内の私立大学に一七年勤めた経験をもとに、自身を「文学部のS教授」と称して、学生の生活や考え方を解説し、教員たちにとってどのような状況なのかについても光を当てた。近い時期に出された本の中には、日本の大学の外国人学長による本もある（グレゴリー・クラーク（2003）『なぜ日本の教育は変わらないのですか？』、藤井かよ（1997）『大学〝象牙の塔〟の虚像と実像』、喜多村和之（2002）『大学は生まれ変われるか』、日下公人他（2003）『今、日本の大学をどうするか』、吉本康永（2003）『大学には入ったけれど』）。しかし、それらは民族誌的な記述というよりは、現在のシステムへの不満を書いたものと言える。

日本語での日本の高等教育機関に関するエスノグラフィーがほとんどないというのは、日本の人類学者が自分たちの社会を対象とした研究を滅多にしないから、とも言える。熟練の人類学者による日本の大学に関する民族誌的研究の数少ない例に、船曳建夫の『大学のエスノグラフィティ』（2005）がある。この本は東京大学のアカデミックライフと文化をやや風変わりに観察した、日本を牽引する人類学者（東南アジアが専門）によるもので、そこまで構造立ててはいないが、ベイリ

ーのアカデミック・ポリティクスの研究を思い起こさせる。(1)

非日本人の人類学者による日本の大学についてのエスノグラフィーはこの二〇年で数多く書かれている。ブライアン・マクベイ（1997, 2002, 2006）は長年、日本の比較的レベルの低いさまざまな教育機関で教えてきた経験をもとに、日本の大学と短期大学について、かなり批判的なシリーズを書いている。彼の本のタイトルと副題は彼の立ち位置を示している。*Learning to Be Ladylike*（レディーっぽくなるために学ぶ）（1997）、*Japanese Higher Education as Myth*（神話としての日本の高等教育）（2002）、*Deception and Disaffection in Japanese Higher Education*（日本の高等教育のごまかしと不忠）（2006）といったものだ。サックス（1996）が *Generation X Goes to University* の中でアメリカの大学を批判した方法と同じように、マクベイは、高等教育機関を運営・監督する立場の人の見方を反映したりそれに関与したりはしていない。

一方、グレゴリー・プール（2010）は日本の大学に関わるさまざまな立場の役割について、より中立的な分析をしている。彼は、「江戸商業大学（ＥＵＣ）」と仮称する大学で、一九九〇年代後半、競争が厳しい状況で受験生を募集し、学生を留めておくためにプログラムを改革せよというプレッシャーがかかる中、教員がどのように対応したかについて、興味深い報告を書いている。彼は改革派と伝統主義派の分離を描き、それぞれのグループがどのように物語を作り上げてきたかを見せている。プールが「外向き」と呼ぶグループは、過去から踏み出して、大学をよりビジネスとして捉え、学生に専門的なサービスを提供するという見方を強調している。個々の教職員が仕事の結果を評価されるように、「質」と「効率性」が彼らにとって重要なことだ。「外向き」の教授たちはキャンパス内で過ごす時間をできるだけ短くし、学内の権力から離れ、そして、より良い大学へ移るため、出版や研究記録により関心を持っていた。一方「内向き」のグループは、大学の家族的なルーツとコミュニティとしての性質を重視し、意思決定の時には意見が一致することに頼っていた。誠実さと、仕事量の平等が彼らの核となる原理で、個人の研究物の出版や学生指導を通した学生の評価などではなく、グループへの貢献が大きかった者が報われるべきだと信じていた。「内向き」の教授は大学の掲げる理念に対して献身的で、キャンパスで過ごす時間が長く（特に委員会の会議によく出ている）、「協力と努力と礼儀が結果や内容を上回る」（Poole 2010: 123）という考え方だった。プールが苦心して指摘した通り、「外向き」の教授も「内向き」の教授もどちらもマックス・ウェーバーの言う「理念型」で、危機に対して大学がどう対応するかを理解するのに役立つ見方を提供してくれたのだった。

さて本書第三章では、二〇〇〇年代初頭、序章で論じたような危機に直面した日本のある私立大学を対象として、詳細なエスノグラフィーによる解説を提供する。筆者が二〇〇三年から二〇〇四年にかけて一二ヵ月の間行ったフィールドワークをベースにしている。これを通して、当時の大学に関わる状況の背景を説明するだけでなく、鍵となる関係者たちにとって直面した危機がどのようなものだったのかを伝える。ここでは、その大学を「メイケイ学院大学（以下、MGU）」と呼ぶことにする。

ＭＧＵの沿革

ＭＧＵの前身は一九四〇年代初頭に創立された経理学校で（関西地域では初となる専門的な経理学校だった）、そこに経営学校も加わり、公式には二年間の専門学校に分類されていた。[2] ハン（1996）によれば、日本の専門学校は、いつの時代も「卒業生が就職できるかどうか」を最も大事にしていて、学生が職業上の資格を準備できることを重視している。ＭＧＵもそれは同じで、その方針はＭＧＵのそこかしこで感じることができた。

戦後の第一次ベビーブーム世代が十代に入る頃、中等教育への需要が高まると、メイケイ学院高等学校が設立された。創立一家は自由民主党と良い関係を持っていて、大阪の中心からそう遠くない一等地を安価に買うことができた。そして第一次ベビーブーム世代が高校に入った年の三年後、経営学部を持つメイケイ学院短期大学が設立された。さらに一九六〇年代初頭、商学部を持つメイケイ学院大学が設立され、翌年にはそこに経営学科、経済学科が加わった。大学の創設者は、ＭＧＵの理念を「教育と学術の研究を通じ、幅広く社会に貢献し、且つ人類の幸福と平和に寄与する広い視野を持った実践的な人材を育成すること」としている。ＭＧＵとして初の修士課程が商学研究大学院として設置され、その後、初の博士課程も設置された。それ以後の四〇年間で、学部や大学院レベルの新たな学校やプログラムが加えられていった。

ＭＧＵが現在の場所に移転した時、キャンパスの周りには農地が広がっているばかりだったが、二〇〇〇年代初頭には、都会的なマンションや住宅に囲まれることになった。キャンパスの境界は金属のフェンスで囲まれ、門には制服を着た守衛が立ち、行き交う人に目を配っていた。守衛たちは全ての教員の名前と顔を知っていて、教員が通ると立ち止まり、挨拶をする。彼らは、制服を着ている間は、キャンパス外でも教員に会えば挨拶をした。彼らがどれほど自分たちを大学の代表と見ているかが窺えたものだ。

近隣地域が大学を上回るペースで成長していた二〇〇〇年代初頭、大学がいかに地元コミュニティと良い関係性を持とうとしていたか、それは興味深いことだった。近隣が住宅地であることから、騒音を出さないよう注意をしたり、落ちているゴミを拾うよう促したり、特に周辺の道路での迷惑駐車を禁止したりする貼り紙が、キャンパス内でたくさん見られた。さらに、MGUは地域住民が学位と関係のないコースに参加するのを歓迎した。十二月になるとMGUのクリスマスのイルミネーションは近隣住民の楽しみにもなっていた。また、キャンパスで開催される無料コンサートにも近隣住民は訪れた。

大学が近隣地域との関係に敏感なのは、一九八〇年代の事件が今でも語り継がれていることからもよくわかる。当時、外国籍の非常勤講師が契約更新されなかったことをきっかけに、教員組合の関西支部が大学の雇用慣習を非難して、近隣地域を街宣車で回ったのである。

一九九〇年代初頭には、MGUは一万人の学生と二〇〇人の専任の教員、二〇〇人の非常勤の教員を抱えるようになった。エリート校とは呼ばれなかったが、人気のある第二志望校として入学競争は激しかった。一九九一年には二二五〇人の合格者の枠に四万二〇〇〇人の受験生が集まり、合格率はおよそ一七倍だった。大勢の受験生が、出願料、入学資格を確保するための返金の利かない高額の入学金（より良い大学に合格した場合はこの入学資格と入学金を放棄することになる）を大学に支払い、さらに関西圏でも最も高額な学費もあって、当時のＭＧＵは、全体的に見ると経済的に大変うまくいっていた。都市にベースを置く四年制・二年制のリベラルアーツ大学／短期大学が増加し、競争が厳しくなる中で、ＭＧＵは利益が見込める良い位置を見出していたのだ。

ＭＧＵの特徴

一九九〇年代の半ばまでに、ＭＧＵはさまざまな特徴で広く知られるようになっていた。まず、キャンパスの立地がとても便利であること。関西エリアの大きな街を結ぶ二つの鉄道路線の駅から徒歩五分ほどの距離にあり、アクセスがとても良かったのだ。日本人学生の多くが実家から大学まで毎日通っていたため、これは魅力的なことだった。また、アクセスが良いということは、授業に出ながらアルバイトもしやすいということだった。大学から離れた場所がアルバイト先であっても、電車があればよい。多くの学生にとってアルバイトのしやすさは大学探しの中でも一つの重大なポイントだったのだ。また、他の大学でも講義を持っている専任の教員や非常勤教員にとっても、これは喜ばれるメリットだった。

一九八〇年代には、ＭＧＵの建物や設備は地域の中で一番上等と言われていた。キャンパスには立派な時計台があり、冗談でロレックス製だと言われていた（より信頼できる情報源によると、実際は日本のSEIKO製だという）。その建設にいくらかかったかが大きな話題となった。珍しいことに、学生が校舎内を移動するためにエスカレーターや数台のエレベーターが設置されていて、日本国内でも、身体的障碍のある学生に最も優しいデザインになっていた（実際には、MGUの中でそのようなニーズのある学生はほとんどいなかった）。教員のオフィスも入っている最新の建物の一つは、もしいつか大学が経済的に困窮したら、その建物を老人ホームか宿泊施設にすればよいと冗談で言われたほどだった。建物は斬新で見栄えよく建てられたというだけでなく、丁寧に管理されていて、建築から何年か経っても新築のように見えた。関西地域のとある大学の学長は、「MGUの設備は、多額の投資をすればそれだけの高いリターンがあるという、他の大学にとっての基準になっていくだろう」と話していた。

また、キャンパスの中で探しても見当たらないものがある、という点でも特徴的なところがある。学内に落書きがない。壁に宣伝用のフライヤーやポスターも貼られていない。学生の抗議活動も行われていなかった（調査当時、第二次イラク戦争が起きていて、他国同様に日本の多くの大学で抗議活動が行われていた）。大学を訪れた人が目にする、勉学以外の学生の活動といえば、文化祭やランチタイムの学生コンサート、そしてテニス部の練習くらいだった。

MGUは学習をサポートするためのテクノロジーの導入に早くから投資していた。マルチメディア設備は一九九〇年代後半に利用が始まり、さまざまな分野や機能に対応したハードウェアもソフトウェアも導入された。キャリア開発に役立てようとする学生に、多様なマルチメディアのスキルを学べる機会を作ったのも、日本の多くの大学が着手するより早かった。また、外国語でのコミュニケーションスキルを磨き、世界の文化について知見を広げたい学生が立ち寄れるセンターを作り、海外出身のスタッフやボランティアが学生をサポートした。図書館は「情報センター」になってい て、オンラインでの個別学習が推奨されており、電子リソースへのアクセスのいち早い開発による恩恵を受けていた。創立初期のMGUでも、情報とコミュニケーションが特に重視されていた。はじめはキャンパスの至る所で手に入れることができる大学新聞があったが、その後はデジタル化され、公共スペースにパソコンが置かれたターミナルが設置された。大学の附属センターでは、夜や土曜日に主にパソコンの使用についての実践的なトレーニングプログラムが提供され、学生だけでなく外部からの参加者も歓迎された。

また、MGUでは、特にスポーツ関連の課外活動に定評があった。当時まだ日本の大学ではメジャーとは言えなかったアメリカンフットボールのチームが強く、また、サッカー、野球、バレーボール、ゴルフ、陸上競技も成功の歴史を持っている。MGUの最も有名な四二人の卒業生のうち、一一人はプロのサッカー選手（一人は日本代表になった）だった。しかし、卒業生の中で最も有名なのは、オリンピックの金メダリストで、金メダルを取った後の四年間は大学の宣伝資料のほとんど全てに彼女の写真が載せられていた。彼女が怪我に苦しみ、次のオリンピックで日本代表の座を守れなかったのは、大学にとっては大きな打撃になった（それは国内でも大きな話題となったことだった）。

一九八〇年代初頭から、MGUは海外の高等教育機関との繋がりを増やすことに熱心だった。これは、学生獲得のためにも「グローバル市民」を育てるためにも重要だと考えられていた。そういうコネクションの中には、MGUのスタッフと海外に住む人との個人的な繋がりから始まったものもあった。学長の妻がアメリカ生まれで、アメリカとの繋がりが特に強かった。イギリスの大学とは英語学習のプログラムで長年のつき合いもできていた。また、オーストラリア、オーストリア、中国、フィンランド、フランス、ドイツ、アイスランド、リトアニア、メキシコ、オランダ、ニュージーランド、フィリピン、南アフリカ、スウェーデン、台湾、タイとの繋がりもあった。しかし二〇〇〇年代初頭にはその繋がりの多くがいつの間にか消え、ほとんど行き来はなくなっていたようだった。

以上のような特徴は、特にオープンキャンパス・デーを重視する受験生の親たちをしっかり惹きつけた。と同時に、学費を上げる要因にもなっていた。実際、一九九〇年代には関西エリアでは最も高額な大学の一つだと言われ、他の多くの私立大学よりもおよそ三〇パーセント学費が高かった。高額な学費は、それだけの支払いができることに見合う文化資本の提供に伴うものだと見なされた。自分自身は大学（少なくとも四年制大学）に行っていないがバブル経済などによって経済的に豊かになったような保護者にとって、それは魅力的だった。関西エリアでは、人々は特にビジネスや資本の蓄積に関心があり、お金に関しては堅実な態度であることが知られていて、MGUが人気を集めた理由も窺える。一代で成功して豊かな経済力を得た一家の子弟で、家族で高等教育に通うのは自分が最初、という学生たちが多くいる。そういう学生が授業にちゃんと出なかったりするのを、MGUのスタッフは、甘やかされた「お坊ちゃん」「お嬢様」だからだ、と見なしていた。学生たちは、いつも努力家とは言えないまでも、基本的には付き合いやすく、おとなしかった。ワーキングクラスの家庭の学生が集まる大阪南部の大学の学生と比較すれば、「良い学生」だと見られていた。MGUのスタッフによると、コストが高いにもかかわらず親が子どもをMGUに入れたがるのは、結婚やビジネスパートナーに繋がるような、似たようなバックグラウンド出身の人と出会えることを期待しているからだと言う。

MGUに通う学生の親のビジネス的な背景を見ると、子どもの就職についての関心が非常に高いこともわかる。一九九〇年代初頭、日本の経済成長が鈍くなり労働市場が厳しくなると、大学は学生たちのキャリアサポートにより投資をして、就職活動にどれだけ協力的であるかが大学の評価として見られるようになった。ビジネスと密接であるというMGUのイメージ（実際、ビジネス的に経営されている）は、学生の就職活動を助けるうえでもかなり有利で、それも親が高い学費を払いたくなる大きな理由の一つとなった。(3) MGUの卒業生は中小企業に就職することが多く、自分の家族が経営する会社に入ることもあった。長年、MGUは、社長になった卒業生数のランキングで国内トップ七〇校に入っていて、それは大学の就職課の宣伝でも頻繁に触れられていた。特に二十代三十代の社長の数において強く、それはおそらく家族経営の会社を継ぐことが多かったからだと考えられる。他の多くの卒業生は、専門職に入るか、もしくは警察や消防が人気のキャリアコースだった。

学費が高くなるのに合わせて、教員への給与も多く払えるようになった。MGUは関西エリアの中でも最も高額の給与を出す大学になった。高額の給与は、勤続年数の長い者だけではなく、関西地域の国立大学を退職してMGUに移ってきた教員にも与えられた。二〇〇四年、国立大学での定年退職年齢は六十二歳まで下がっていた。MGUの定年は七十歳、大学院では七十五歳で、給与は高く授業の負担は少なくなる。国立大学を退職した者にとっては魅力的だった。国立大学からMGUに移ってきたある主任教授は、大学が学部を新設するのに必要な国からの条件を満たすため、名簿にその名前を書き入れるために雇われていた。実際にはMGUは教授たちの給与を六〇〜七〇パーセント支払えばよいということになっていた。その教授たちが特任（特別任用教授。当初、私立大学にしかなかった教授職のカテゴリ）として雇われている場合、残りの三〇〜四〇パーセントの給与は、以前勤めていた大学から出る年金でカバーされるのだ。一部の教授は、MGUが新しい学部を開くために名前を貸しているだけと思っていた。特に大阪大学を退職した教授が多く、キャンパス内では大阪大学の同窓会が定期的に開催されていた。こういった教授たちが論文や記事を書く時には、MGUの名前を使わずに自分の肩書を「元大阪大学」と書くことが多かった。

MGUが学生や保護者、そして訪問者にアピールしたいイメージとして最も良いシンボルとなっているのは、キャンパス内の売店などの設備だ。キャンパスにある書店は紀伊國屋書店で、総合的な売店は髙島屋の支店だった。紀伊國屋書店はトップブランドの書店であり、髙島屋も日本の高級デパートで、大学キャンパスの中で見ることは珍しい。紀伊國屋書店は、MGUの授業で扱っているよりも幅広い本を取り揃えることで顧客の獲得に成功していたが[4]、髙島屋の店舗はどう見てもそこまで成功しているとは言えなかった。書店よりも柔軟性を持たせることが難しいということもあるだろうが、品物の価格が高く、学生層には関連性が低いこともあり、店内はいつも閑散としていた。代わりに、その店はキャンパス内の家具の注文を独占していたことが商売になっていたそうだ。大学スタッフはその店に家具などをオーダーすると一〇パーセント割引の特典を得られた。また、髙島屋の親会社はMGUの卒業生を優先的に採用していたとも言われている。

ブランドを重視しているもう一つの例は、大学関係者が海外渡航をする際は全てJTBを通して行われている、と皆に信じられているということだ。飛行機会社は全てJAL（日本航空）だとも言われていて、どちらも他の選択肢よりも高額になる。さらに、MGUには珍しいことにキャンパス内にマクドナルドの支店があった。二〇〇〇年代初頭当時でも、これは特に若者世代の文化の中で自慢できることだった。

MGUは、自らが望むイメージをアピールするために、ブランドなどのシンボルを活用するだけでなく、多くの「儀礼」も行っていた。新たな教員が採用された時にはキャンパス内で厳粛な辞令式が行われ、一人一人が学長に紹介され、重々しい雰囲気の中で決められた動き通りに式典が進められていた。もう一つ重要な式典は入学式で、教員の全員がフォーマルなアカデミックガウンを着用し、総長や理事会メンバーの後ろにずらりと並んで座ることになっていた。これらの式典や年度末の卒業式では、アカデミックガウンが必須で、中世ヨーロッパの大学の慣習に倣おうとしていることは明らかだ。

二〇〇三〜〇四年の危機

一九九〇年代初頭の成功のためだろうか、MGUはその一〇年後に訪れた危機に対して対策を練っていなかったようだ。二〇〇三年の初め頃、ようやくMGUのリーダーはさまざまな改革に着手し、組織や運営の見直しを図り始めた。学長は、事務部や学務部のリーダーや教授たちも含む十人ほどのメンバーからなる中央改革委員会を組織した。改革委員会が協議のために作成し、教員たちに配られた報告書（以下、「危機レポート」とする）には、大学が直面している困難な状況が記されていた。MGUで「危機」という言葉が初めて使われたのは、この時のことだ。

「危機」は四つのポイントで説明されていた。

（a）入学志願者数の減少（ほぼ九〇パーセント減）

（b）卒業前の退学者の増加（約二〇パーセントに及んだ）

（c）留年者の増加（約二〇パーセント）――（b）と（c）を合わせれば、予定通り四年間でMGUを卒業できるのは六〇パーセントだけだった

（d）卒業から九ヵ月後の年末時点でフルタイムの職に就いている卒業生が約三〇パーセントしかいない[5]（つまり、同学年の中で二〇パーセントの割合）

これらのポイントには説明が必要だ。表3-1は、一九九一年（MGUの出願者数のピーク時であり、日本の十八歳人口のピークの一年前）から二〇〇三年（MGUの改革委員会が報告書を作成した年）

表3－1　MGUの出願数と学生数の減少（1991～2003年）

年	MGUへの出願数	定員	新入生	新入生／定員（%）	合計学生数
1991	41,344	2,250			
1992	35,319	2,250			
1993	33,254	2,250			
1994	37,229	2,250			
1995	33,389	2,250			
1996	27,702	2,250			
1997	23,172	2,250	2,818	125.24	
1998	23,949	2,250	2,842	126.31	
1999	13,491	2,350	2,803	119.28	11,381
2000	8,561	2,750	2,786	101.30	11,276
2001	5,828	2,475	2,329	94.10	10,118
2002	5,044	2,400	2,289	95.37	10,498
2003	4,442	2,325	2,124	91.35	9,901

にかけてMGUに出願した入学志望者数の推移を表している。二〇〇三年に「危機」が議題として挙がったが、さらにその後の三年でどれだけ志望者数が減るか、そしてそれが実際の合計入学者数にどれだけ影響するかを予測できなかったとは考えにくい。八年間でその数は半減したのだ。

MGUが直面していた大きな問題は学生募集の難しさだったと考える人もいたが、学生を卒業まで留めておくことのほうが重要だと考える人もいた。大学は学費を払ってくれる学生の数を定員の九〇パーセント以上確保することができていたが、中途退学者に財政を左右されるのは避けられない。なぜなら、退学者の分の穴を埋めるために翌年度に入学する定員を増やすことは許されていなかったからだ。退学者の穴は、留年して大学で五年目を過ごす学生の学費である程度は埋められたが、大学にとってはそれもよいことばかりではなかった。学生が四年制大学で五年目を過ごす理由は複雑だ。単位になる授業が足りなかったり、単位が取得できなかったりするために留年に至る場合もあれば、就職がうまく決まらなかったため、卒業後に空白期間を作るよりはもう一年大学に留まったほうがよいと考え、履歴書の体裁のために留年する場合もある。留年する学生の学費は大学にとって追加の収入にはなった（五年目も学生は学費を満額払わなくてはならない）が、大学の評判を下げることに繋がる可能性もあった。また、二〇〇三年の「危機レポート」に関連することとしては、世間が大学を評価する際に、卒業生が卒業後六〜九ヵ月後にどれだけ定職に就いているかを基準にしているということを、大学が認識していたことも挙げられる。

危機にまつわる利害関係者

改革委員会による報告書で取り上げられた危機に関して、この状況について（状況を作り出したことについても、そこから抜け出すことについても）いったい誰に責任があるのかということが大きな議論となった。そこには四つの見方があった。大学オーナー、教員、事務職員、そして学生だ。

大学オーナー

ＭＧＵは、短期大学、高等学校、専門学校とともに同族経営の学校法人の一部になっている。この学校法人と理事会を取りまとめる人物は、学長ではなく総長と呼ばれていた。総長は創設者の次男だ。長男はこの立場にはあまり向いていないとされ、仕事を継がなかった。総長のすぐ下の弟は同じ学校法人の専門学校校長を務めている。その他にも、総長の直接的な家族と拡大家族のメンバー（創設者には七人の子どもがいた）はＭＧＵの中で職を得ていた。総長の弟の一人は経済学部国際会計学の教授で、彼はそこで博士号を取得していた。総長の妹は亡くなるまで社会福祉法の経済学の講師をしていたが、夫の苗字を名乗っていたので彼女が創設者の娘であることを気づいていない人が多かった。彼女の夫は総長の義理の弟にあたり、短期大学の学部長を務めていた。もう一人の妹はキャンパス内でカフェテリアを経営。MGUの大学院を卒業した総長の長男は准教授になっていた。そして総長の妻は、外部向けの英語教育プログラムに深く関わっていた。

総長の母親は、亡くなるまで大学運営において最も影響力のある人だと考えられていた。創設者が亡くなってから、短期間ではあるが三年間だけ、MGUは法学部の教授によって経営された時期があり、大学の経営が家族以外の者によって行われる状況が続く可能性もあった。しかし、総長の妻は、まだ三十代の息子を総長にするよう積極的に動き、総長の座を家族の者の手に戻した。彼女が亡くなると、専任教員と事務職員の全員が、大阪で行われた葬儀に参列した。

総長一族であることは、キャンパス内の別種のヒエラルキーをしのぐことがあったのは重要なポイントだ。例えば海外からの教員のための年度末のパーティーでは、総長の弟（イベントを企画する委員会の会長ではなく、メンバーの一人）が出口の脇に立ち、帰宅するメンバー全員に対して、その大学への貢献に礼を言った。

総長は、「ホワイトハウス」とあだ名で呼ばれる巨大で立派な管理棟の二フロアをオフィスとして持っていたが、それらの階はエレベーターのボタンには表示されていなかった。多くの大学スタッフは、総長と打ち合わせをしたり会話をしたりしたことがないと言っていた。中には二〇年以上働いている人でも同じように言った。ある人は学内便を使って定期的に総長に連絡を送っていたが、後になってメールを読んでいることは分かっても、返事を受け取ったことは一度もないという。総長はアメリカの大学で修士号を取得していたが、大学スタッフは彼は自分のことを研究者というよりはビジネスマンだと思っていると言った。大学の理事会には家族のメンバーが最大限の人数含まれていた。そこに拡大家族といえる個人的な付き合いの人も加わっていたが、彼らは大学の経営に密接に関わっていたわけではなく、総長（そして生前はその母親）が主導権を握っているのは明らかだった。理事会のメンバー構成は公になっていなかったため、理事会に誰がいるかを知っている人はほとんどおらず、また、総長が理事長も兼ねることも可能だった。大学スタッフの中にはMGUを「ワンマン大学」と呼ぶ者もいて、教授たちは総長の「ゲスト」なのだと言っていた。これは国立大学の形の真逆で、国立大学では、教授たちによって学長が選ばれ、学長は教授たちを支えることを期待されていたのだ。[6]

学生募集の危機が議論されるようになると、大学スタッフは大学経営に関して透明性が欠けていると不満を言うようになった。MGUの経済状況の詳細は、文部科学省に規定された最低限のもの以外はほとんど明らかにされず、公表された部分も探しにくいようになっていた。かつては、文部省は私立大学の財政状況にあまり口出しをしていなかった。[7] しかし、一九九〇年代後半から二〇〇〇年代初頭にかけて始まった、納税者に対する説明責任が求められるようになった新たな文化によって、官庁は税金の使い道についての透明性を求めるようになったのだ。MGUが二〇〇〇年代、公的な資金の使い道や、納税の際に経費を控除したことなどについて文部科学省や国税庁と何回かトラブルになったのもこれに関連する。これらのことは単なる勘違いだと大学は主張していて、実際、MGUに似た状況にある他の大学も、同じような問題を抱えていた。また、MGUは、当時増えつつあった傾向と同様に、高等教育市場の過敏反応を懸念して入学者に関連するデータ（出願者数、合格者数、合格率）を公開しない大学の一つだった（『日本経済新聞』二〇〇五年十一月十日）。毎年出版される朝日新聞社の「大学ランキング」を見ると、他の大学のデータと並ぶために、データの欠落は非常に顕著に表れた。学生数の急落や退職教員の後任が入らないといった状況に加えて、こういった問題が不安感をさらに募らせた。

総長は、教授陣をほとんど含まない数人の管理職に囲まれている、と一部の教員は思っていた。総長は、特定の問題については教員を選んでアドバイスを得る。しかし教員たちは、実際に何かを頼まれると、すぐに、本当には頼りにされていないことに気づいた。この経営の形については、大学の人の多くが「宮廷文化」と表現していて、透明性や批判的なフィードバックの機会の欠如を懸念していた。教授陣も参加する会議に総長が出席すると、自然発生的な議論やスタッフからのフィードバックが生まれる余地がない、高度に統制された状況になると言われていた。

総長が大学事務室に入ると、室内の全員が立ち上がり、お辞儀をする。彼がキャンパス内を歩くと、スタッフのグループが付き添っていて、その様子は冗談めかして「大名行列」と呼ばれていた。

彼は季節ごとのボーナスをスタッフに現金で手渡ししていた（実際はここでは一部を渡しているだけで、ボーナスの大部分は個人の口座に振り込まれていた）。一部の、特に事務職員は、この方法によって、誰がMGUで働いているかを年に三回は総長に知ってもらえるから好ましいと言う人もいた。しかし、このボーナスの慣例や新人教員のための辞令式といった儀礼を〝封建的〟と表現するスタッフもいた。

専任の教員

MGUでは、キャンパスが教員にも学生にも魅力的なものであるにもかかわらず、それらが多くの時間、あまり活用されていないことも特徴的だった。大学の一週間は朝の九時から夕方一八時まで、月曜日から金曜日と明確に定義されていた。これはさまざまな形で具体的に現れていたが、中でも明らかなのは、これ以外の時間帯は空調が切られてしまうということだ。関西エリアは冬の寒さが厳しく、夏も酷い蒸し暑さなので、春や秋のほんの数週間を除くと、教員がオフィスで朝早く仕事を始めたり夜遅くまで働いたりするのは不可能だ。長い学期外の休暇の時期は、キャンパスに教員や学生の姿を見ることは稀で、大学は文字通り正式に「閉まる」。時間外は、大学内のサービスもほとんど利用できない。例えば、コピー機がある部屋は閉じられてしまうため、月曜日の朝九時の授業を担当する教員は、授業の準備を前の週までに終わらせておくか、多くの場合、週末の間に地元のコンビニでコピーを済ませる必要があった。

ほとんどの教員はキャンパスへは教えに来るだけで、それが終われば長居をすることはなかった。キャンパスには電子掲示板があり、技術上は、全ての学生がリアルタイムでどの教員がいつ相談に乗れるかを知ることができるようになっている。にもかかわらず、オフィスアワーを設けている教員はほとんどいなかった。参加しなければならない会議がない限り、四〇ほどのオフィスが並ぶフロアに教員が一〇人以上いることは稀だった。キャンパスには委託している外部の業者が運営する魅力的な職員食堂があり、質の良い食事が提供されていたが、滅多に混雑することはなく、ましてや満員になることなどなかった。その隣には広くて立派な教職員向けのラウンジがあり、さまざまな新聞や雑誌が常に取り揃えられていたが、ここもいつも空いていて、二人以上の人がいることはほとんどなかった。

MGUの教員たちは、学生に教える機会の他は、知的なコミュニティを大学から提供されていないと感じていた。他の非エリート私立大学と同じように、アカデミックセミナーやワークショップはほとんど行われておらず、ごくごくたまに週末に行われる学会は外部の業者が取りまとめているものだった。セミナーの不足は、アメリカやヨーロッパの研究重視の大学から移ってきた教員たちが時折話題に挙げていた。ある教員はキャンパスが「脳死」状態にあると言った。

学術研究のプレゼンテーションは年に一回、学内で開かれる会議（「学会」と呼ばれた）で行われ、研究紀要も出されていた。MGUの教員は紀要に論文を投稿することを推奨されて、一本書くと一万円が支給されるというインセンティブもあった。これらの論文はそれぞれ単独のものとして書かれていて、同じ号で他の論文とまとめられて発行されることはほとんどなかった。結果的に、紀要は、内容的にも質的にもかなり幅広いものになっていた。真面目な研究の成果から、フィールドワークのノートに少し手を加えただけのもの、カミングス（1994）が「知識創造」的な研究ではなく「知識探究」と評したようなものまで含まれていた。論文の別刷りに関しては気前良く頻繁に作成され、一部の教員には喜ばれていた。

MGUの専任教員のもう一つの顕著な特徴は、多くが他の大学でも教えていたということだ。日本で広く見られるこの掛け持ちの慣習は、「教授は自分の狭い専門分野だけを教えるべきだ（例えば、労働社会学の専門家であれば宗教社会学は専門外）」という考えがもとにある。教える幅を広げるのではなく、教員を交換するほうが合理的だと考えられている。モーガン（1999: 17-18）の大規模な調査によれば、一九九〇年代以降、六九パーセントの教授と四九パーセントの准教授が自分の所属する大学以外でも定期的に授業を持っていることが分かっている。この慣習はMGUでも広がっていて、何人かの主任教授は、年度頭にアドミニストレーションの職員に、授業できる曜日や時間帯などを報告していたそうだ。二〇〇四年以降はMGUでの授業を他の大学より優先してほしい、というメッセージが、その前年の二〇〇三年に経営本部から届き、掛け持ちをしている教員たちを驚かせた。ほとんどの教員は、MGUでも他の大学でも授業がない時には、オフィスに来るよりは自宅で自分の研究をしたり授業の準備をしたりするほうを好むと報告していた。

専任の教員たちは、仕事の成果とは関係なしに年々増えていく給料形態の恩恵を受けていた。ボーナスも定額でかなりの金額（給料五ヵ月分、すなわち一年間の給与の一七分の五）になっていて、学会参加の経費の負担や備品購入費といった形で毎年研究の補助も手厚い（ほとんどの教員が最新のパソコンやカメラを研究費の形で買っていた）。サバティカルのリーブ（研究休暇）の申し込みもでき（最長で二年取ることもできた）、個人のオフィスが与えられ、無料の定期健康診断もあり、事務局やITのサポートも受けられる。研究成果を出版する経費が用意されていて、何をいつどんな方法で授業するかの自由が与えられていた。そして最も重要なことに、安定的な職が確保されていたのだ。公的には、彼らはMGUの教員労働組合からのサポートも受けていることになっていたが、組合の力は二〇〇〇年代初頭にはとても弱くなっていて、二二〇人ほどの教員のうち、一五人ほどしか組合に入っていなかった。組合からの手紙を誰が配っているのかを知っている人もほとんどいなかった。

専任教員たちへのこうした特典に関しては、追加の説明が少し必要だろう。MGUから彼らへ支払われる給与は、関西地域の中では最も高いと考えられていたが、その額は年齢と勤続年数、そしてアカデミックタイトルと密接に結びついていた。例えば、世界を牽引する大学では教授職になるような客員の研究者であっても、MGUでは四十四歳という「魔法の歳」に達していなければ准教授になってしまう、ということがありうるのだ。一方で、テニュアの獲得や研究成果のレビューを経なくても、年功序列の昇進システムで、ゆくゆくは教授になることを期待することができるようになっていた。[8] 若手の学者たちは自分たちの地位や給与について大学と交渉することはなかった。実際、彼らの多くは、最初の給与明細を受け取るまで自分がいくら受け取れるのかを知らなかったそうだ。その一方で、国立大学を定年退職してMGUに移ってきた上級の教員たちは、自分たちが大学に名誉をもたらしているのだという考えのもと、給与についてかなり厳しく交渉することもあった。一九九〇年代から二〇〇〇年代初頭にかけてMGUに移ってきた高名な学者は、日本で最も高額な給与を支払われている学者だと言われていた。

ほとんどの場合、MGUの専任教員は、すでに所属していた教員からの個人的な推薦で就職している。二〇〇〇年代までは公募は皆無とは言えないまでもほとんどなく、二〇〇四年の改革で公募が必要だということになった後も、実際に採用されるのは、MGUに勤めている人から推薦された人だろうと思われていた。こういった採用のパターンは当時の日本ではよくあることで、職場がうまく回るようになると広く信じられていた。推薦者は採用された新人の言動に責任を感じ、新人も推薦してくれた人に責任を感じるようになるからだ。また、こういった採用の方法は、常勤スタッフの中で親戚同士、特に父娘のペアの割合が高いという、もう一つの特徴をも招くことに繋がっている。

MGUの専任教員にとって、研究や授業で何をするかを自由に決められるということは特に良い環境だった。研究に関しては、MGUでは研究室単位の研究テーマはない（ただし化学、生物学、物理学それぞれの学科では各一人、学科の研究テーマのオプションを提供している教授がいた）[9]。どのような形であれ外部からの研究費を受ける人はほとんどおらず、それを受けるべきだという風潮もなかったうえに、それをサポートする体制もなかった。しかし、研究をすることは、無期限雇用の教員たちにとって自身の重要なアイデンティティの一部だと考えられていた。彼らのほとんどは、大学院生だった頃の指導教授の研究に関係する外部の研究会や勉強会のメンバーになっていた。彼らは年に数回、主に週末に、こういった研究会や勉強会に参加していた[10]。ほとんどの教員は研究論文を発表していたが、ピアレビュー（査読）のあるジャーナルへの投稿は稀で、自分の研究テーマに関係のある学会で論文を出している[11]。それぞれが何を研究するのかについては個人の選択の問題で、たいていの場合、自分の大学院時代に研究したことの延長線上に置かれている。

MGUの無期限雇用の教員たちは、「何を教えるか」ということについても大学からプレッシャーを受けることはない。これによって、時に学生にとっては学習の連続性が損なわれることに繋がる。例えば、学生が授業を受ける中では、「英語1」「英語2」「英語3」……などというように数字が振ってあることがあり、学生が、前の科目で学んだことが次の科目で生かされるように反映されているだろうと期待するのは当然のことだ。しかし、教授たちは、特定のタイトルの授業（例えば、「英語3」）で教えるよう大学から言われたとしても、「英語1」や「英語2」の授業で何を扱ったかを、それらの授業担当教員に相談することは期待されていない。実際、多くの教授たちは、授業タイトルが何であれ、何年生向けの授業であれ、内容を全く変えずに教えていることが多いのだ。非常に多くの場合、授業で扱われるのは、教授自らの大学院の時の専門分野をベースにしたものだ。週末に何をしたかを英語で説明するのにも苦労する学生が、エリザベス・ギャスケルの一八五〇年に出版された『ジョン・ミドルトンの心』や一八五八年に出版された『マンチェスターの結婚』の原文をリーディングのクラスで読まされる、ということも起きる。結果として、「英語3」に比べて「英語2」のほうがはるかに難しいということも完全にありうることだった。実際、時間割がうまく組めずに、学生がレベルの高いほうから先に授業を選ぶこともある。大学としては、卒業までに必要な数の単位を取れていれば、履修順番の入れ替わりは問題と受け取っていなかった。教員にとっては、他の授業で学生がどれくらいのレベルのことを学んできたかを知るための主な手段は、学生自身に聞くことだった。

日本のほとんどの大学と同様に、MGUの教授たちは、何を教えるかについてだけでなく、どのように教えるかということについても自由を与えられていた。授業は事実上「閉じられた世界」だった。教授が自分でカリキュラムを決め、教え、試験を作り、採点し、成績を教務課に提出し、コースの最終日には学生のフィードバック用紙を配って回収し、それをまとめたものを教務課から受け取る。学生は必要な回数だけ授業に出席していれば、落第させられることは非常に稀だった。その理由の一つに、落第させるとしても、それは教員にとって非常に不都合なことに繋がりかねないことがある。成績がCより下だった学生はすぐに追試に呼び出される。つまり、教授が追加の試験問題を作り、学期末に三日間確保されている追試日に大学へ赴き、試験監督をしなければならなくなる。これを避けるために、公式な試験を実施せず、クラス内のテストで学生の成績を付けるようにしている経験豊富な教員もいた。

二〇〇四年の時点で、同僚教員がクラスで何を教えたかといったことを振り返ったり、授業について情報交換をしようと試みたりする動きは見られなかった。学生の話によれば、授業は非常にばらつきが大きく、とても良く組み立てられたものもあれば、教授がずっとホワイトボードに向かって板書しながら何かを話しているばかりというものもある。そういった時には学生たちは後ろを向いてクラスメイトと話していることもあり、「背中合わせの授業」と呼ばれるような形になることもあった。全般的に、MGUでは教員と学生の間の双方向のやりとりはほとんどなかった。学生は、自分の生活が忙しいということもあって、教授たちについて深く知る機会はないと思っていた。タイヒラー（2019: 15-16）は、教員と学生と将来の雇用主の関係性を（互いの）「利便性による結婚（結合あるいは一致）」と呼んでいた。

雇用主は、学校システムの良い基礎を信頼していて、卒業生たちをトレーニングする自由があると信じていた。彼らは学生たちを「未熟な素材」として雇うが、それによって、高等教育での質の悪い教育や学習でさえも、仕事のための最初のトレーニングの自由度を増すと信じていたのだ。学生側の学習への低い関心によって、教授たちは自分たちの時間を研究に使うほうを選ぶのを助長していた。こういった状況の中、学生たちは自分たちが勉強にあまりエネルギーを割かなくても、ちゃんと卒業できるとある程度確信を持つことができた(12)。

教員たちが不満に感じているのは、学部によってはクラスのサイズがかなり小さくなったにもかかわらず、教える仕事はより難しくなっているということだった。学生は図書館ではなくインターネットが主な情報源だと思っていて、情報を確認したり出典を引用したりすることが滅多にない、と教員たちは不満に思っていた。ほんの数年前に比べても、学生たちの学力がかなり低くなっていると感じていた(13)。教員の多くは、ギリギリまで受験勉強をする必要がなくなった推薦入試の制度が学力低下の原因と考えていた。職員食堂で教員たちが昼食を食べる時は、こういった不満が話題の中心になっていた(14)。

もう一つ、特に年配の教授たちにとって話題になっていたのは、学生たちの礼儀が悪くなっていくことや、身なりがだらしなくなっていることだった（例外なのは野球部のメンバーで、いつも野球のユニフォームをきれいに身につけていた）。学生たちは授業中に寝てしまうだけでなく（それは広く許容されていた）、教授が講義している最中に学生同士で私語を楽しんだり、携帯電話を触るのに夢中になったりしていた。それを咎《とが》められると、学生たちはたいてい、授業の内容について友だちに聞いていた、とか、分からない言葉をスマートフォンで調べていた、といった言い訳をしていた。しかし実際にこういったことが蔓延《まんえん》しているのは、第一章で触れたような、問題のある学生にどう対応すればよいのかというマニュアルが多く出版されている事実が証明している。

教員と学生の繋がりが弱いという一般的な関係性の中にも、例外があった。それは大学最終学年の卒業論文指導のゼミだ。ゼミのグループは学生同士も学生―教員間も密接な繋がりが作られ、時には大学在学期間中で最も良い思い出にもなり、最も良い学習の経験にもなる。MGUにとっては、ゼミのクラスは経済的にも貢献しているという見方もあった。教授たちが学生を、交流を深めるためにキャンパス外の活動に連れ出すことが許されていたからだ。

国公立（時に私立）大学からMGUに移ってくる教授たちは、一万一〇〇〇人の学生を抱える大学であるにもかかわらず、その運営がいかにトップダウンで中央集権化されているかということに衝撃を受ける。彼らの多くは、大学運営の責任を引き受け、自分たちの研究の時間を確保してくれる総長の考え方についていくことに満足している。MGUの教授たちの大半は、大学の財務的、教務的な計画について関わっていなかった。ほとんどの教授たちは、大学に来て授業を行い、そしてできるだけ早くキャンパスを去っていく。彼らは、給与が良く、研究に対して寛容で気前が良く、授業についての責任が比較的軽く、そして運営上の責任をほとんど負わないで済む、この大学の形が好きだった。MGUを去って、学問的により強い大学に移った教授たちが、MGUの全体的な条件がいかに良かったかを思い知り、戻りたいと願っているという話は知られているものだった。

非常勤の教員たち

二〇〇四年にMGUの教員の五〇パーセント以上を占めていた非常勤の教員たちは、専任の教員たちとは大きく異なる経験をしていた。実際、これらの二つのグループは、同じコースで同じ学生たちに教えていたとしても、ほとんど顔を合わせたり会話をしたりすることもない。非常勤の教員たちはスタッフの打ち合わせやパーティーに呼ばれることもなかった。一つの接点は、管理部の職員が自分の担当する授業の時間割を伝える時くらいだった。多くの非常勤教員は一年ごとの契約で、それを何度も更新するという形になっていた。教室で過ごす時間は専任教員とほとんど同じくらいだったが、常勤なら受けられる恩恵のほとんどが、非常勤は受けられなかった。何年間教えていても給与は毎年変わらず決まっていて、一年以上の契約はほとんどなく、組合のサポートもない。ボーナスや研究費を受け取る権利もなく、長期休暇の間は給与が出ない。自分のオフィス（研究室）も与えられず、管理本部の隣の共有エリアにあるロッカーしか与えられていなかった。特に海外からの外国語講師などは、多くの場合、非常勤教員として関西エリアにあるたくさんの大学で教えていて、一つの職場から次の職場へと長距離を移動することもしばしばあった。当然ながら、MGUに対する忠誠心など持っていない人が多かった。しかし、彼らはたいてい質の良い教員で、授業が主な関心事だった。地位やアイデンティティに関わる研究が最優先で、片手間に授業をやると思っている一部の常勤の教員たちよりも、学生と関わりを持つことができていた（Yamasaki 2015）。

常勤の運営管理職員

ＭＧＵで常にキャンパスにいるのは、アドミニストレーション（大学の運営管理）に属する専任の職員たちだった。あらゆる意味で彼らが大学に連続性を与えていた。[15] 実際、職員の多くはＭＧＵの卒業生が占めていた。日本私立大学連盟のレポート（日本私立大学連盟 1987：142）によれば、これは私立大学ではよくあるパターンで「職場は愛すべき母校であり、骨を埋めるべき場所であって……後輩である学生をかわいがり、時には肉親も及ばぬような面倒をみる」といったことも書かれている。

専任の職員は二つのグループに分かれていた。ジェネラリストと、スペシャリストだ。ジェネラリストの中にはかなり長年ＭＧＵで勤めている人もいた。彼らは基本的に三年ごとの年度初めに部署が変わることになっている。このシステムによって、職員は学内で昇進していくだけでなく、大学がどのように運営されているか、広い視野で見られるようになっていくのだ。この制度によって、一見すると違和感のあるような役職に就いてしまうこともある。図書館員としての教育を受けていない職員が図書館長になったり、ＩＴのスペシャリストではない高齢の職員がＩＴ責任者になったり、国際オフィスのシニアメンバーが外国語を得意ではないということもあった。しかし、ほとんどの場合、そういった年長のジェネラリストのサポートには、部下に図書館に詳しい者やＩＴに詳しい者、英語を話せる者などのスペシャリストがついていた。バチニック編 *Roadblocks on the Information Highway*（2003）でＩＴの事例として特に挙げられていたように、少なくとも理論上、ヒエラルキーのシステムによってスペシャリストたちの声がなかなか上に届けられないという状況もありうることだった。

人事異動は毎年四月に行われるため、例年その頃には日々のアドミニストレーション業務の中で連続性に関わる問題が見られることもあった。例えば二〇〇四年の四月には、図書館長と事務長のポストが交換された。職員は時に、人事異動を数日前にしか知らされないことがあるため、新年度に自分が部署を移るのかどうかギリギリまで分からないということが起こる。ある職員はMGUに就職して八年間で五回異動になったが、一方、同期で入った他の二人はこの間一度も異動がなかったそうだ。このようなシステムにもかかわらず、職員からのサポートについて、教員から不満が出ることがほとんどなかった。

アドミニストレーションの職員を分けるもう一つの分類は、ジェンダーだった。二〇〇四年には、女性職員は制服を着ていたが、男性職員は特に求められていなかった。これによって大学が比較的保守的な雰囲気をまとっているように見えた。この保守的雰囲気は、大学教育を受けた経験がなく、大学は学生を過激な人間に育てると思っている地元の親たちにとっては魅力的に映ったかもしれない。

国立大学からMGUへ移ってきたある教授は、MGUの教員と職員は対等な地位にある二つの部門だと感じたそうだ。運営のルール上では、学内の主な委員会や委員会の決定は教員たちが責任を負うことになっている。しかし、実際には、特に技術的なプロジェクトなどは、教員たちにとって専門ではない分野であり、さらに委員長は二、三年ほどの頻繁なサイクルで交替してしまうため、物事の決定や実行の責任はアドミニストレーションの管理職員が負うことが多かった(16)。

非常勤のサポート職員

ＭＧＵの教員のうち大きな割合を非常勤が占めていたように、諸経費を軽減させるためにも、大学運営のサポート職員も多くが外部委託となっていた。例えば守衛は、多くが長年ＭＧＵに勤めているものの、大学が直接雇用しているわけではなかった。彼らは派遣社員で、その派遣会社の主な株主はＭＧＵ学校法人だと言われていた。派遣社員を雇うことで、直接雇用している職員と交渉するよりも、給与に柔軟性を持たせ、管理できるようになっていた（Fu 2012）。

キャンパス内で二番目に大きな人数を占めている派遣社員は、いわゆる〝ＯＬ〟で、教員たちの仕事のサポートをする女性たちだった。研究室が並ぶフロアーの端には若い女性が常にいて、コピーをしたり来客を案内したりするエリアがあった。彼女たちは派遣社員ということもあって、入れ替わりが定期的に起こり、仕事に連続性はなく、何か聞かれた時にはハンドブックを見ながら答えなくてはならないこともあった。二〇〇四年にはこのようなＯＬ社員が一二人いて、彼女たちはオフィス棟と図書館と大学のメイン受付をローテーションで回っていた。彼女たちはしばしば「仕事の負担は少ない」と言い、何人かは隙間時間にスキルアップのため英語などを勉強していた。

外部委託されているスタッフで三番目に人数が多いのはＩＴ職員で、二人を除く全てのＩＴサポート職員は、契約している富士通の子会社から来ていた。

ＭＧＵで働く派遣社員で最も大きなグループは、清掃員（全て女性）とメンテナンス職員（全て男性）だった。大学が開いている日は、いつでも制服を着た清掃・メンテナンス職員がキャンパス内に散らばっていた。まるで五つ星のホテルの従業員のように、教員に会うとお辞儀をし、教員がエレベーターを使っている時や使おうとしている時は、自分がエレベーターを使うことはなかった。多くの私立大学と同じように、MGUのキャンパスも非常によく手入れされていた。[17] キャンパスにはごみ一つ落ちておらず、落ち葉もなく（秋には落ち葉が溜まらないように一日に三、四回は掃き掃除されていた）、廊下にも塵が落ちていることはなかった。清掃の邪魔になると見れば、共有スペースの椅子で学生が眠っているのも許さない。授業を行っている教室の外には清掃員が一人控えていて、授業が終わるとすぐにホワイトボードを消しに来た。彼女たちはこの仕事に熱心で、授業が二コマ連続でホワイトボードの内容を消さないでほしい場合は、休み時間にも教員は教室に留まっていなければならなかった。清掃員の能力は、総長の母親が亡くなった際、葬儀へ送り出す準備をしている時に最も明らかになった。この時、キャンパスの周りを取り囲む柵が一つ一つ手作業で磨き上げられ、キャンパス内は塵一つない状態になっていたのだった。

学生たち

特に一年生にとっては、授業に費やされる時間は長く、最大で週に二二コマ（一コマは九〇分）になる。授業の単位を取得するためには、試験の結果と同じくらい授業への出席も重要だと見なされていた（これについては宇佐美2000参照）。学生がしばしば教員に尋ねる質問は、「単位を得るためにはどれだけの出席が必要なのか」と、「どのくらいの遅刻まで、出席と見なしてもらえるか」だった。大学からの公式の答えは、全体の六六パーセントの授業への出席が必要で、三〇分以上の遅刻は欠席と見なす、というものだった。学生の親から問い合わせがあった時に答えるためにも、出欠の記録を付けておくのは重要だと、教員たちは大学から言われていた。多くの学生は二十歳以下の未成年で、大学の事務は親に学生の状況を伝えることについては大らかな態度だった。実際、学業に苦戦している学生の親に、職員が直接話をすることも頻繁にあった。学生たちは、自分の欠席が何パーセントになっているかをたびたび確認していた。そして授業開始後三〇分の直前に教室に入ってくることも多かった。それより遅れた時は、鉄道会社が出す遅延証明書や、部活のトレーニングをしていたことを証明する紙を提出することもあった。

学生は、キャンパスにいるほとんどの時間を教室で過ごしていた。授業以外でキャンパスに来るのは、入学式や卒業式といった大学が主体となる大きな行事の時だった。毎年学生が主体となって秋に行う三日間の文化祭も大きな行事だ。この文化祭は、小学校や中学、高校で行われる文化祭に似ていて、MGUの学生としてのアイデンティティが発揮されるというよりは、部活動での活動成果の発表が主だった。総長とその妻はこの三日間（授業は全て休講になっている）の文化祭にも訪れていたが、他の教員の姿はほとんど見られることはなかった。

こうした行事や授業以外では、学生たちがキャンパスに留まる理由は特になかった。学生食堂のほかには学生用の談話室などもなく、自分の持ち物を置いておける学生用のロッカーもなかった。さらに、学外にはたくさんの魅力的なものがあった。多くの学生にとって、アルバイトもそれにあたる。全員というわけではないが、大学生が学期中も長期休暇中もアルバイトをするのはかなり一般的だ。そのほとんどはファストフード店やコンビニ、レンタルビデオ店などで、その他にも週に一〇時間から四〇時間ほどの仕事なら何でもありえた。二〇〇四年に見た二〇人のクラスでは、アルバイトを全くやっていない学生は二人しかいなかった。平均すると、週に一五時間、学生たちはアルバイトをしていた[18]。ある学生はレンタルビデオ店で少なくとも週に四〇時間働いていて、別の学生は郵便局で郵便物の仕分けを週に三六時間していた。ウェイトレスをしていた学生もおよそ三四時間働いていた。アルバイトと授業の出席の両立の生活は朝も夜も忙しく、学生たちが授業中に居眠りしてしまうのも一般的だった。

学生の募集

ここまでさまざま説明してきたことは、この後の二〇〇三年、二〇〇四年にMGUに入学した学生についての分析と、なぜ大学がそれ以降も続く受験生の減少に素早く対応できなかったか、その理由の詳細な分析をしていくための下地となる。

大学の教職員が大学外で起きている現実に対して行ったことが、いかに噛み合っていなかったかということについては、入試委員会の活動が良い例になる。入試委員会は一九九〇年代初頭には極めて重要な存在だった。当時、MGUには二二五〇人の定員の枠に対して四万二〇〇〇人もの受験生が集まり（そして全員が受験料三万円を支払っていた）、大学がいかに入試プロセスを公平に進め、透明性を持たせているかについて、メディアからの注目を集めていた。すでに見てきたように、二〇〇三年には定員が二三二五人まで増えた一方で、受験生は減り、四五〇〇人を少し切るほどまでになっていた（表3－1参照）。この変化に伴う歳入の損失は大きかった。その上二〇〇〇年の新しい消費者法〔消費者契約法〕によって、合格を蹴って入学しないことにした学生に対して、前払いした学費を返金しなければならなくなったことで、さらに事態が悪化した（Kinmonth 2005: 109参照）。

一九九二年には、他の私立大学も一般的に行っていた慣習（『朝日新聞』二〇〇七年六月十九日）と同じように、MGUに入学する学生のほとんどが一般入学試験を経ての入学だった。しかし二〇〇四年には、入学が許可された学生のおよそ半数は一般入試以外の方法を経ていた（文部科学省が定めた最大の割合）。芸術やスポーツなどの優れた力を示したり、高校でのレポートを提出したり、指定校（MGUに直接入学できる枠があらかじめ設けられている学校）からの推薦で入学したりしていた(19)。

指定校のうち最大の枠が設けられていた高校は、MGUの附属校だった。附属高校は三学年で合計二〇〇〇人以上の生徒を抱えていたが、十五歳から十八歳の年齢の子どもの人口が日本全体で減少しているのに合わせて、近年では生徒数が減りつつあった。一九九〇年代後半、この少子化に対抗するために、初めて女子生徒も受け入れるようになった。かつては、五〇〇人を上限として非常に多くの附属高校卒業生がMGUに入学し、新入生の二〇パーセントを占めていた。しかし、附属高校の学力レベルの評判が上がり、一方で大学のそれは下がったため、その附属校からの進学の割合も近年は大きく減った。MGU附属高校に入ることができればMGU大学の籍も確保されたようなものと言えるが、よりレベルの高い大学に受かることができれば、そちらのほうへ行ってしまう例が増えたということだ。

附属高校のような指定校からの志願者の場合、入学試験や面接などは不要となる。それで、そういう準備をしてこなかった学生はレベルの高い大学には受かることができないからMGUを選ぶということもある。指定校以外の学校からの推薦を受けてきた生徒もまた、入学試験を受ける必要はなかったが、代わりに、なぜMGUに入りたいかを書く小論文（エッセイ：八〇〇字以下）と入試センターのスタッフによる面接を受ける必要があった。それも、志望者数が減ってくると、面接は形式だけのものになってきた。ある学生は修学旅行の話を聞かれただけと言う。何人かの学生は、このような面接を経て合格したということについて、あまり「達成感を得られなかった」と話していた。

一九九二年には、MGUは大勢の候補者の中から学生を選ぶ立場を楽しんでいたが、二〇〇四年には、志望者数が文部科学省に承認された、満たすべき定員と同じになりそうか、あるいは、実際のところ定員を下回るかというところまできていた。文部科学省が定めた定員をもしも割ってしまったら、私立大学が一九七〇年代に獲得し、その頃も歳入の一三パーセントを占めていた政府からの助成金を失うことになってしまうのではないかという恐怖が、学生募集のプレッシャーの一つにもなっていた。歳入の八五パーセントが学生からの学費で、他の資金源からは二パーセント未満だったため、国からの助成金は重要な資金源だった。「定員割れ」になるのは大学の評判にも傷をつけ、さらに悪循環をもたらす危険があった。だから、できるだけ多くの出願が集まるよう機会を増やすことは不可欠だった。

二〇〇〇年代初頭、志望者が減り始めてから、MGUは学生募集に向けて大きく尽力するようになった。[20] 他の関西地域の私立大学と同じように、毎年夏になると電車内のポスターなどによる積極的な広告キャンペーンを行った。入学事務局の職員は、指名された教員とともに地域の高校を訪れ、大学の宣伝をした。毎年六回、日曜日にオープンキャンパスを実施し、将来学生になるかもしれない生徒やその親に体験授業を見せたり、教職員にMGU入学について質問できる機会を設けたりした。そのような日には、キャンパスは普段以上に綺麗に見えるように整えられた。学生の中には、建物や設備が良かったから入学を決めたという者もいた。[21] 当時、学生（候補）やその親には、大学の設備の質の高さを考えればMGUは学費が高くても払う価値があると信じられていた。結果として、二〇〇三年、二〇〇四年にはMGUは入学者が減っても、学費を下げたり奨学金の提供を増やしたりすることはなかった。入学者全体の中で、フルタイムの学生二人とパートタイムの学生二人にしか奨学金は出されなかった。大学が期待していたのは、学生の親が学費を払うか、または学費ローンを使うか、そういう形で、およそ二〇年前から実践されていた高コスト・高リターンのモデルを続けられるということだった。

二〇〇四年にMGUに入った学生の半数しか入学試験を受けていない中、大学としては、入学試験を受けようと思っている生徒に都合の良い時間と場所で試験が行われるべきだと感じるようになった。[22] かつては、大学にとっての都合が優先されていたものだ。二〇〇四年の入試委員会の考え方の根底には、学力的には中堅レベルというMGUの評判を保ちつつ（一度評判が下がると、それを取り戻すのは非常に難しい）、同時に、国の助成金を受け続けるためにも十分な数の学生を合格させたいという微妙なバランスを保たなければならない、という文脈があった。

入試委員会の動きを見ていくと、MGUの教授たちが大学の行政的な課題の細部にわたる事柄に、いかに多くの時間を割いていたかということがよく見えてくる。しかも、入学選抜を変革するような権限は非常に限られていた。MGUではどのような委員会のメンバーになっても給与に手当てが追加されることになっていて、特に英語の入学試験の委員会メンバーになると手当ては大きかった。一人六〇万円ほどが追加で受け取れたのだ。とはいえ、英語入試の委員会は大変だったために不人気だった。委員長と事務局のトップは、英語の入学試験の作成に関わる一一人の委員をリードするのだが、前年に英語入試の委員会のメンバーになっても、翌年同じ委員会に入らない教員は多い。ある人は、委員会の打ち合わせに一年間で費やした時間を計算したところ、ほぼ一〇〇時間に近かったと言う。別のメンバーは、打ち合わせが長すぎたために腰痛になったと言っていた。こういった状況によって、入試委員会に連続性を持たせられなくなっていた。

英語入試の委員会は、いくつかの予備試験と、同一の学生が受けうる複数の試験日程や方式それぞれに異なる試験を出すために、合計で一八通りの英語の入学試験を、どれも同じレベルになるように作らなければならなかった。これらのうちのいくつかは、かなり少数か、場合によっては受ける人がいないものもあるということは認識されていた。このシステムは明らかに一九九〇年代初頭の遺物で、コストも高くつく。試験を作る一一人の委員会メンバーそれぞれに六〇万円払うとしたら、一九〇人の受験生が三万六〇〇〇円を払ってやっと直接的なコストを埋められることになる。しかも当然ながら受験生が受けるのは英語の試験だけではない。また、試験実施にあたっての運営コストもかかる。さらに、もっと重要であろうこととして、多くの大学が受験生獲得のため受験料を取るのを控え始めるようになったということもある。大学未来問題研究会（2001: 74）が指摘した通り、コスト面でも、専門的な技術面でも、時間の節約という面でも、試験問題の作成を、大学受験に特化している予備校に依頼するのは合理的だ。実際、二〇〇〇年代半ばには大学のおよそ一〇パーセントが、作問ミスなどの批判を避けるためにもこの方法を実践していると報道された（『読売新聞』二〇〇八年一月四日）。これは国から眉を顰《ひそ》められる事態だった。MGUは二〇〇三年、二〇〇四年にはこういったことは行っていなかった。

入試委員会の仕事の多くはかなり形式的なものになっていた。それは、日本の入学試験システムも、また広く行き渡るようになった英語教育も、ともに形を重視するものになっていたことと連動している（Aspinall 2013 を参照）、他の入学試験の多くと同様、英語の試験のほとんどの設問は四択のマーキング形式で、英文の中の空欄に当てはまる単語を四つの候補から選ぶといったものだった。したがって、実際にはどんな受験生でも勘で答えるだけで二五パーセントは点を取ることができるようになっていて、MGUに入学した学生の多くも、受験をした時の一番のテクニックは当てずっぽうだったと言っていた。受験生たちは、二五パーセントの確率を少しでも上げるためにいくつかのテクニックを持っていた。四つの選択肢のうち、他の三つと大きく外れているような選択肢は除外できる。これによって、選択肢は四分の一から三分の一になる。また、1～4の選択肢の中でも真ん中の二つ（2と3）は端の二つ（1と4）よりも正答である確率が高いとも信じられていて、受験生たちは2か3を選びがちだった。他のものより短すぎたり長すぎたりする選択肢も、一般的には除外できる。こういったテクニックだけでも受験生は十分に合格ラインである三〇パーセントの正答率を得られた[23]。

こういった状況の中、二〇〇四年、MGUでは一部の学部ですでに受験者数が定員より少なくなっていた。試験の正答率が三〇パーセントを超えていなくても、幅広くどんな受験生も合格にする方針となった。二〇〇三年末にメイケイ学院短期大学で行われた試験では、六五人中一人だけが、他の受験生よりもずっと低い二〇〇点中五〇点という結果で不合格となった。外国語学部では四〇人中一人だけが不合格だった。各学部としては明らかに教務部からのプレッシャーを感じていて、受験生を不合格にするのは最後の手段と考えていた。

したがって、入試委員会にとっての最重要事項は、ふさわしくない受験生を不合格にしたり、受験生の知識を相対的に比べたり、絶対的に計ったりすることではなかった。むしろ、日本社会の中で期待されているある水準を反映した試験問題を作成することのほうが重要だった。革新的であるよりも、オーソドックスで一貫性があることが信条で、ある委員長が言っていたように、「最終的に我々が世間の笑いものの対象にならないように」していた。多くの入学試験問題は毎年五月になると教学社によって比較的安価に出版されていて（通称『赤本』）、翌年以降の受験を目指す受験生が練習できるようになっていた[24]。中学校以降の各段階の学校の入試委員会のメンバーは、試験問題に間違いがあったり基準に合っていなかったりすると、新聞を通して、自分たちの学校が世間の笑いものにされることを知る。それと同時に、試験問題はその学校の質の高さや作問した教授の博識さを見せられるものでなくてはならなかった。受験生の能力が落ちているという事実は受け入れられなかった。実際、入試委員会は受験生の能力レベルについて立ち止まって考えたことなど一度もなかった。[25] 能力の変化による影響は、入試問題（少なくとも英語に関しては）が受験生にとって実質的には勘を頼りにせざるを得ないものになっているという形を取って出ていた。

それでも、入試委員会の権限は試験自体にあるのではなく、試験の問題に限定され、それもルールや前例による制限は厳しかった。それらの制限の多くは、受験準備を手伝う高校や塾、予備校からの期待を守るためにあり、大学は前例からの逸脱をしないようにしていた。MGUは、これらの重要な利害関係者を驚かせたり、受験生やその親の大学選びに悪い影響を与えたりしたくなかったのだ。入学試験のプロセスに少しでも改革をもたらせば、十分な受験生を集めることにすでに苦しんでいるというのに、さらに危険な賭けをすることになってしまうからだ。

委員長が何度もメンバーに強調していたように、入試委員会にとっての第一の懸案事項は、試験に使う文章などの素材が、国によって定められた高校の学習指導要領に準拠しているかどうかということだった。例えば、委員会は高校のカリキュラムで教えられる英単語のリストを常に参照しなければならなかった。リストを確認すると、「suitably（適切に）」「turtle（亀）」といった英語で実際によく使われる単語が入っていないのに、「strychnine（ストリキニーネ）」「turpitude（卑劣）」といった言葉が入っていることが分かった。[26]「残念だ」という言い方は「that's a shame」では駄目で、許可された言い回しは「that's a pity」となっていた。シラバスがどちらを使えばよいかはっきりした答えを示していない場合は、委員会が検討のために長時間かけて議論をして、受験生にとって比較的身近な言い回しはどれかを考えた。「携帯電話」は「mobile phone」か「cell phone」か？「フィットネスクラブ」が何かわかるだろうか？ そういったことが議題にあがった。一般的なネイティブの英語話者にとっては、文法やその他の言い回しの慣習についての議論はあまりに難解で、話し合いに入ることができないほどだった。よくわからない修飾語やコロケーションを検討したり、ジョン・ダンの詩で使われている「be not」の言い方を許すかどうかについて長時間の議論に及んだりした。「what he said cannot be true」と「he said what cannot be true」など複雑な文法の二つの言い回しを比較した時に、それをはっきりと区別できるか、委員会のメンバーは力が試された。これらのことは全て、中にはまだ英語のアルファベットもマスターしていなかったり、最も基礎的な英文を読み書きするのがやっとだったりといったレベルも含む受験生たちのためにされていることだった。

細かい事柄まで注視することに加えて、入試委員会のもう一つの目立った特徴は、大学の評判についてのリスクマネジメントに力を注いでいることだった。試験についての情報漏洩を防ぐことは委員会にとって非常に重要な問題だった。委員会メンバーが誰で、会合はいつどこで行われているのかというのは、教員仲間にも秘密にされていた。委員会の仕事に関して電子メールを使わないよう厳重に言い渡されていて、全ては対面で行われることになっていた。下書きを含む全ての試験問題は印刷された紙で配られ、打ち合わせがない時は鍵がかけられた場所に保管されていた。委員会は試験問題を何度も全員で読み直すことに時間を使っていて、この段階で変更を加えるとさらにミスが発生するのではないかという恐れがあるため、とても慎重になっていた。

委員会が一八通りの試験問題を作成するためには、いつも週末に行われる計八日間、朝の九時から夕方五時までの時間を、メンバー一一人全員に、この会議のためにスケジュールを空けさせておく必要があった。委員会メンバーは必要な仕事量の多さについて不平を漏らすことはあっても、入学試験のプロセス自体について疑問を抱く者はおらず、入学試験は高校から大学へと移行するための重要な儀式のように見られていた。MGUのような大学にとっては、入学のための競争が緩くなったことを埋め合わせるためにも、こういった（秘密主義的で手続きが画一化されていて、正確さを求められる）儀式に固執することで、入試をより一層フォーマルで厳粛なものとして塗り固めておかなければならない、といった部分が少なからずあった。言い換えれば、選抜度の低い大学ほど、学費が高い（『読売新聞』二〇〇七年十二月二十日）だけでなく、入学試験がより「パフォーマンス」的なものになっているのだ。

この力学は、学生の試験を実施せずに入学させるつもりがあるMGUのような大学で行われている推薦枠の「入学試験」の実施にも反映されて、一般入試のルートと同じように正式なものとして扱われていた。推薦入試も、出願期限の日程や試験日程、そして合否発表などは全て一般入試と同じように設定されていた。推薦の場合は、行われるのがたとえ短い面談だったとしても、それは「試験」として扱われ、一般入試と同じように秘密主義的で手続きが画一化されていた。面接官のつけるメモや点数といった「結果」は丹念にチェックされ、報告されて、入試委員会によって一般入試と同じようにランク付けされ、合否も一般入試と同様に発表された。MGUに入る学生は、どのような方法で入学したにせよ、同じように厳正に選抜されたのだと感じられるようにされていた。

すでに述べたように、MGUに入った学生は複数のルートから入学している。学生たちは互いのことを話す中で、本当はよりレベルの高い大学を目指していてMGUを滑り止めにしていた学生が半数はいると計算していた。しかし、二〇〇三年当時、最終学年の四年生だった六人の学生が自分たちの経験を話し合った時のように、学生が六人いればその全員がそれぞれ異なるルートでMGUに入学してきたというのもありえることだった。

ユウスケはMGU附属の高等学校から内部推薦のシステムを使ってMGUに入学していた。彼の計算によれば、高校を同学年で卒業した仲間四五〇人のうち、およそ半数がMGUに入っていて、それは大学での同級生の約一〇パーセントを占めるそうだ。選抜プロセスの中で、彼は高校でのクラブ活動についてのエッセイを書き、大学のアドミッションオフィスの職員との面接で、なぜ彼の高校にはたくさんの野球選手がいるのかを聞かれたそうだ。

マサナオは公募推薦制度を使ってMGUに入学した。彼の学校の校長が、MGUへの推薦状を書いた。彼は高校での成績の提出は求められなかったが、大学キャンパスで一時間かけて選択肢が一〇ある問題の試験を受けた。問題はどれも非常に簡単に感じられ、彼は自分が満点を取った自信があると話していた。

エイイチロウは指定校推薦で入学していた。彼の母校はMGUに二人推薦できることになっていた。彼によれば、同学年でMGUを志望した生徒は一〇人いたが、なぜ、どうやって自分が選ばれたかは分からないと話していた。

テツは三月に行われた後期一般入試を受けてＭＧＵに入学した。試験は彼が授業を受けていた広島の予備校で、ＭＧＵの教務課の職員によって実施されていた。彼は関西地域の大学で勉強したいと考えていて、試験を受ける教科の偏差値が六〇、五五、五〇くらいの大学を探していた。第一志望は立命館大学、第二志望は関西外国語大学で、第三志望としては偏差値が五〇くらいの関西にあるあらゆる大学を入れていたが、結局はＭＧＵに入ることになったのだ、と目を瞑って話した。彼はＭＧＵを「滑り止め」と表現していて、もっと良い大学に入りたかったと言う。どこに入学することになったか話すと、予備校の先生はがっかりしていた、と言う。彼が受けた後期一般試験は、その年の四月に大学に入るための最後のチャンスだった。同時に、ＭＧＵは定員を埋めるために学生を探していて、結果として、彼はたった一枚だけの短い試験を受けるよう言われた。

ヒトミはセンター試験を受けていて、ＭＧＵはその成績だけで合格を決め、他の試験を求めなかった。センター試験は主に国立大学へ行きたい受験生のためのものだが、二〇〇〇年代半ばには、八〇パーセント以上の私立大学もセンター試験の結果を使って選抜をしている（『読売新聞』二〇〇七年一月二十日）。センター試験の利用は効率的で、安上がりだ。ヒトミはセンター試験の受験料を払っただけで、ＭＧＵの合格を手に入れた。しかし、他のＭＧＵに入る学生と同じように、どの方法で合格しても彼女は大学に「受験料」として三万五〇〇〇円を払う必要もあった。

学生たちは自分たちの経験談を披露し合うことに興味津々だったが、ＭＧＵの偏差値が彼らが受験した四年前と比べて五ポイントは下がったと話していた。受験生の数が減り、学部によって偏差値は幅広く異なっていたが、実質的には競争がなくなり、定員の席一つに受験生が一人という状況になっていた。外国語学部は当時でも競争が激しく、偏差値の高さも日本の約七〇〇ある大学のトップ二〇〇に入るが、他のいくつかの学部の偏差値は下層の二〇〇に入る。彼ら最終学年の学生が、MGU入学者の学力レベルの低下が自分たちの就職に響くのではないかと心配しているのは明らかだった。

「二〇〇三年の危機」への最初のリアクション

入学者数減少のプレッシャーへの最初の反応は、大学内でも大きく異なっていた。研究者コミュニティからの反応はとても静かだった。同じ時期に書かれた論文の中で、マクベイ（2002: 246）は、日本の高等教育の分野では「危機」という言葉はありふれた陳腐なものになり、もはや何の意味も持たないと論じた。全体的に、MGUのキャンパス内では危機に関する研究者たちのオープンな討論がほとんどないのは明らかだった。

一部の教員は、キャンパス内を見てもほとんどパニックなど起きていないために、改革が必要だとは感じていないようだった。給与やボーナスの削減や学費の割引もなかったのだ。他の教員も、積極的にそのような討論を進めようとする気はなく、大学の改革について公に話し合うことすらためられると言っていた。大学への忠誠に欠ける行為と見なされたり、総長に対する信頼を低下させる行為だと思われたりするかもしれないからだ。[27] その代わりに、彼らは特に結論や明確な収穫はないものの、キャンパス外で、プライベートな話し合いの場を設けていた。カリキュラムや評価に

表３－２　メイケイ学院短期大学への出願数の減少（1992～2003年）

年	出願数
1992	5,871
1993	5,179
1994	5,099
1995	3,767
1996	2,750
1997	1,784
1998	1,353
1999	891
2000	449
2001	238
2002	187
2003	144

関する改革が、研究者たちのコミュニティの中で話題に上がると、いかに進歩がないかということは明らかだった。よく言われていたのは、若手の研究者は新しいアイデアを試してみることに乗り気であっても、年配の研究者たちはそれを支持する気は薄く、実際、改革を阻むこともあったということだ。多くの年配の研究者たちは、長年ＭＧＵに勤めていて、伝統的に高い給与と、マネジメントには手を出さないことで最も恩恵を受けてきた人々だった。キャリアの終わり頃になってこの恩恵を損ないたくないと思っているか、あるいは、すでに半分退職した著名な研究者の場合、限られた範囲で仕事をし、ＭＧＵについて大きな関心を持っていないか、どちらかだった。

時には、改革について議論しようとするのをあからさまに拒否されることもあった。一つの例としては、短期大学に関する改革の話が挙げられる。出願者が一九九二年から二〇〇三年の一二年の間に、五八七一人から一四四人まで（実に九七・五パーセント）減少しているのだ（表３－２参照）。最近着任した、高等教育のマネジメントの実務的経験も豊富な教授は、総長に呼ばれて、短期大学の改革戦略を提案するよう頼まれた。彼は広範囲にわたって相談に乗り、ＳＷＯＴ分析（組織内外の環境を強み・弱み・機会・脅威の要因で分析する手法）をし、似た問題を抱える他の大学の事例を調べ、多くの提案をした。ＭＧＵはすでにデジタルテクノロジーを教育に取り入れることに関しては地域でも先進的だったため、これを法人の目標に据えられるのではないかという考えが彼にはあった。大学全体のためにはならないような、断片的な改革や学科ごとに何かを変更しても成功しないだろうということについては自信があった。その一方、彼の採用は、短期大学の教員からはかなり疑念を持たれていた。ある教授は、信頼していないことを表すかのように、あらゆる打ち合わせにテープレコーダーを持ち込み、スタッフも、学生からの聞き取りのためのフォーカスグループ討論などについても非協力的だった。打ち合わせを何ヵ月もして、大量の資料を配って回った後になって、総長はこのプロジェクトを中止するよう彼に求めた。調査を行った教授から見れば、問題だったのは、教員メンバーが自分たちの専門領域外のコースを提供するなどの改革について準備ができていないことだった。一方、短期大学の教員たちに言わせれば、教授が失敗したのは、彼が学内の暗黙のルールを理解しようとしなかったからだと言う。

表3－3　MGUの出願数と学生数の減少（2004～2007年）

年	MGUへの出願数	定員	新入生	新入生／定員（%）	合計学生数
2004	3,636	2,250	1,740	77.33	9,126
2005	3,038	2,175	1,396	64.18	8,090
2006	入手不能	2,175	845	38.85	7,143
2007	入手不能	2,175	854	39.26	5,791

先述の二〇〇三年の「危機レポート」が回覧された後も、MGUの出願者数と入学者数は減り続け、後から見れば、底を打った。二〇〇六年と二〇〇七年には、八五〇人ほどの新入生（定員二一七五人の四〇パーセントを下回る）しか入学せず（表3－3）、定員を満たした学部はなかった。MGUは入学者数減少が最も大きい大学のランキングに名を連ねるようになった。二〇〇九年に、二〇〇六年・二〇〇七年に入学した人数の少ない学年がそのまま

持ち上がり、人数が多かった二〇〇四年に入学した学年が卒業すると、在校生数の減少が最も大きかった大学としてランキングのトップに入り、第二位の大学と比べても、およそ二倍近くの学生減少だった。

ＭＧＵは二〇一〇年、大学基準協会から非常に厳しい批判のレポートを受け取った。高等教育機関が七年以内ごとに評価を受けなければならない認証評価制度が二〇〇四年に始まり、大学基準協会は文部科学省から認められた最初の認証評価機関となった。二〇一〇年、大学基準協会は大学六三校と短期大学七校から認証評価の申し込みを受けた。六三校の大学のうち、五六校は大学基準に適合していると認定され、一校は不適合、そして残りの六校は保留とされた。保留となった大学は、二〇一三年の再レビューまでに改善をし、その間も継続的に調査を受けることになっていた。ＭＧＵは、その保留となった大学の一つだった。同様に、七校の短期大学のうち、六校が適合と認定され、残りの一校となったメイケイ学院短期大学は二〇一二年の再レビューまで保留となった。ＭＧＵと短期大学が問題を指摘された項目は、「学生の受け入れ」「財務」「情報公開・説明責任」の三つだった。不適合の評価は、およそ三〇ページにもわたる報告書で詳細に説明された。「学生の受け入れ」の項目は、過去五年間にわたる定員数に対する入学者数の少なさが指摘されていた。「財務」では、資金が教育に直接関連するところにあまり使われていないことが指摘された。「情報公開・説明責任」では、財務状況の公開が十分にされる必要があることに加え、協議の意思決定の改善も求められた。

実質的にほとんど活動していないＭＧＵの教員組合の委員長は、大学の教員の間で、出願率の急激な低下への懸念がなぜ少ないのかはっきりと分かっていた。教員が大学の財務状況に関わるデータにアクセスするのが非常に困難だったからだ。閲覧できる時にも、同じ法人の中の他の専門学校や高等学校（利益を得ることが許されている）の情報も混ざっていたため、財務情報の中から大学に関する情報を選り分けて見るのは難しいことだった。組合が出しているニュースレターによると、大学は一九九〇年代初頭には、一年間でおよそ一〇〇億円の利益を出していた。大学は厳密にいえば非営利なので、それらの資金は投資されたと考えられた。大学はどんな危機が来ても乗り切れるように、その頃から十分な貯蓄をしたと言われていた。大学の多くのサービスが外部委託されていることもあって、人件費を明らかにすることも難しかった。

結局、大学の極めて中心部にいる限られた少数の人たちしか大学の財務状況を知らなかった（当時話題になっていた比較対象を取り上げて、「エンロン社のようだ」と委員長は話していた）。彼は、特にビジネス的な考え方が優位な関西地域では、MGUは私立大学の中でも典型的だと感じていた。組合長の出身地である関東地域では、私立大学でももう少し透明性への義務が強かったそうだ。だから、組合が一〇年も前からニュースレターを通して警鐘を鳴らしていたにもかかわらず、教授たちがこれから起こるであろう事態を直視せず、年を追うごとに徐々に悪化してきた危機に反応できずにいたのは、状況の一部分しか見えていなかったからだと彼は言う。彼は教授たちのことを「茹でガエル」と表現していた（むしろ「井の中の蛙」のほうが合っていたかもしれない）。しかし、最終的に、教授たちの現状への無関心の最も大きな理由は、組合が良い労働環境を守っていて（実際、余剰が出るほどのゆとりがあった）、総長を中心とするリーダーたちが大学をちゃんと導いてくれるはずだと期待していたからだった。第二章でも紹介した、「教授会支配」タイプの大学と逆の、「理事会支配」の典型的な例だと委員長は話していた。

このあと第四章で見ていくように、MGUで二〇〇〇年代初頭に行われた多様な改革のアイデアのほとんどは総長オフィスから出てきたものだ。大学の改革は、総長と彼のチームが担うべき役割だと考えられていて、教授たちが自分たちの手で大学改革を実行できるとはほとんど信じていないようだった。教員たちは経営的な心配事から守られているべきだと総長は見ていたようだ。教授たちの自己イメージは、教える仕事に関心の高い教育者というよりは自分の研究が大事な研究者であった。そのために、学生に魅力的になるような改革に彼らが力を注ぐのは難しいことだった(28)。

結論

ここまで、MGUの二〇〇四年の主要な特徴に光を当ててきた。特に、次の二点について論じた。一つは、MGUが同族経営の大学で、同族経営の学校のコングロマリットの一部であること。もう一つは、次第に大学の将来の先行きが不安になる中で教員がマネジメント層に不満を抱いていたのと同時に、マネジメント層は現実的な問題に立ち向かうために慣習を変えていこうとしないスタッフに落胆していたことだ。いろいろな意味で、この二つの特徴は互いに繋がっている。マネジメント層の秘密主義的な傾向によって、実際の状況がどうなっているのかについて情報を得られないため、大学を変えるために何かをできる気がしないとスタッフたちは話す。一方、マネジメント層は、日本の古くからの親族システムの考え方が反映されていて、大学が抱える問題は自分たちに個人的に責任があると感じ、その理由の一つは、大学の創設者や、同じ法人の別の学校を経営する者、そして将来大学を受け継ぐ者たちといった親族メンバーへの義務感を感じているからだった。全体的に、これらの異なる見解はコミュニティを分断していて、どうすればMGUが危機的な状況から脱することができるかを探るのは難しいように見えた。第四章では、危機を脱しようと試みた施策のいくつかを見ていく。これらの戦略は、当時同じような状況に陥っていたほとんどの日本の私立大学と似ていて（Kinmonth 2005: 113 参照）、それらは大きく三つに分類できる。コスト削減、新たな市場の開拓、新たな学生募集の方法の導入だ。

註

（1）大学の学長たちによる「内幕の物語」は多く書かれていて、大学教員や事務の文化についての似たような観察を含んでいる。例えば黒木（2009）、杉山（2004）を参照。

（2）陳（2003）の調査によれば、私立大学を有する六五四の学校法人全体の内、大学が最初の学校だというケースは一八・二パーセントだけだった。最も大きな割合を占めたのは高校からのスタート（二六パーセント）で、次いで中学校（二二・五パーセント）だった。MGUのように専門学校から始まったのは七・二パーセント（四七法人）だった。

（3）日本私立大学連盟によるレポート（JAPCU 1987: 144）は、私立大学は国公立大学よりも強い同窓会組織を持っていて、就職活動の際にはそれが大きな支援になると明記していた。

（4）皮肉なことに、収益のほとんどは教員が研究費で購入した書籍代が占めていたと考えられる。こういった本は厳密に言えば大学図書館の蔵書となり、その教員が大学を去っても大学に置いていかなくてはならない。他の大学に移ることになった時、本を持っていくことが許されないと初めて気づく教員もいる。
(5) 大学未来問題研究会(2001: 104-105)によれば、二〇〇〇年、全国の大学に属する学生のおよそ一〇パーセントが四年間のどこかで落第していて、さらに一〇パーセントの学生が少なくとも一年の留年を経験している。これは二〇〇四年のMGUの状況の約半分である。
(6) 学長選出の他の方法や日本の大学での学長への期待などについての概要については、潮木(2002)、小林(2008)を参照。
(7) キンモンス(2005: 110)がこの時期に指摘した通り、「公的な資金を得たり免税を受けたりしても、私立学校は詳細な会計データの公表や公的監査への提出を求められたりしていない」。二〇〇七年には、大学・短期大学の五五・四パーセントしか会計レポートを公表しなかった(『日本経済新聞』二〇〇八年一月十二日)。
(8) これに関する奇妙な説明として、船曳(2005: 104-105)は日本の教授職を出世魚にたとえていて、「ハマチは生きていれば必ずブリになれるように、大学に居続ければ教授になるのです。研究者にとって最初の就職は大事ですが、いったん教師や助教授として入ってしまえば、その大学でよっぽどの不始末や、政治的一匹狼にでもならなければいずれはなれる」と書いている。
(9) 医学と自然科学系学部が欠けていることは、ランクの低い私立大学独特の主な特徴の一つだ。高いコストがかかる実験室を基本とした研究よりも、社会科学や人文科学のほうが低予算で魅力的なのだ。実際、予算が同じならば、これらの科目ではいくらでも多くの学生向けに授業を行うことができる。この事実が一九六〇年代の学生闘争に繋がり、また、国からの補助金と引き換えに、政府による私立大学のクラスの規模や教員対学生の比率の規制が厳しくなっていくことにも繋がった。
(10) ヤマモト(1999)によれば、「教員たちは平均して三つか四つの学会のメンバーになっている。一九九五年には一五〇〇以上の学会があり、全員が大学教員というわけではないがおよそ三二〇万人のメンバーが属していた」。

(11) バーンバウム(2005)は、日本とアメリカの大学教授の興味深い比較の中で、日本ではピアレビューは一般的ではなく、日本の教授たちはアメリカの教授たちに比べて学術界の外の人に向けて書く傾向にあると書いている。

(12) アベほか(1998)はこの状況に経済理論を応用し、この状況は「commons」に起因していると見なしている。すなわち、市場は学生に対して、大学にさえ入ってしまえば勉強する必要はないというメッセージを伝えていて、教授たちも教える意義を失ってしまうということだ(同:77-78)。

(13) オガタ(2015: 82-83)とヤマサキ(2015)によれば、二〇〇〇年代初頭、日本の大学教員の間では学生の質が一〇年前と比べて下がっているという意見が普遍的なまでに広まっていた。二〇〇八年の調査によれば六八パーセントの企業の管理職、六一パーセントの労働組合のリーダー、八七パーセントの大学人が、一〇年前と比べて学生たちのレベルが下がったと感じていた(『読売新聞』二〇〇八年一月二十五日)。

(14) 大学未来問題研究会(2001)は二〇〇〇年代初頭、大学教員が考える「学生の能力が下がった主な原因」を五つ挙げている。大学進学者の増加、カリキュラムの変化、入学試験が易しくなったことによる受験回数の減少、学校教員の能力の低下、そして社会構造の変化だ(同 2001: 102)。特に最初の二つがMGU学内で最も多く挙げられた理由だった。

(15) 山本(2002: 108)によれば、私立大学の事務職員は国公立大学の事務職員よりもずっと長期間、同じ大学で働いている。

(16) 日本の私立大学四〇〇校の事務長を対象とした二〇〇〇年代初頭の調査によれば、自分は少なくともあるレベルでは大学の意思決定に関わっていると感じていると多くが答えている(福留 2004)。第二章での解説の通り、私立大学での意思決定のラインは、大学教員の構造よりも学校法人の構造と密接な関係があることが多い。

(17) 二〇〇〇年代初頭の日本の国立大学と私立大学の最も目に見えてわかる違いは、キャンパスの建物の質とメンテナンスだった。国立大学は極端に古びて荒れた建物が多く、それは政府からの補助金の財務上の分類と関係が深かった。

(18) タイヒラー(1997)は高等教育セクターの学生のアルバイト平均時間は一週間あたり一五時間ほどで、勉強時間は一週間あたり二五時間だと書いている。リー=クニン(Lee-Cunin 2004: 165-171)は滋賀大学の学生の調査の中で、学生の七五パーセントがアルバイトをしていて、アルバイトの理由について四〇パーセントが「経済的理由」、四〇パーセントが「小遣いのため」、そして二〇パーセントが「仕事の経験、成長のため」と答えた。

(19) 大学未来問題研究会(2001: 47)は二〇〇〇年代初頭、レベルの高い私立大学の附属校に通っていた学生が、その後その大学に進学した割合を出している。一部の大学ではその割合が非常に高く、例えば、慶應義塾大学の附属校一校では九九パーセント、法政大学の附属校二校では九一パーセントと九〇パーセント、早稲田大学の附属校一校では八九パーセント、青山学院大学の附属校では八五パーセント、学習院大学の附属校二校では七八パーセントと七三パーセントだった。

(20) 日本の高等教育に関連して論じられるようになった新たなマーケティング理論の例については、今井(2001)を参照。

(21) 二〇〇〇年代半ばに大学がオープンキャンパスで生徒をひきつけようとした戦略のリストについては、『日本経済新聞』二〇〇五年七月二十七日の記事を参照。中には、マジカルミステリーバスツアー、無料iPod、デザートビュッフェ、占いコーナーなどが含まれた。

(22) 二〇〇七年には、私立大学の六九パーセントがキャンパスのある地域の外にも試験会場を用意した(『読売新聞』二〇〇七年一月十三日)。

(23) 実際の問題文を読んで時間を無駄にするのを防ぐ国語の諧謔的入試テクニック集として、清水義範(1990)『国語入試問題必勝法』を参照。より地に足の着いた議論としては、ミラー(1982: 144)が英語の入学試験に関して「実践で使える英語の知識は（入学試験を）解くのに邪魔にしかならない」と書いている。
(24) 特に著作権の侵害などで物議を醸すことがある過去問題集についての良い議論については、ウィーラー（2012）を参照。
(25) 理論上は、学生の「レベル」とは高校卒業資格のことだ。日本の高等学校には最終卒業試験がないため、それが意味するのは何を教わったかということであり、彼らが何を実際に学んだかとは全く違う。
(26) 大修館書店の『ジーニアス英和辞典』に収録されている英単語は五段階の難易度に分かれているが、入学試験問題ではその中で最も易しい三段階に含まれる一万三二〇〇語だけを使うことになっていた。そのうち一一〇〇〇語が最も易しいレベル、四八〇〇語が次のレベル、七三〇〇語がその次のレベルに含まれていた。
(27) MGUの職員は、大学関係者のうち誰が大学オーナーの一族なのか本当には確信を持っていなかったために、大学改革について自由に話すのは憚られると何度か語っている。誰が経営者一族なのかを大学職員が把握していないというのは、一見すると不思議にも思えるが、二〇〇〇年代半ばの中部大学の状況はこの問題の良い例になる。
　中部大学は元々一九三〇年代後半に三浦幸平によって（旧制）工業学校として設立された。三浦には三人の子どもがいた。息子二人と娘である。長男は妻の親族に養子縁組し、妻の旧姓である山田を名乗った。一九七五年、彼は父の跡を継ぎ、一九九九年まで大学の学長を務めた。彼には一人娘がいて、同大学を卒業。二〇〇四年時点では、三十代半ばの彼女は大学の留学センターで勤めていた。三浦幸平の二人目の息子は三浦姓を守った。当時彼は七十代になっており、大学の学監として勤めていた。理事長になることも期待されていた。彼の息子は他の大学に勤め（「貸し出されている」と表現されていた）、遠からず中部大学に教授として戻ってくることが期待されていた。創設者の一人娘は建築関係の会社を持つ家に生まれた大西と結婚した。大西は同大の理事長になり、当時八十代に入り、遠からず引退することになっていた。彼には大学の総務部長を務める息子がいて、その妻は同じ大学で生物学の教授だった。この息子は、三浦の息子や山田の娘と同じように、ゆくゆくは大学の学長になると言われていた。この大学の周辺で日本ではよくある苗字である三浦・山田・大西の姓を名乗る人がいれば、大学創設者と関係があると思うのは当然だろう。この知られた三つの苗字を名乗る人の中で経営者親族との関係が全くない人はどれだけいるのだろう？　山田学長が一九九九年に引退すると、その後を継いだのは、外部から選出された人だった。彼は慶應義塾大学からリクルートした有名人だったが、彼の次か、あるいはその次に学長になる人は創設者一族の手に戻るだろうことには気づいていた。創設者一族が理事会を運営していたのだから、それは可能だった。

(28) ＭＧＵの教員たちが、自らを教員というよりは研究者だと捉えているということについては他の日本の大学教員と足並みがそろっていた。一九九〇年代初頭から二〇〇〇年代半ばに行われた調査からは、研究中心の教員たちは教育を中心に捉える教員たちよりも高い満足度を示していたことが分かっている(Aichinger, Fankhauser, and Goodman 2017: 166-168)。

第四章　法科大学院とその他の改革――ＭＧＵ：2008-2018

二〇一〇年代半ば、ＭＧＵの大半のスタッフが事前に知らされることもないまま、「法科大学院の学生募集の停止について」というお知らせが大学のウェブサイトに掲載された。

このお知らせの中では、まずＭＧＵの法科大学院の背景や設立哲学、運営理念が説明されていた。

本学法科大学院は、法科大学院制度が発足した平成十六年四月、「教育と学術の研究を通じ、幅広く社会に貢献し、人類の幸福と平和に寄与する、広い視野をもった実践的な人材の育成する」という本学の建学の精神に基づき、かつ、「多様なバックグラウンドを有する人材を多数法曹に受け入れる」という司法制度改革の理念の実現を趣旨として開設されました。

そのため、全国的にも数少ない昼夜開講制を採用し、授業は、火曜日から金曜日までの午後七時半から同九時と土・日曜日の午前九時から午後九時の間で行うとともに、専用図書室兼自習室を二十四時間開放し、さらに、学外からであっても講義を視聴できるサポートシステムを導入する等、有職の社会人も仕事を辞めずに教育が受けられる学習環境の確保に努めてまいりました。

こうした本学法科大学院の取り組みは、「働きながら学べる法科大学院」として高い評価を受けるとともに、いわゆる社会人学生に支持され、現に入学者の大半は、会社員、公務員のほか、教師、司法書士、司法会計士、税理士等、高度な専門性をもった有職社会人で占められてきました。

このような社会人学生が、異業種間交流を深めるとともに、一般学生に刺激を与え、本学法科大学院はまさに「多様性」溢れる理想的な法科大学院であった、と自負しているところです。

冒頭に書かれているようなポジティブな評判にもかかわらず、コントロールの及ばないさまざまな理由があって、MGUの法科大学院はトラブルを抱えるようになった。

平成二十二年度までに司法試験の合格者を年間三〇〇〇人程度に増やすという目標の達成が困難となり、かつ合格率も低下する中で、法科大学院への志願者が全国的に減少し続け、平成二十四年度の志願者数は同十六年度の約四分の一にまで激減し、入学者数に占める社会人の割合も、平成二十四年度は同十六年度の半分以下に落ち込んでいます。

このような傾向は、有職社会人を積極的に受け入れてきた本学法科大学院にとって特に大きな打撃となりました。

また、法科大学院に対する社会的評価の重点が、多様性・開放性といった観点（社会人や非法学部出身者の在籍比率等）から司法試験合格率へと徐々に傾斜してきましたが、受験準備に十分な時間を割くことが困難な有職社会人が学生の大半を占めるという事情もあり、新司法試験の合格者および合格率の低迷状態が続く本学法科大学院に対し、次第に厳しい社会的評価が加えられることとなりました。

このような厳しい状況の下で、特色ある本学法科大学院の存続を図るため、入学定員の削減（五〇名から三〇名へ）を二度にわたり行うとともに、有職社会人が余裕をもって学習する長期履修（四年コース）制度や、経済的事由による学習の継続が困難となった昼間制の法科大学院に在籍する他大学学生を受け入れるための転入学制度を導入するといった対策を講ずる一方、学習効果を高めるために基礎演習・応用演習・修了演習の三段階の演習科目を設ける等のカリキュラム改訂を行う等、できる限りの努力をいたしました。

しかし、残念ながら、上記の対策・措置は志願者数および入学者数の面では効果を上げるに至らず、平成二十五年度入試結果は、志願者数七名、入学者数二名で、前年度よりさらに悪化しました。

以上の通り、本学法科大学院を取り巻く環境が変化し、今後の志願者数および入学者数の回復も見込めない中、効果的な教育を引き続き行うのに適した学生数の確保が将来的に見通せないことから、新たな入学者の受け入れを断念し、在学生の教育に専念するという、苦渋の決定をいたしました。

MGUの教員の一人が「死亡記事」と冗談めかしたこのお知らせは、二〇〇三年の「危機レポート」をきっかけに始まった意欲的なプロジェクトの「終わりの始まり」を告げていた。日本では二〇〇〇年代、新しい法科大学院の設立（同時にMGUのように廃止のケースもあった）の物語は比較的よく知られているものだった[1]。しかし、日本の高等教育が二十一世紀の最初の二〇年間に直面した広範に及ぶさまざまな壁を明らかにするために、この件にある程度の紙面を割くのは価値があることだ。特に、MGUのような大学が選ばざるを得なかった非常に込み入った決定について見ていきたい。この複雑な話には、多くの背景も必要となる。

日本の法学教育の歴史

新たな法科大学院の設立に目を向ける前に、日本での法学教育の発展の歴史を簡潔に見ていくことが重要だ。明治の初期、政府の省庁が官僚を教育・訓練するための学校を作ろうとしたのが始まりだった。例えば、司法省は一八七一年にフランス法を教えるための学校を設立し、卒業後に規定の年数以上司法省に勤めるならば学費を出そう、という形で奨学金を出した。一八七七年には、文部省が文学部、理学部、法学部の三学部と医学部を設置して東京大学を設立し、法学部は英米法を教えた。東京大学の法学部の卒業生は、それ以上の法律家としてのトレーニングや認可を取得することなく、代言人（弁護士）として仕事をすることができた（Flaherty 2013）。一八八〇年には多くの私立法律学校が設立された。専修学校（現・専修大学、英米法を教えた）、東京法学社（現・法政大学、フランス法）、明治法律学校（現・明治大学、フランス法）だ。一八八二年には、東京専門学校（現・早稲田大学）、一八八五年には英吉利《イギリス》法律学校（現・中央大学）が設立され、どちらも英米法を教えた。一八八六年には、関西法律学校（現・関西大学）が設立された。私立の法律学校（そのどれもが今も日本をリードする私立大学になっている）の急速な発展は、前例のないことだった。一つにはこれは、フランス法と英米法それぞれの支持者が優位に立とうと必死になっていたのを反映した動きであった。これによって、学生を惹きつけたい大学同士で学費の価格競争が起き、一部の大学は財政破綻寸前まで陥ったという（Amano 1990, Miyazawa 2000 参照）。

東京大学が東京帝国大学に改名された一八八六年、政府の規制を受けない私立セクターの影響力が増している状況に対抗するため、全ての私立法律学校が東京大学の総長の管理下に置かれることになった。当時の総長、渡辺洪基《わたなべこうき》は国の官僚で、大学教育は国のために官僚を養成するための機関であると明言していた（Motoyama and McMillen 1997: 327）。帝国大学が私立法律学校の管理をするという仕組みによって、法学教育の二重の構造ができあがった。国立大学の法学部は裁判官や司法官僚を、そして一九一八年まで公式な大学のステータスを得られなかった私立の大学は弁護士を生み出していったのだ。

司法試験は、法を正式に学んでいたかどうかは関係なく、初めから誰でも受験することができ、多くの学生は働きながら試験の準備をした。アマノ（1990: 108）が指摘したように、いかに試験が難しいものであったにせよ、司法試験はかなり能力主義的なものだったと言える。また、その後に続く日本の司法資格の歴史を見ても、最初からいかに司法試験が難関だったかは注目に値する。一八八一年から一八八五年の五年間で、司法試験を受けた七九六八人のうち、合格したのは四・七パーセントの三七一人しかいなかったのだ。

基本的に、帝国大学は専門職の教育に携わることはなかった。このパターンは戦後期に定着して、大学が教師、医師、獣医師、歯科医、司書、薬剤師、看護師などの専門的なプログラムを教える場合には、基本的に主流の総合大学とは切り離されて「教育大学」や「医科大学」などと異なる名称をつけていた。法曹のトレーニングも大学のシステムとは完全に独立した機関の責任となった。しかし、一九九〇年代後半、これらの多くの専門分野の教育を行ってきた大学は、規模の経済で成功し、さらに日本のトップ大学を純粋なジェネラリスト教育モデル（日本の経済的な問題の原因として多くの批判を受けていた）からスペシャリスト教育モデルへと移行するために、主流の総合大学と合併したのである。

文部科学省が原案を発表してから六年後の二〇〇四年、経営（いわゆるMBAなど）、公共政策、技術経営、会計、金融などを大学で教育する新たなシステムとして、専門職大学院が始動した。これらの学校は、「さまざまな分野で、理論と実践の橋渡しのために、社会で実務に携わった経験者を含む幅広いバックグラウンド」（Kano 2014: 36）から学ぼうとする学生のために作られた。実践を教えられる「専門家の教師」を雇うよう求められていて、大学はこの方針によく応え、高いコストがかかるにもかかわらず、修士課程を設立するよりも専門職大学院を設立するほうを好んだ。ブランドバリューや、大学が繋がりを作りたいと熱望しているビジネス界や産業を惹きつけられるだろう、というのがその理由だった（『読売新聞』二〇〇五年三月十八日参照）。文部科学省は、弁護士や裁判官などが「専門家の教師」になっている法律学校も、この新しいシステムの中に含まれるべきだと勧めた（Saegusa 2009: 387）。

日本の法律家の需要・供給と法律学校設立の決定

村上政博（2003）は二〇〇〇年代の法科大学院設立の背景にある主要な理由について良い解説を書いている。二〇〇四年より前に法曹資格を得た人のほとんどは、まず大学の法学部を出て、司法試験を受け、司法研修所で二年間（一九九九年に一八ヵ月に短縮された）の司法修習を受け、修了試験を受けるというプロセスを経た。表面上、このシステムは他の多くの国で法曹になるためのシステムとの大きな違いはないように見える。しかし実際は大きく異なる要素がある。最も独特なのは、司法試験の受験生の数がかなり多く、そして合格率がかなり低いことだ。毎年、何万人もの受験生が年に一度の司法試験を受け、よく「現代の科挙」と中国の官僚試験になぞらえられた(2)。合格率は一九五二年以降一度も五パーセント以上になったことはなく、たいていは三パーセント未満だった。受験生の数と競争率がピークになった二〇〇二年には、四万五六二二人が受験し、合格率は二・五パーセントだった（Foote 2006）。合格率が低いのは、法務省の司法試験委員会が合格者数の上限を毎年決めているからだ。一九九一年までは上限は五〇〇人に設定され、一九九一年以降徐々に人数が増やされて一九九九年には一〇〇〇人になった。二〇〇二年には一二〇〇人が上限で、二〇〇四年には一五〇〇人になった（Foote 2013: 382, Watson2016: 5）。上限人数は増えても、競争は依然として厳しいままだった。

一人の人が司法試験を受験する回数には制限がなかった。司法試験に挑戦する平均的な回数は六回から七回の間で、合格者の平均年齢は二十八歳以上だった。一九八六年、二万四〇〇〇人が司法試験を受け、初めての受験で合格したのは一人だけで、三七人が二度目の挑戦で合格した(Ramseyer and Rasmusen 2015: 115)。合格者のうち三パーセントは司法試験を一五回以上受けていて、当然、大多数は何度挑戦しても不合格の人たちだった。合格者の六〇パーセントは、自分たちは「無職」と答えていて、つまり、司法試験の準備だけに専念していた人たちだった。おそらく最も非情な事実は、新たに司法試験に合格した人の雇用者は、明らかに、できるだけ少ない回数の受験で突破した人を好んで採用しているということだ(Ramseyer and Rasmusen 2015: 134)。実質的には、司法試験は資格のための試験というよりは、競争の色が強い。このプロセスによって最も経済的に恩恵を受けているのは、司法試験のための予備校だ。その学費は平均すると一人あたりおよそ年額一〇〇万円だった(Watson 2016: 5)。一九九九年に司法試験を受けた人への調査によると、全員が予備校に通っていた。三分の二は少なくとも三年以上、そして四分の一は五年以上予備校に通っていた。五〇パーセントの受験生は、予備校へ行く頻度は週に三〜四回程度だったが、一〇パーセントの受験生は毎日通っていた(Foote 2006: 217)。このような受験生たちには、学位を取った大学にかかった学費その他のコストがかかり、司法試験に集中するために仕事を辞めた人は収入を放棄し、その上さらに予備校のコストが加わっていたのだ。

一九九九年、政府は法律制度に関わる幅広い問題を見直すために司法制度改革審議会を立ち上げた。その中には法曹の人数を増やすことや、法律教育システムの改善なども含まれていた。特に司法試験を含む法曹教育に対して非常に批判的な立場を取っていた政権与党・自由民主党が作った委員会も経団連も、これに関するレポートを出していた。批判の中には、司法試験のために時間も才能も資金も無駄になっている、というものもあった。また、同じくらい重要な批判として、司法試験に合格した人は、試験に役立つテクニックや詳細な法律知識の記憶力を披露したかもしれないが、理論的にも実践的にも法律を批判的に理解できているとは限らない、というものもあった（Wilson 2014）。基本的に司法試験は、良い法曹を育てるためというよりは、社会の中で法曹の人数を制限するための仕分けとして機能していた。試験に合格して司法研修所に入っても、卒業するまでに実践的なトレーニングを受けられるのは一二ヵ月以下だった。

司法制度改革審議会が変革を推奨するに至ったもう一つの要素は、一九九〇年代後半、日本で国内的にも国際的にも、法律業務への需要が高まり、それに対応できるだけの法曹の人数が足りていないという感覚があったことだ。フット（2013: 384–385）によれば、一九六〇年代まで遡ると、この時と似たような感じで、日本で法曹を増やそうと動いたことがあったという。しかし、一九六六年から一九九〇年の間に日本の人口は二五パーセント増え、名目GDPも一一倍以上増えたが、その一方で、司法試験の合格定員数はほとんどずっと一年五〇〇名前後で一定だった。よく言われていたのは、アメリカ合衆国では三〇〇人に一人が法曹で、イギリスでは六七〇人に一人、ドイツでは九〇〇人に一人、フランスでは二〇〇〇人に一人という中で、日本は、七五〇〇人に一人しかいない（二〇〇一年段階で合計約一万七〇〇〇人）ということだった。[3] 地方における法曹の不足は、特に問題があるとされていた（Arakaki 2004: 142）。一九九八年の日本では、法曹のおよそ半数が東京都に拠点を置いていて、島根県には二二人、鳥取県には二六人しかいなかった。二〇〇〇年の改革審議会の報告書によれば、島根県や鳥取県においても、法曹は県内の大きな街にしかおらず、三三七一の市町村のうち、およそ九〇パーセントの地域では法曹は一人以下だった（Foote 2013: 391）。

こういった問題を全て解決するために一九九〇年代後半に出された結論は、アメリカスタイルの大学院レベルの専門法律学校を大学を拠点に作り、法的な批判的思考を教え、二十一世紀の日本で実際に直面しうるさまざまな状況に対応できる法曹を育てるということだった（Saito 2006）。

新たな法律大学院の概要

サエグサ（2006: 71）によれば、エリート大学の法学者たちは、法科大学院設立の認可を受けられる大学は三〇校にも満たないだろうと推測していた。そこに司法試験の合格者数を三〇〇〇人に設定するという計画を加味すれば、新制度が行き渡った頃には年間の合格率が七〇パーセントから八〇パーセントになると試算した。しかし、法務省は最初の法科大学院設立受付で、七二校の大学から申し込みを受け、そのうち五〇校は私立大学からの申し込みだった。ひとたび法科大学院開設の決定が全国的に広がると、MGUのようにすでに法学部がある大学にとっては、申し込みをしないというわけにはいかなかった。MGUがもし申し込みをしなければ、学内で最も強い存在で、三五〇人の学生を毎年受け入れている法学部を大学が軽視しているというネガティブな印象を持たれてしまうと信じられていた。法科大学院を設立しないということは、学生を失うことに繋がる可能性があるだけでなく、教員が他の大学へ行ってしまう可能性もあり、実際にそのようなことも起こった。当時の日本で広く行われていた規制緩和の方針の下、法務省は七二校のうち六八校の申し込みを認可した。(4)

アンダーソンとライアン（2010）が指摘した通り、新たな法科大学院は、国が定めた司法試験における合格者数の上限の低さと市場の規制緩和という矛盾をはらんでいた。法科大学院が設立されてすぐに、学校同士で競争が激しくなることは明らかなことだった。二年目になると、新しい法科大学院の三分の一は前年の半数しか出願がなく、いくつかの学校では九〇パーセント減となった。しかし、より大きなプレッシャーになったのは、いわゆる「バイパス」システムだった。新制度下で法科大学院に通う学生が司法試験の準備をしている一方で、法科大学院に通うことなく旧制度のもとで司法試験を受けることも引き続き許されていたのだ。二〇〇六年、新たな法科大学院の最初の卒業生が司法試験を受験したが、その年の合格者の三五パーセントは旧制度の「バイパス」システムを使っていた。(5) 二〇一一年、旧制度下の司法試験が受けられなくなると、「予備試験」という新たなシステムが導入された。これに合格すれば、法科大学院に通うことなく司法試験が受けられるようになるというものだった。この予備試験の導入の理屈としては、これによって法科大学院に通うための資金がなかった人も挑戦できるようになるということだった。二〇一六年までに司法試験に受かった人の一五パーセント以上がこの予備試験のシステムを使っている。

表4－1は、法科大学院ができて最初の学生が入学してから一三年の間に起きたことをさまざま

に物語っている。最初の学年は全体で五八〇〇人の学生がいたが、短縮の二年コース（すでに大学法学部を卒業した人向け）の学生が司法試験を受けた年には、合格率は五〇パーセントをわずかに下回っていた。翌年、三年コースの学生が司法試験の受験に加わると、合格者の数は一〇〇九人から一八五一人に増えたが、合格率で見るとおよそ四〇パーセントまで下がった。旧制度で受験して受かった人を加えると、二〇〇八年の司法試験合格者数は二二〇〇人を超え、三〇〇〇人合格という目標の達成は不可能ではないように思われた。しかし、二〇〇八年以降、合格者数は四年間横ばい状態が続き、二〇一四年には二〇〇〇人まで減少し、合格率も二五パーセント前後に留まった。二〇一五年、政府は年に三〇〇〇人を合格させる目標を取り下げ、新たな目標を、法科大学院の制度が始まる一年前の二〇〇四年と同じ一五〇〇人に設定し直した（*Japan times* 2015/5/22）。

表4－1が描くように、法科大学院に出願する学生の数もまた早いペースで減少した。法科大学院開設初期にはおよそ四万人（需要が噴出した初年度の七万二〇〇〇人を除く）だった出願者数が、二〇一六年、二〇一七年にはおよそ八〇〇〇人になった（表三列目）。出願者減少の二つの理由は、法科大学院出身者の司法試験合格率が低かったことと、合格後の労働市場に懸念があったことが挙げられ

合格率の推移（2004〜2017）

新司法試験国内平均合格率	日本の法曹界の人数（女性の割合）
n/a	20,224（12.1%）
n/a	21,185（12.5%）
48.3	22,021（13.0%）
40.2	23,119（13.6%）
33.0	25,041（14.4%）
27.6	29,930（15.3%）
25.4	28,789（16.2%）
23.5	30,485（16.8%）
25.1	32,088（17.4%）
26.8	33,624（17.7%）
22.6	35,045（18.1%）
23.1	36,415（18.2%）
22.9	37,680（18.3%）
25.9	38,980（18.4%）

表4－1　日本の法科大学院の出願、入学、司法試験受験者、合格者、

年	学生募集をしている法科大学院の数	法科大学院への出願者数合計	法科大学院の定員数合計	法科大学院の在籍学生数（定員に対する割合）	新司法試験合格者（＋旧試験）〔＋予備試験志願者〕
2004	68	72,800	5,590	5,767（103.2%）	（＋1,483）
2005	74	41,756	5,825	5,544（ 95.2%）	（＋1,464）
2006	74	40,341	5,825	5,784（ 99.3%）	1,009（＋549）
2007	74	45,207	5,825	5,713（ 98.1%）	1,851（＋248）
2008	74	39,555	5,795	5,397（ 93.1%）	2,065（＋144）
2009	74	29,714	5,765	4,844（ 84.0%）	2,043（＋92）
2010	74	24,014	4,909	4,122（ 84.0%）	2,074（＋59）
2011	73	22,927	4,571	3,620（ 79.2%）	2,063（＋6）〔＋58〕
2012	73	18,446	4,484	3,150（ 70.2%）	2,102〔＋120〕
2013	69	13,924	4,421	2,698（ 61.0%）	2,049〔＋163〕
2014	53	11,450	3,809	2,272（ 59.6%）	1,810〔＋186〕
2015	50	10,370	3,169	2,201（ 70.0%）	1,850〔＋235〕
2016	43	8,278	2,724	1,857（ 68.1%）	1,583〔＋290〕
2017	39	8,058	2,566	1,704（ 66.4%）	1,543

出典：Sato（2016）、Tanaka（2016）、日本弁護士連合会（2017）、Ramseyer and Rasmusen（2015）

る。一九九〇年代よりも司法試験合格者数が増えたために、日本で法曹の資格を得た人の数は二〇〇四年におよそ二万人だったが、二〇一七年にはほぼ四万人に達した[6]。新たな法曹関係の就職の見通しに対する影響は絶大だった。日本弁護士連合会の調査によれば、法曹資格を獲得して職の内定を得られなかった人の割合が二〇〇七年には七パーセントだったのが、二〇〇八年には一七パーセント、二〇〇九年には二四パーセント、二〇一〇年には三五パーセント、二〇一一年には四三パーセントと増え続けたのだ（Tanaka 2016: 45）。新人法曹の初任給の平均は二〇〇七年から二〇一〇年の間に二七パーセント下がったと報告されている（伊藤 2013: 103）。

同時に、二〇〇八年のリーマンショックによる世界経済の悪化によって、日本の法曹界の労働市場は大きく落ち込んだ。(7) 以前なら入学を考えたかもしれない人たちが、法科大学院入学が良い賭けになるとはもう考えなくなっていった。大学法学部で学んだ経験のない司法試験受験生は、法学部卒業者に比べて、司法試験合格率が少なくとも二〇パーセントは低かった。二〇一四年には、大学法学部卒でない受験者の合格率は、法学部卒よりも三〇パーセント以上低かった(8)(日本弁護士連合会 2017:12)。その結果として、大学法学部卒でない人や社会人からの法科大学院出願が目立って減少したのは自然なことだった。(9) そして、この後見ていくように、これはMGUにとっては非常に深刻な問題だった。

法科大学院の入学・卒業の合計人数を示す統計は、個々の学校の状況については描き出してくれない。実際の様子はさらに厳しく、そこには高等教育システムの全体としての状況が反映されていた。(10) 新制度の司法試験が始まって二年目の二〇〇七年、合格者が一人も出ない法科大学院が三校あった。二〇〇九年には学校間で結果に大きな差が出てくるようになる。どの学校も一人以上は合格者を出すことはできたものの、合格率が一〇パーセントを下回る学校が一四校あった。二〇一〇年には二つの法科大学院で合格者が出ず、一八校で合格者が五人以下だった。二〇一一年には、二〇の法科大学院で新入学者が一〇人より少なく、この年、初めて法科大学院一校(姫路獨協大学)が新入生の受け入れを止めた。二〇一二年、司法試験合格者の六〇パーセントがトップ一〇校の法科大学院の出身者だった。二〇一五年には、さらに二〇の法科大学院が新入生の受け入れを断念し、在学生が卒業する段階での閉校を発表した。また九校が二〇一六年度の新入生受け入れを断念すると発表した。翌年、青山学院大学や立教大学といった東京をベースにする一流の大学を含む四校が二〇一七年の新入生受け入れ停止を発表し、二〇〇五年には七四校あった法科大学院のうち、新たに学生を受け入れるのは三九校だけとなった[11]。

二〇〇四年に新たな法科大学院が設立された時、政府はそれぞれの公共的サービスに応じて気前よく助成金を出した[12]。しかし二〇一〇年には、文部科学省は新司法試験への合格率を基に助成金の額を計算するようになり、二〇一四年からは学生の入学率を基準として使い始めた。その結果ごく一部の学校は助成金を増やすことができたが、二〇一五年時点で学生募集を続けていた法科大学院の八〇パーセントでは助成金が減り、七校では助成金が五〇パーセント以上減った（Watson 2016: 32）。この助成金の削減が、MGUの法科大学院にとどめを刺したのだった。

MGU法科大学院

後から考えれば、二〇〇四年にMGUがなぜ法科大学院を設立したのか、疑問に思うのは簡単なことだが、当時はその設立が合理的な一歩を踏み出すことになると思われていた。すでに見たように、MGUがもともと法学部をもっていたという事実は強い決定要素だった。むしろあの時法科大学院の設立をしなければ、法学部はじわじわと嫌な感じで死へと向かっていくことはほとんど間違いなかった。しかし、よりポジティブな見方もあった。法科大学院を設立すれば、一九八〇年代から一九九〇年代初頭にかけて四万人もの受験生を毎年惹きつけていたMGUの関西の私立大学の中の地位を再び獲得する機会になると大学本部も考えるだろう――そう信じる教員もいた。非常に多くの大学が法科大学院を持つことにはならないだろうから、MGUは入学の難しい大学として一線を画すことになるだろうと考えられた。MGUは、会計士と税理士の輩出に関して、すでに大学院の専門的トレーニングコースで良い実績を出していて、法科大学院はそれらのプログラムをうまく補えるという構想だった。また、法科大学院立ち上げプロジェクトを成し遂げる資金源もコネクションも、法学部を通して十分にあることには自信があったようだ。そして、文部科学省から法科大学院の募集が公表された時、この機会はそう何度もないだろうと信じられていたのも重要な要素だった。

新たな法科大学院はもともとあった法学部からは独立していなくてはならなかったが、法科大学院と法学部はある意味で競争の関係性をもっていた。新たな法科大学院の教員の基準として、五年以上教鞭《きょうべん》を執った経験が必要だった。つまり、法学部の年長の教員たちが法科大学院へ「昇格」(Nottage 2007: 248) し、法学部は経験の少ない若手のスタッフが残るという形になった。(13) 同時に、法科大学院では実務を教える教授として、教員の二〇パーセントは弁護士や裁判官、検事など法曹として少なくとも一〇年以上の実務経験のある人材を入れる必要があった。(14) この新たな人事にはベテランの退職者が多く入り、つまり、新たな法科大学院の教員の平均年齢は法学部と比べるとかなり高くなった。(15) また、彼らは高額の給与も得ることができた。国立大学の法科大学院には必ずしもあてはまらないが、私立の新たな法科大学院の多くは、新しい施設・設備を与えられた (Nottage 2007: 243)。MGUでも、法科大学院は法学部よりずっと良い、新たに改装された建物がキャンパス内に与えられ、その中には大学事務のオフィスもあった。一階には法科大学院の学生だけが使える一〇〇席以上の学習用の個別閲覧席が用意された。三階の大ホールにはスライドするパーテーションや家具が備え付けられていて、一時間前に申し込めば簡易的な法廷のような内装にできるようになっていた。四階は小さなセミナールームがいくつも作られ、学生が少人数の授業や勉強会に使えるようになっていた。建物全体に新しいカーペットが敷かれ、家具も壁の塗装も新しくなっていた。

MGUのような大学は、法科大学院に学生を集めるにあたって、二つの大きな不利な要素を抱えていた。一つは、全ての私立大学は国公立の大学と競争しなくてはならないことだ。国公立は、私立より全体的にずっと多く国の助成金を受けていて、つまりは学費もかなり安く抑えることができる。[16] 法科大学院制度が作られる前の二〇〇三年から二〇〇四年にかけて、慶應義塾大学塾長は、私立で運営されている法科大学院が国立の法科大学院と公平な競争ができるように、特別な補助金を出すよう精力的にキャンペーンを行ったが、失敗に終わった（*Daily Yomiuri* 2003/7/2）。条件を平等にするために、国立大学は法律学校のプログラムを提供するコスト全額を学生に学費の形で求めるべきだ、と主張する人もいた。そして二つ目の不利な要素は、MGUの社会的評価が、定評のある一流の大学に比べた時に弱いということだった。

MGUは、高い学費や、他の私立大学の競争相手と比べると大学ブランドの地位が低いという不利を何とか乗り越えるために、法科大学院に他とは異なるニッチな領域を独創的に見出した。そのニッチな領域というのは、多くの授業を夜や週末に行うことによって、学びながらも仕事を続けた

表4－2　MGU法科大学院の出願者、入学者、司法試験受験者、司法試験合格者、合格率の推移（2004～2017）

年	MGU法科大学院出願者数	MGU法科大学院入学者数	MGUの司法試験受験者（再受験も含む）	MGUの司法試験合格者	MGUの新司法試験合格率（国平均）(%)
2004	381	55	n/a	n/a	n/a
2005	199	49	n/a	n/a	n/a
2006	137	45	n/a	n/a	n/a (48.3)
2007	161	51	14	2	14.3 (40.2)
2008	121	42	28	1	3.6 (33.0)
2009	91	33	36	2	5.6 (27.6)
2010	43	15	55	3	5.5 (25.4)
2011	24	5	72	2	2.8 (23.5)
2012	21	7	54	3	5.6 (25.1)
2013	8	2	37	2	5.4 (26.8)
2014	—	—	46	5	10.9 (22.6)
2015	—	—	39	2	5.1 (23.1)
2016	—	—	26	2	7.7 (22.9)
2017	—	—	16	2	12.5 (25.9)
合計/平均		304	407	24	5.9 (24.5)

註：元の定員は50名、2010年に30人に減少

い人向けの体制を作るということだった。前述の「死亡記事」と皮肉られたお知らせでも見たように、これはこの大学の建学精神にも一致していることだった。実際、MGUは西日本で唯一、法科大学院の夜間授業や週末の授業がある大学で、学生はフルタイムの仕事を続けながらでもコースを受講することができた[17]。そういった条件を求める学生は、片道一時間はかかる名古屋などの遠方からも、仕事が終わった後に通ってきていたのだ。MGUの法科大学院は、幸先の良いスタートを切った。二〇〇四年入学の最初の学年を募集すると、およそ二〇〇〇人が願書を請求した。約一〇〇〇人が出願の意を示し、三八一人が出願料を払って入学試験を受験し、五五人が合格した。文部科学省が同校に設定した五〇人の定員よりも一〇パーセント多い合格者だった。しかし最初の学年から続いた司法試験の残念な結果によって、国内

の法科大学院の中でもＭＧＵは下位五校に位置づけられ、始まりの頃には明るく見えた先行きが、すぐに暗いものになった（表４－２参照）。

実際にＭＧＵの法科大学院の学生の経験はどのようなものだったのだろうか。この法科大学院が、基本的に仕事を続けながら法を学びたい学生向けであることが諸刃の剣だということに、教員も学生もすぐに気がついた。学生たちは、仕事を終えて大学に着く頃には、すでに疲れていて、集中できる状態ではないことが多かった。さらに、仕事を続けているということは、家で復習をしたり宿題をこなしたりするのに十分な時間がないということでもあった。現実的に司法試験に合格しようと思ったら、授業を含めて週に六〇時間から七〇時間は勉強しなければならないと言われている中で考えれば、それが問題となることは不思議ではない。最初はＭＧＵ法科大学院の魅力と思われた「仕事との両立」だったが、授業を重視するためにはフルタイムの仕事は続けられないことに学生たちは気づき、結局は仕事を辞める学生がほとんどだった。そして司法試験に受からなかった人たちは、法科大学院卒業後に司法試験を受けられる時期や回数の制限に強い不満を抱いていた。彼らは、新制度の法科大学院が設立される前のように、法科大学院卒業後の再受験の時期や回数は個人が決めればよいはずだと考えた。

ＭＧＵ法科大学院内部では、司法試験の合格率の低さにどう対応するかについて多くの議論がなされた。仕事を続けている学生は、例えば五年間など長期のコースを設けるべきではないかと考える教授もいたが、それでは司法試験に良い結果を出すまでに時間がかかりすぎるため、実行は難しいと見なされた。夜間や週末の授業をやめて一般的な昼間のプログラムに変えるというアイデアもあったが、MGUの法学部が二〇〇四年以前の旧制度下で司法試験合格者を一人しか出していなかったこともあり、この分野の強豪校との競合の中でMGUが学生を新たに獲得するのは難しいだろうと考えられた。

MGU法科大学院が、設立当初から司法試験の結果が残念なものであったにもかかわらず学生を募集し続けた理由は、確かではない。大学のプライドという要素があったのは間違いないだろう。また、毎年何人かは司法試験に受かっていたこともあって、卒業した後に合格するというケースも間違いなくあるだろう、という考えもあった。数ある法科大学院の中で最初に手を引く一校にはなりたくないという要素もあっただろう。二〇一〇年代に多くの法科大学院が淘汰された中で生き残ったところは、他校の閉校によってメリットがあり、いくらか延命できるのではないかという判断もあったと考えられる。

もう少し大きな疑問としては、司法試験の合格率が低いMGU法科大学院になぜ学生が集まり続けたのかということがある。本来五年間で三回受験できる司法試験だが、法科大学院に入学することで八年間まで再受験資格を延長できることになった。八年後までは学年で何人が司法試験に合格したかが確定しないのだ。個々の学生から見れば、二〇〇四年以前の古いシステム（合格率が三パーセント未満だった）に比べれば、MGUの法科大学院に入ることで、今でも引く手あまたで地位が高い法曹になれる可能性が大きく増す。また、予備試験を受けようとしている人にとっても、可能性は倍増していた。MGU法科大学院の学生は皆、日本で法曹になるのは困難な道のりだと言うことはよくわかっていて、法曹の地位が高い理由の一つはその難しさにあると認めていた。だから、

ＭＧＵが法科大学院を閉めるまでの低い合格率を見ていたとしても、自分の司法試験合格の可能性が倍になるなら、想像を絶するほど分の悪い賭けではなかったのだ。

二〇一八年、ＭＧＵ法科大学院に使われていた建物はほとんど空になっていた。卒業生でまだ受験資格を失っていない人が一人か二人、閲覧席を使っていたが、一階のほとんどは家具置き場になっていた。ホールは時々、大学の他の組織が大きなイベントや会合に使っていた。四階は全く使われていないようだった。法科大学院が下火になると、教員の一部はもともといた法学部に戻っていった。法科大学院に雇われた時点ですでに定年退職の歳を超えていた者も多く、そういう人たちはそのまま退職した。

ＭＧＵ法科大学院の盛衰は、過去二〇年の間に日本の高等教育、特にＭＧＵが直面した問題を幅広く内包している。文部科学省が、法科大学院設立を申し込んだ大学のほとんど全てを承認したことは、いろいろな意味でほとんど完璧な実験になっていたと言える。外部的な同一の課題に直面した時にそれぞれの大学がどのように対応するかを見ることができたのだ。またこれは、文部科学省が細部にわたり過度に干渉するマイクロマネジメントから一歩離れ、高等教育機関が自由市場の原則の中で運営され、そして淘汰されるのを許したほぼ初めての例にもなった。だから、この全体の話を理解するには、高等教育が直面していたより幅広い問題を理解する必要がある。規制緩和、自由化、職業訓練化、そして経済・政治・人口動態の変化といった、前の章ですでに述べた問題がそれにあたる。法学部を持つほとんどの大学と同じように、ＭＧＵも、「法科大学院設立の申し込みをしない」という選択肢はないも同然だった。サエグサ（2006: 147）が図表を用いて説明したように、MGUのような法科の大学院を持たなかった非エリート大学にとっては、法科大学院設立は〝死活問題〟だった。なぜなら、この動きは、国としての法教育のあり方が大学学部レベルでの教育から大学院レベルでの専門教育へとシフトしているのを明らかに反映していたからだ。

実際にはMGUは法科大学院を閉鎖しなければならなかったが、もしも、そもそも法科大学院を設立していなかったらどうなっていたかを検討するのも重要なことだ。そうなっていれば、間違いなく法学部の多くの最も優れた教員の何人かは、他の大学の法科大学院に引き抜かれてしまっていただろう。そして、連鎖的に法学部の質も落ち、受験生の数も減っていただろう。そうなれば、二〇〇四年の時点で教育の質も受験生の数も学内で一番だった法学部までもが、閉鎖せざるを得なくなっていたかもしれない。当時は、法学部のおかげで、同じ高等教育の市場で競う他の私立大学の中で一歩抜きんでることができていたのだ。他の法科大学院もMGUとだいたい同じようなタイミングで閉鎖することになったことで、実際にはMGUの法学部には大きな影響がなかった。短期間であっても法科大学院を設立することで大学の評判を上げるということにはならなかったが、しかし同時に、評判に傷がついたというわけでもなかった。だから、MGUが法科大学院を設立したのは、後から見れば、さまざまな意味でダメージを軽減する施策が成功したとも言えるのだ。[18]

MGUの「二〇〇三年の危機」からの回復

二〇〇三年のMGUの「危機レポート」では、大学のアカデミックな戦略は、「社会に貢献できる実用的なスキルを身につけて卒業するように教育する」（教員によって推進する）ことと、「学生の学びの手助けになるような新たな提案を作り出す」（サポートスタッフの責任で進める）ことを通して行われるべきだと提案されていた。全ての教職員は、これらの構想に対する提案を決められた期日までに返答をするよう求められた。

しかし実際には、提案のほとんどは総長のオフィスから出てきたもので、教員側からのものではなかった。提案の多くは、MGUの創設の基盤を反映した実践的スキルのトレーニングプロジェクトで、キャンパスで行われているアカデミックなプログラムと並行して進められるものだった。そういう形を取ることで、アカデミックな枠の中で実践的なスキルの獲得に対して学位を授与することができ、さらに実践的スキルのトレーニングは資金源にもなり、大学全体を支えることに繋がるという考え方だった。例えば総長のオフィスは、遠隔学習や生涯学習、コンピューター・スキルトレーニング、そして海外留学プロジェクトなどを発案した。

生涯学習を提供するエクステンションセンターは、MGUが投資した実践的スキルトレーニング・プロジェクトの良い例だ。エクステンションセンターのコースはMGUの在学生だけではなく、幅広く地元コミュニティに開かれていて、他大学の学生も受け入れていた。提供されるコースは実用的なスキルを重視していて、専門学校が扱う内容に近く、それらを専門学校よりもかなり安い費用で提供した。[19] 平均すると一授業あたりおよそ二〇〇〇円から二五〇〇円程度で、大学のコースとは違って入学金を払う必要もなかった。授業は平日の夜間や土曜日に行われ、通常のMGUでの授業と時間が重ならないようになっていた。教えるのはMGUの教員ではなく、外部の講師たちだった。例えば英会話のクラスはECCやYMCAといった大手の企業や組織が講師を派遣した。

これらのコースを受講していたMGUの学生は、一九九〇年代で言う「ダブルスクール」の状態になっていた。就職活動でまず面接に漕ぎつけるために必要な大学の学位を取得するのに加え、これらのコースは、学生たちに就職市場での助けになるような実用的なスキルを教えた。就職先となる企業は、今日でも、大学以外の高等教育機関を卒業して専門技術を身につけたスペシャリストよりも、大学を卒業したジェネラリストを求めていると考えていたため、多くの学生は、単に専門学校へ通うよりも「ダブルスクール」のほうが良いと感じていた。学生は受講するコースをよく考えて選び、そこからしっかりとスキルを学び取ろうとしていた。しかし、エクステンションセンターに関して際立って特徴的だったのは、MGUの教員たちがこのコースについていかに知らないかということだった。ほとんど、一つのキャンパスで異なる二つの大学が運営されているようだった。

MGUで初期に行われたその他の改革の中には、学生獲得に苦しんでいたさまざまなコースの閉鎖も含まれた。例えばドイツ語学科は閉じられ（最後の教授が定年退職を迎えた後、後任を入れなかった）、代わりに「ホスピタリティ経営」や「スポーツ経済」といった、より魅力的なコースを新たに開設した。教育開発支援センターも新設され、先進的な考え方を持つスタッフが配置された。毎月行われる教員開発（ファカルティディベロップメント、略称FD）のプログラムでは、学外のゲストによる講演が行われた。「オープンクラス」月間には、教員が少なくとも三つの他の授業を見て観察し、レポートを書くことになった。国際オフィスの新たなディレクターはハワイから招聘し、留学を希望する学生のためにプログラムを作り、さらに、非常に少なかったMGUに来る留学生の数を倍増させる計画も立ち上げた。カウンセリングサービスも大きく改善、拡大され、専門的な資格のある心理学者やセラピストが置かれるようになった。学生がレポートのライティングなどのスキルについて助けを求めることができるラーニングセンターも開設され、主に退任した教授などが学生を支援した。

しかし、最も大きな変化は、表4-3から見て取ることができるものだ。政府に認可された新入生の定員数は二〇〇九年におよそ一六パーセント削減され、二〇〇〇年から二〇一五年の間でおよそ半分になった。さらに劇的だったのは、二〇〇九年、MGUが年間の学費を突如として二七パーセント以上値下げし、そこから八年間、同じ金額に留めたことだ。こういった変化に加え、フルタイムの教員の数も二〇〇三年から二〇一六年の間におよそ三〇パーセント削減された。

学費の値下げの反応は学生の入学者数に即座に現れ（表4-4参照）、二〇〇六年から二〇〇八年の間に倍増した。さらに定員数が減ったことで、一時は定員数に対する入学者数の割合が四〇パーセントを

表4-3 MGUの定員数、フルタイム教員数、学費の変化（2000〜2018）

年	定員	フルタイム教員数	学費（100万円）
2000	2,750	189	1.720
2001	2,475	218	1.726
2002	2,400	218	1.732
2003	2,325	225	1.738
2004	2,250	219	1.738
2005	2,175	208	1.738
2006	2,175	211	1.722
2007	2,175	210	1.722
2008	2,175	190	1.722
2009	1,825	202	1.248
2010	1,825	193	1.248
2011	1,825	188	1.248
2012	1,825	171	1.248
2013	1,825	179	1.248
2014	1,825	189	1.248
2015	1,380	168	1.248
2016	1,380	160	1.248
2017	1,380	unavail	unavail
2018	1,380	165	1.266

表4-4　MGUの定員、新入生数、定員達成率、合計在籍学生数の推移（1999～2018）

年	定員	新入生数	新入生／定員（%）	合計在籍学生数
1999	2,350	2,803	119.28	11,381
2000	2,750	2,786	101.30	11,276
2001	2,475	2,329	94.10	11,118
2002	2,400	2,289	95.37	10,498
2003	2,325	2,124	91.37	9,901
2004	2,250	1,740	77.33	9,126
2005	2,175	1,396	64.18	8,090
2006	2,175	845	38.85	7,143
2007	2,175	854	39.26	5,791
2008	2,175	1,438	66.11	4,639
2009	1,825	1,654	90.63	4,467
2010	1,825	1,753	96.05	4,718
2011	1,825	1,684	92.27	5,436
2012	1,825	1,311	71.84	6,073
2013	1,825	1,420	77.80	5,868
2014	1,825	1,220	66.85	5,660
2015	1,380	1,282	92.90	5,202
2016	1,380	1,336	96.81	4,893
2017	1,380	1,536	111.30	unavailable
2018	1,380	1,572	115.36	5,423

下回っていたのが、九〇パーセント以上埋められるようにまでなった。

MGUの行った改革がどれほどのものだったかを見るのに最も簡単な方法は、二〇〇四年の状況と二〇一八年の状況を比較することだ。どちらの時期も、ほとんど同じくらいの偏差値のレベル（二〇一八年の偏差値の表では、MGUの平均偏差値は三九を少し下回るくらいで、日本の七五一ある大学の中では下位の四〇パーセントに入っていた）の学生がこの大学に集まっていたが、大学が学生に提供する大学での経験は非常に改善されている。

大学は二〇〇〇年の頃に比べて定員数が一三八〇人（およそ半減）になっても、学生募集にさらに力を注いでいた。一九九〇年代には受験生はMGUのキャンパスまで来て入学試験を受けなくてはならなかったが、今では西日本、九州、四国の一二ヵ所で入学試験を受けることができ、年に六日のオープンキャンパスと、六回の「入試相談会」が設けられている。

大学の隣にあった附属高等学校は、新しい耐震基準に合わなくなったために一度取り壊され、改築された。これによってこの高等学校からMGUに入る学生が増えることが期待された。MGUから独立していた短期大学は四年制大学の一つの学部として吸収され、二年間のコースで学ぶ学生たちを引き受けた。この学部の定員は五〇人で、他の学部よりも少なかったが、短期大学として独立していた時よりもその少なさはあからさまではなくなった。

日本学生支援機構（JASSO）の奨学金を受ける学生は、二〇〇四年にはおよそ二パーセントだったのが二〇一八年には五〇パーセントを超えた。奨学金には二種類ある。一つは、利子がつかないが、対象者は低所得者層だけで、評定平均値が三・五以上の学生向けだ。もう一つは利子がつき、二〇年以内に返済する必要があったが、最初の四年間で返済をすれば無利子となる。返済は卒業後七ヵ月以内に始める必要があった。

MGUのキャンパスにはおよそ一〇〇人の外国人留学生がいる。そのうち四年間のプログラムに属する学生も二〇人ほどいる。二〇〇四年時点ではその数は全体で二〇人にも満たなかった。外国人留学生は主に中国、台湾、韓国からで、日本語での読み書きは他の国から来る人たちよりも簡単にできた。国際オフィスは活動の幅を広げ、学生向けに海外旅行や交換留学の手配などにも力を注いだ。二週間か三週間の少人数グループで行く海外での「学習体験旅行」は、学生が自信をつけ、のちに長期の留学に繫がることが期待された。MGUは今では二三ヵ国にある五九の大学と提携している。多くは交流が休止しているか非常に稀になっている状況だが、それでも毎年およそ三五人の学生が、提携校やその他の大学への一年間の留学をしている。

また、カリキュラム外の活動への支援も拡大された。MGUのスポーツチームは着々と力をつけ、新たな学位プログラムとして加わったスポーツ経済コースは、受験生の競争率も高く、最も人気のあるプログラムの一つとなった。

MGUはもう関西エリアで教員の給与が最も高い大学ではなくなった。教員の定年退職の年齢は多くは七十歳だったが、六十五歳まで引き下げられた。近年では、権威ある国立大学を退職した教授を雇うこともほとんどなくなった。代わりに、専任教員は若くて給与も安い研究者になった。年間給与の中で大きな割合を占めていたボーナスも、二〇一〇年代初頭には一〇パーセント削減され、ボーナス支給の回数は年に三回から二回となった（七月と十二月）。また、学部紀要への執筆で支払われる手当もなくなり、今では紀要はデジタル版でしか出されなくなった。

独身の若い研究者が増えたということは、時に週末も含めて、教員が大学で過ごす時間が増えるということにもなった。これが、学生とのコミュニケーションが改善された理由の一つかもしれない。また、非常勤の教員が大きく増えたことで、教職員用ラウンジの利用が増えた。専任教員が減ったにもかかわらず、非常勤教員は今でも個人のオフィスを持っておらず、彼らは代わりにラウンジを拠点として使っている。新しい専任教員たちの多くは三年から五年の短期間の契約だが、数年の勤務の後に契約を無期限にすることも時には可能だった。

キャンパスにはかつて大勢いた清掃員軍団もいなくなり、以前のようなシミ一つない状態ではなくなった。守衛の数も以前より大きく減った。フロアーの両端に陣取って、訪問者や教授のサポートをしていた派遣の〝OL〟もかなり減り、多くは非常勤の職員となった。久々にキャンパスを訪れた人から見れば、明らかにサポートスタッフが減っていた。同じくらい目立ったのは、女性の事務スタッフが制服を着ることを要求されなくなったことだった。

学生の買い物コストを高くしていた髙島屋の売店はなくなっていた。マクドナルドもなくなり、代わりにキャンパスの料理の質を上げて学生を惹きつけるため、注文を受けてから作る蕎麦屋をオープンさせようとしていた。海外旅行を予約したいスタッフや学生はJTBやJALを使う必要がなくなった。近隣住民や大学関係者に楽しまれていたキャンパスのクリスマスの装飾もなくなった。

表4-4の通り、MGUは今では大きく減らされた定員を満たすことができるようになった。実際、二〇一八年には、その二〇年前と同じくらいの割合で、定員を超える人数の学生を入学させた。しかし、キャンパスにいる学生の合計は二〇〇〇年代前半の頃と比べると半分になった。重要なのは、入学を希望する出願者数の推移が良い方向に向かっているということだ。二〇一八年後半、オープンキャンパスには一六〇〇人以上の訪問者が来た。こういったイベントに一〇〇〇人以上が参加したのは初めてのことだった。二〇一九年には、朝日新聞出版の『大学ランキング』で、二〇一三年から二〇一七年の間で出願者が増加した大学としてトップ一〇〇校に入った。二〇一七年には、一度で適合と認められ、七年間の認定期間を得た。

二〇一八年のMGUは、二〇〇四年や一九九二年の頃とは規模も形も大きく変わった。この期間ずっとMGUにいて難局を乗り越えてきた人たちは、大学が生き延びることのできる場所を再発見したのだという感覚があった。似たような問題を抱えた大学にいたことのある教授によれば、MGUのやってきたことは、定員割れの事態への対応としてはどの大学でも見られるような古典的なパターンだと言う。はじめは一時的な問題だと信じて問題を無視していた。その後、学部の名前を変えるなど、表面的にさまざまな変化を起こした。そして、思いついたことをバラバラに取り入れ（新しいコース、オープンキャンパスの日を増やす、入学ルートの多様化など）、学生を惹きつけようとするも、包括的な戦略には繫がらず、ただただ教員たちは忙しくなるのにそれに見合った成果は出ず、教員の辞職にも繫がった。最終的に、それでも大学に残った教員は、現状を改革して学生の経験を改善させるためにできることを考える意欲が上がり、学生数の減少や給与の削減も受け入れた――という流れだ。

例えば、二〇〇三年と比べると、二〇一八年のMGUが教えることをかなり重視するようになったことは間違いない。学生の授業への出席も重視するようになった。授業を欠席したり遅刻したりする学生も減った。場合によっては、一定の回数を超えて無断で授業を欠席するとそのプログラムの履修を停止するということもあった。授業は一コマ九〇分だったのが一〇五分になり、その間は休憩もない。この変更は、一学期の長さを一五週間から一三週間に減らしつつ、文部科学省が設定した学生との接触時間の最小条件を満たすためのものだった。これには、就職活動により時間を使えるようにするという配慮もあった。

おそらく最も大きな変化は、学生の学習経験をより重視するようになったことだ。学生たちは、授業科目に関係するいくつかの能力によってクラス分けをされることが増えた。例えば、外国語学部以外の学部で行われる英語の授業では、全ての学生がクラス分けテストを受け、能力別グループで授業を受けた。新たに「問題解決型学習／プロジェクトベース学習」（略称「ＰＢＬ」）を重視するようになり、ＰＢＬの授業例を紹介するウェブページも作られた。これらの中には、ＳＤＧｓのワークショップや大学を紹介するラジオＣＭの制作プロジェクトなどもあった。

教授たちは、それぞれ個人のウェブページで自分が担当したＰＢＬについて投稿する。活動の度合いは人によって幅があるが、特に精力的な教授のページでは、複数の活動が紹介されていて、ほとんどは学生の最終学年のゼミのクラスで行われている取り組みだった。学生は既存のビジネスを宣伝するためにソフトウェアを使ってフライヤーを作ったり、地域の動物園の標識の英訳を作ったりした。また、保護活動の資金調達チャリティのためにボランティアをしたり、東日本大震災の爪痕を見るために東北を訪問したり、地域の観光施設について共同報告書を作って改善策を考えたりもした。いくつかのプロジェクトでは、他国からの留学生や、他の学部の学生も関わったものもあった。他大学の学生が加わった例もあった。この新たな形態での教育は、一つには大学からの指示があった結果だと、教授たち自身は話している。そして大学も文部科学省から、アクティブラーニングをより広く取り入れよという指示を受けていた。一方、多くの教授たちは、受験生や学生数が減る中で、授業をより魅力的で効果的なものにしなければと感じていた。

キタムラとカミングス（1972: 307）によれば、歴史的に見て、日本で大学の改革に成功したのは、大学の外の、たいていは国外で起きる戦争や国際的な政治・経済的危機などの「ビッグバン」があった時だけだった。彼らの出した例は、明治時代、第一次大戦後、第二次大戦後の時期だ。彼らの予想（1972: 322-324）では、一九七〇年代の大学改革は失敗すると考えられた。なぜなら、大学は問題を抱えていたが、日本全体で見ればそうでもなかったからで、この予想はおおむね正しかったということは証明された。大学教員たちがホットな状態になるとしたら、それは「ビッグバン」が起きた時くらいだ、と彼らは論じている。ある意味では、二十一世紀最初の一〇年の間に、人口減少が起き、政府が新自由主義的な傾向にシフトするようになったこと、その上に、日本経済の停滞が重なって、「ビッグバン」になったと言うこともできそうだ。しかし、MGUを生き延びさせたもう一つの鍵となる原動力は、MGUが同族経営の大学だったからだということを私たちは論じたい。この生き残りへの戦いは、MGUに通う学生の経験の改善にも繋がった。

第六章で紹介するように、文献によれば、同族経営のビジネスに家族が直接関わると、三世代目で大きく衰退する傾向があると言われる。しかしMGUの場合は、むしろ強化されたと言える。総長の弟が教授になり、理事会の鍵となるメンバーになるだけでなく、総長の三人の息子・娘も、今では資質の高い、尊敬を集める教授となった。一番下の娘はアメリカのトップ大学で学部プログラムを修了した後、同じ大学を卒業した三人の教員と一緒に、MGUで英語だけを使った新たな一年間のプログラムで教えている。外国語を学ぶトップ三〇人の学生だけが履修できるこのプログラムは人気となり、二年間のプログラムに拡大される予定だ。総長の次男は経済学部の教授だ。長男は商学部の教授で、副学長でもあり、家族の三世代目としてリーダーシップをとっている。

註

（1）新たな法科大学院の設立に関する文献は十分たくさんあり、二〇一三年の段階ですでに英語で書かれた関連文献の目録を出版できるほどになっていた（Levin and Mackie 2013 参照）。

（2）科挙が日本にどのように取り入れられ、どのように認知されているかについては、アマノ（1990: 3-20）参照。

（3）すでに多くの人が指摘している通り（例えばHenderson 1997 参照）、司法試験の合格者の中で弁護士になる人は一部でしかないため、この比較は誤解を招くものになっている。一般的には弁護士は訴訟関連の仕事しかしないが、パラリーガルは商業、企業、知的財産、雇用、破産、遺言確認など、西洋諸国の法律家（lawers）が一般的に携わる業務を担っている。

（4）興味深いことに、韓国は日本の例を追って二〇〇九年、学校数と学生数を制限（二五校、二〇〇〇人）して法科大学院を作った（Tanikawa, *New York Times*, 2011/7/19）。これは、学生の七五パーセントが司法試験を通れるようにするための施策だった。結果として、司法試験の激しい競争の場が、法科大学院への入学競争に移っただけだった。

（5）二〇〇六年に古い制度での司法試験に合格した五四九人は、もちろんもっと厳しい競争の中にいた。新しい司法試験制度の受験生の合格率は四八・二五パーセントだったのに対し、古い司法試験の合格率は一・八一パーセントだった。ラムザイヤーとラスムセン（2015: 116-118）は、受験生が新しい試験と古い試験のどちらのルートを選ぶかを決めるためにどのような判断をしたのかを提示している。

（6）この改革による法律家の男女格差への影響はわずかで（表4-1、8列目）、また法律家としての仕事を開始する年齢への影響はなかった。二〇一二年、合格者の平均年齢は二十八から二十九歳で、それは一九八〇年代、一九九〇年代とほとんど変わらなかった（Steele and Petridis 2014: 105）。

（7）アメリカの法科大学院は二〇〇八年以降どこも等しく危機に見舞われていた（*Japan Times* 2015/2/1）。

入学出願数は二〇〇八年から二〇一四年の間に半減している（Gunderman and Mutz 2014）。アメリカの人口が日本のおよそ二倍として、法科大学院卒業生の司法試験合格率がアメリカでは五〇パーセントであるのに対し、日本では二五パーセントだという違いを加味しても、法科大学院卒業者数のアメリカ（約五万人）と日本（五〇〇〇人未満）の差はいまだに非常に大きい（*Japan Times*, Gardner, 2014/11/2）。

（8）法学の未修者が法科大学院に入った場合と、大学法学部で学び法律関係の仕事経験がある者が法科大学院に入った場合の比較については、ローリー（2005: 88ff）とフート（F2013: 413）参照。

（9）ラムザイヤーとラスムセン（2015: 118）が指摘したのは、学生たちが新司法試験の合格率を法科大学院のランク付けに使い始めたこと、および法学既修者よりも未修者のほうが合格率が悪かったことによって、法科大学院が学生募集の際に法学の学位を持っている人を好むようになったことを指摘している。

（10）法科大学院に関する文献は、失敗例に着目したものがほとんどだが、ヒエラルキーのトップに目を向ければ、合格率は非常に高い。例えば、東京大学では毎年およそ二四〇人の学生が司法試験を受け、五年間に許された三回の受験の間に、平均しておよそ八七パーセントが新司法試験を合格している。ある一年で切り取っても五〇パーセント近い合格率を出している。一橋大学ではおよそ八五人の学生と規模は小さいが、結果としては合格率九〇パーセントを超えている。同じく神戸大学は八八パーセント、東北大学は七四パーセント、慶應義塾大学は七二パーセント、京都大学は六三パーセントになっている（Ramseyer and Rasmusen 2015: 133-134）。

（11）法科大学院の卒業生は卒業後五年間しか司法試験を受けられないという規制もあり、皮肉なことに、これらの閉校によって今でも存続している法科大学院での二〇二〇年、二〇二一年頃の司法試験合格率は当初の目標だった平均七〇パーセント（ただし新しい法律家の数は当初の目標三〇〇〇人の半分ほどになるだろうが）に到達することが考えられる。

（12）タナカ（2016: 46）によれば、法科大学院が受けた助成金は学生一人あたり三年間で二〇〇万円ほどだった。この額は、文部科学省が定めた国立大学法科大学院の学費の半分よりやや少ない。自由に学費が決められる私立大学の法科大学院の平均学費の約三分の一に当たる。

(13) タナカ(2007: 201-202)は二〇〇四年に新しい法科大学院が設立された際の法学部から法科大学院へのスタッフの異動を「大移動」と表現している。法科大学院が法学者から支持されているという主張の一つの理由として、新たなポジションが用意され、それはより高い地位の大学に移ることを意味するからだと書いている。サエグサ(2006: 118)は新たな法科大学院のための教員募集のプロセスを「仁義なき戦い」と表現した。

(14) アラカキ(2004: 109-111)が指摘した通り、法科大学院が作られた頃、教員として法学部の年長の教授と引退した法の実践に強い教員を採用したのは、前者は実践の知識に乏しい可能性があり、後者は知識が古いものになっている可能性があるからということだった。

(15) 例えば同志社大学では、新しい法科大学院の教員の平均年齢は五十八歳だった(Nottage 2007: 249)。

(16) 国立大学では授業料が三年間で約二六〇万円、私立大学では三年間で約四〇〇万円を少し超える(Tanaka 2016: 461)。多くの大学は豊富な奨学金を用意していて、特に実力のある学生を獲得するために全額免除の枠まで用意していたが、こういう方策を取らなかったMGUなどの大学はこの状況を日米の貿易摩擦で使われる言葉を用い、「ダンピング」と表現していた。

(17) 夜間授業モデルを完全に取り入れたのは、二〇〇四年に設立され、二〇一五年に閉校となった大宮法科大学院大学だった。

(18) 日本における二〇一〇年代末の法科大学院の立ち位置は、一八八〇年代に初めて法律学校が設立された時の状況と不思議と重なる部分があった。二〇一八年には、法科大学院全体の定員の四三パーセントの学生をたった五校——二校の国立大学(東京、京都)、三校の私立大学(慶應、早稲田、中央)——が占めていた。これらの大学が定員近くまで学生を集めたため、新たな学生の半数近くが集中することになった。存続しているその他の法科大学院のうち専修、明治、法政、関西大学はどれも大学のルーツが法学教育から始まったものである。これらの法科大学院の定員は控えめ（毎年二八人から四〇人の間）だが、二〇一八年、四校どれもが問題ない人数の学生を迎えることができている。法科大学院の数はこれからも引き続き減り続けると考えられる。

二〇一八年には三九校のうち六校では新入生が一〇人未満、一一校で新入生数が定員の半数に満たなかった。

(19) こうしたコースには、TOEIC受験対策、ITスキル、就職活動、公務員試験対策、不動産業、旅行業務、メンタルヘルスマネジメント、デザイン、マーケティング、会計、経営スキル、自己啓発などが含まれていた。

第五章　日本の私立大学のレジリエンス

第三章、第四章で見てきた通り、さまざまな紆余《うよ》曲折《きょくせつ》を経て、ＭＧＵは二〇〇〇年代の極めて危機的な状況から持ち直すことができた。しかし、全ての私立大学が難局をうまく乗り越えられたというわけではない。この章を始めるにあたって、まず定員割れや財政難といったＭＧＵと同じような問題に直面した結果、二〇〇〇年代に立てられた悲観的予想に違わず、最終的にその扉を閉めることになった大学の例を紹介したい。

私立大学の失敗——聖トマス大学の場合

聖トマス大学は、カトリック大阪大司教区が創設した学校法人英知学院が一九六三年に設立した大学だ。当初は英知大学と称し、一九七〇年代から八〇年代にかけて順調に成長をしていたが、二〇〇〇年代初め頃には、十分な学生数の獲得に苦戦するようになっていた。二〇〇四年には学部が縮小され、学部生の定員数が三六〇人から二五〇人に削減された。しかしそれでも不十分で、二〇〇八年の新入生の数は七八人まで減ってしまった（J-CAST 2009）。英知学院は外部の教育系コンサルティング会社に改革プランを依頼した。そこで出てきた提案は、すでにあった三学部を人間文化共生学部として統合するというものだった。従来の伝統的な学問分野を冠した学部名を避け、ポピュラーなテーマを取り入れるという流行に乗った方針だ。それによって異なるカリキュラムや教え方を一つの旗の下に集めることができ、そして政府からの承認も得やすく、受験生にもアピールしやすくなるという考え方だった。

英知大学がカトリック系大学の国際的なネットワークである聖トマス・アクィナス大学国際協議会のメンバーになったこともあり、この構造改革と再ブランディングは、新たな交換留学の機会にも繋がるように構想されたものだった。この国際協議会のメンバーになったのを機に、二〇〇七年度から大学名が英知大学から聖トマス大学に改称された（『産経新聞』二〇〇七年三月三十一日）。また、聖トマス大学は、これからは幼児教育が成長分野だというコンサルタントのアドバイスに従い（日本が少子化の傾向にあるにもかかわらず）、幼児教育の学科を新たに設立した。

この大胆な方針転換には新たなスタッフや設備といった多くの投資が必要で、学校法人英知学院は初めて大きな借金を抱えることになった。だが、この転換は聖トマス大学が再び学生を惹きつけるには効果的ではなかったことがわかってきた。二〇〇九年には新入生は一一〇人しか入らず、大学は深刻に存続を危ぶまれることとなったのだ。そこで、他大学の改革で成功を収めた別の外部コンサルタントの助言を受け、英知学院は一〇年以上かかる大きな改革を構想するに至った。それは、既存の学科を徐々に縮小させ、観光・ホスピタリティの上級プログラムをはじめ、四つの新たな学部を設立するというものだった。しかし、すでに借金があるうえに、さらにこのプロジェクトを進めるには正当な根拠を示すのが難しいほどの投資が必要だということが分かった。未払いの損失は二八億円にのぼり（『朝日新聞』二〇一〇年一月二十三日）、学校法人英知学院は二〇〇九年、翌年度の新入生募集をせず、既存の在学生が全員卒業するか他校へ転出したら大学を閉めるという見通しを発表した。

閉校の予定を発表した少し後、四つの営利大学やその他の機関を世界二〇ヵ国で運営しているアメリカの企業ローリエイト・エデュケーション社が英知学院に関心を持った。現状、窮地に陥っているとはいえ、ローリエイトにとっては設備投資も不要で、全く新しい大学を設立する場合に必要となる制限のハードルも避けられ、ローリエイトの名を冠した大学を得るチャンスだった。日本の教育マーケットへの足掛かりを得る滅多にない好機になる。ローリエイトは英知学院が有する資産や負債も含め運営を引き継ぐための交渉に入った。厳密に言えば、学校法人は企業の所有権のように売り買いすることはできないため、ローリエイトが運営を引き継ぐためには、学校法人を運営するメンバーを、ローリエイトの担当者と入れ替える必要があった。人事の異動は一一回もの打ち合わせを経て達成され、ローリエイトの職員が全員投入されるまでは、二つの機関の中で職員が兼任されていた。

ローリエイトが運営することになった新たな英知学院は、さらに新たな改革計画を立ち上げた。今回は、国際教養学部と健康科学部の二学部の新設計画と、大学名を日本国際大学に改称するというものだった。これらの変更の申請は二〇一一年半ばに文部科学省に提出された。同時に、すでにある負債を増やすことなく、既存のカリキュラムによる学生を無事に送り出して新たな学部を設立するために、大学の所有する土地のおよそ四分の一が売却された。

しかし、ローリエイトによる大学のこの活性化プランは、長続きしなかった。文部科学省が新たな学部設立の申請を検討する段階で、提出書類にいくつかの問題点が見つかった。最も重大だったのは、新たな教員の経歴に関する虚偽の申告が見つかったことだった。文部科学省はこれを重大に受け止めて、二年間は同校からの新たな学部設立申請を受理しないことを決めた。しかし、ローリエイトはそれでも立ち止まらなかった。申請停止が二〇一四年に明けるのに合わせて、二〇一五年に看護学部を設立する計画をすぐに発表したのだ。ただ、この段階で大学の教育プログラムは事実上の終わりを迎えていた。二〇一三年末には、学位取得を目指す学生が一人在学しているだけとなっていた。

新たなプランも実行が難しそうだということが徐々に分かり、二〇一四年後半には、運営者によって、大学は閉校とし、学校法人英知学院を解散すると発表された。その理由は「新学部設置や継続の資金が確保できず、存続が難しいとの結論になった」(『神戸新聞』二〇一四年十一月三日)ためと説明された。しかし、閉校もすぐに実行できるわけではなかった。この時点ではすでにほとんど全員の学生が卒業したり他校に転校したりしていたが、九十三歳の科目履修の大学院生が一人残っていたため、公式には大学は二〇一四年度の間は運営を続けなければならなかった(*Christian Today* 2014)。この学生の履修登録が二〇一五年の三月にようやく終了して、大学は正式に閉校となり、学校法人英知学院も解散となった。日本の報道メディアはこの奇妙な一連の出来事に大きく関心を向け、大学をあわれな入院患者のように描き出した。たとえて言えば、初めは医師が匙《さじ》を投げ、蘇生のための最後の一手で失敗し、そして最終的には、患者が亡くなっても、その体を霊安室に運ぶことを拒否されたようなものだ。

「閉校は容易なことではない。必ず痛みを伴う」。これは、英知学院を救うための最後の土壇場の追加投資依頼に対して、投資を断った人が慰めでかけた言葉だ。それからは、閉校の準備を進める英知学院の運営チームの中で、大学の教職員の今後の身の振り方が主な話題となった。終身雇用が当たり前だったセクターの中で、これから新たな就職先を探さなくてはならないのは経験のないことだったし、嬉しくもないことだった。二〇〇九年、閉校のアナウンスを出した直後に行われた経営陣と大学職員組合との集団交渉は、非常に厳しいものとなった。ローリエイトに引き継がれた後も存続していた組合は、大学が閉校となるその時まで雇用が継続されることを求めたのだ。最終的には、組合はその要求を通すことができず、大学スタッフはたった一人の学生のために必要な教員と職員の最低限まで減らされた。そして大学は閉校となった。今ではキャンパスは教育やスポーツ、公共福祉の施設となり、同窓会の定期的な会合も開かれている（*Sapientia Alumni Association* 2018）。

聖トマス大学の苦痛に満ちた死は、マネジメントの失敗だけを理由とすることはできないが、MGUでは見られなかったようなマネジメントの有り様も見出せる。例えば、変革を求めて外部の専門家を頼ったこと、伝統的な学問のアイデンティティを手放し、急激な学部再編をよしとしたこと、資産の一部を売却し、組織のコントロールを手放すことを受け入れたこと、文科省に無益に終わる申請を試みたこと、職員の忠誠心や地域のサポートなどを有効活用できないままであったことなどが挙げられる。まとめるなら、聖トマス大学には、MGUのような大学が持っていた「元来備わった柔軟な回復力（レジリエンス）」が欠けていたと言える。すなわち、既存の方針に与える混乱を最小限に留めて内部で問題を解決しようとする傾向から生まれるレジリエンス、一大学を超えて教育機関ネットワークによって財務上の相互補助ができることによるレジリエンス、地元ビジネスとの強い繋がりと、アカデミックなアイデンティティの確固とした自覚、そして何より、学校法人を存続させることを最優先事項にするという考え方を持っていたかどうかということだ。こういった特徴が、MGUのような同族経営の大学には明確に表れている。

対応のパターン

第一章で扱ったように、二〇〇〇年代初頭には一五〜四〇パーセントの私立大学、つまり二〇〇四年段階で五四二校あった私立大学のおよそ八〇〜二一五校が閉鎖となると予想されていた。しかし実際には、聖トマス大学のような事例はMGUのような例に比べると圧倒的に少なかった。以下で説明するように、二〇〇〇年代以降で完全に姿を消した私立大学は、聖トマス大学を含む一一校だけだったのだ。姿を消した私立大学はそれぞれが興味深い物語を持っているが、より重要なのは、残った九八パーセントの大学が存続のために何をしたかを解き明かすことだ。だから、ここからは私立大学が二〇〇〇年代に起きていた危機にどのように対応したのかを検討し、全体を見た時になぜそれが成功したのかを示す。後の考察にそれが生きてくることになる。

大学の解散

表5―1は二〇〇〇年代初頭に存在していた大学の中で、二〇一八年までに閉校となった一一の四年制大学のリストだ[1]。実際のところ、学校法人そのものまで畳むことになったのは一一校中三校だけで、本章の冒頭で見た聖トマス大学と、立志舘大学、創造学園大学がそれにあたる。立志舘大学と創造学園大学は会計の不正や学校法人運営者の不祥事が発覚したことにより解散に至った。

他の八校では、学校法人は存続し、中等教育機関や他の提携学校の運営を続けている。中には、廃校となった大学の敷地と設備を使って新たな大学を設立した例もある。工学部の単科大学で極端な定員割れに至り、二〇一一年に廃止となった東和大学がその一つだ。運営にあたっていた同族経営の学校法人純真学園は、二校の短期大学と高校の経営を続けていて、二〇一一年に東和大学が廃止となると同じ土地に看護師と医療技師を育てるための大学を新設した。もう一つのアプローチは、神戸夙川《しゅくがわ》学院大学を運営していた学校法人夙川学院の例だ。この事例では、問題は定員割れや学費による収入の減少というよりは別のところにあった。夙川学院の持つ資産のかなりの割合がデリバティブ市場に投資されていて、二〇〇八年の金融危機によって被った損害のダメージが大きかったのだ[2]（『産経新聞』二〇一四年四月十八日）。神戸夙川学院大学は二〇一五年に廃止となったが、学校法人夙川学院は、廃止となった大学の学生や職員、そしてカリキュラムを近隣の神戸山手大学に引き継ぎ、観光学科として新たな学科を作ることを神戸山手大学と合意した。学校法人夙川学院は、

表5-1　私立大学の廃止（2000〜2018）

	大学名	大学創立年	廃止	現在の状況
1	立志舘大学	2000（短大から大学へ転化。創立当初は広島安芸女子大学という名称）	2003	大学は廃止。学校法人は解散。キャンパス設備は広島文化学園大学が使用
2	福岡医療福祉大学	2002（2008年までは第一福祉大学という名称）	2014	大学は廃止。学校法人（同族経営）は他の多数の大学や学校を継続して運営
3	東和大学	1967	2011	大学は廃止。2011年からは同じ学校法人（同族経営）が同じキャンパスで新たな大学（純真学園大学）を運営
4	創造学園大学	2004（短大と専門学校の合併）	2013	大学は廃止。学校法人は文部科学省によって解散
5	神戸ファッション造形大学	2005（短大から大学へ転化）	2013	大学は廃止。学校法人（福冨学園、同族経営）は神戸ファッション専門学校の経営を継続
6	三重中京大学	1982（2005年までは松阪大学という名称）	2013	大学は廃止。学校法人グループ（梅村学園、同族経営）は他の大学と学校の経営を継続
7	愛知新城大谷大学	2004（新城市による公設民営）	2013	大学は廃止。学校法人（尾張学園）は高校の経営を継続
8	神戸夙川学院大学	2007	2015	大学は廃止。学校法人（夙川学院、同族経営）は短大と学校の経営を継続
9	聖トマス大学	1963（2007年までは英知大学という名称）	2015	大学は廃止。学校法人は解散
10	東京女学館大学	2002（短大から大学へ転化）	2017	大学は廃止。学校法人（東京女学館）は初等・中等学校の経営を継続
11	福岡国際大学	1998（短大から大学へ転化）	2019	大学は廃止。学校法人（九州学園）は短大と幼稚園の経営を継続

引き続き二年制の短期大学と幼稚園、そして中学校・高校の運営を続けた（中学校・高校は、二〇一九年、他の同族経営の学校法人である須磨学園に譲渡された）。

これら廃校に追い込まれた事例と、廃校を免れた他の大学（つまり、表5-1には載っていない大学）の事例との間にはっきりとした線を引くのは難しい。とはいえ、存続している大学はいずれも、生き延びるために大きな変革の過程を経ている。プール学院大学（現・桃山学院教育大学）と萩国際大学（現・至誠館大学。本章の後で詳細を説明）の二校は、特に注目に値する。一旦ほとんど（あるいは完全に）廃校になったものの法律上は存続したというこれら二校のケースからは、MGUでもそうであったように、一般的に大学の破綻は複数の財源を持つ学校法人全体にとっては致命傷にならないということが分かる。

聖トマス大学の事例でも見た通り、日本で大学を廃校とするのは、稀なだけではなく非常に難しいことでもある。ほとんどの場合、文部科学省は、最後の学生が卒業するまで大学運営を続ける形で大学が自ら廃止申請を出すよう求めている。しかし、いつでも計画通りに事が進むとは限らない。東京女学館大学は二〇一二年に新入生の受け入れを停止し、最後の学年が卒業する二〇一六年に大学を廃止する計画を立てていたが、卒業要件を満たせなかった学生が数多く出たため、さらにもう一年間、大学運営を続けなければならなくなった（『朝日新聞』二〇一六年二月二十八日）。先述の夙川学院大学の例のように、時には、大学が残った学生を受け入れてくれる近隣の他大学を見つけることに成功することもある。大学の廃校が急に決まった場合には、学生は転校せざるを得なくなる。立志舘大学が不正会計のスキャンダルで廃校となったのがその例だ。このケースでは、近隣の呉大学（現・広島文化学園大学）が残った学生を受け入れ、今ではもともと立志舘大学のキャンパスがあった場所を広島文化学園大学のキャンパスの一つとして使っている。

学生が残っているにもかかわらず、文部科学省が大学の廃校を求めたケースもあった。すでに触れた創造学園大学がそのケースだった。文部科学省は学校法人に対して解散命令を出し、二〇一三年春に最終学年を迎えていた四五人の学生の卒業を待って学校法人を解散させた。だが、この時、下の学年の一〇六人の学生はまだ在学中だった。当局は残った学生たちが入れる他の大学を熱心に探したが、いよいよ大学が解散という時になっても、三人の学生が編入先を見つけられなかったという報道があった（岡本 2016: 55、文部科学省 2012）。

大学の統合

他の大学との統合は、完全な廃校と比較すれば、大学のアイデンティティは失われるとしても魅力的な選択肢と考えられるだろう。学生やスタッフの行く末はある程度確保でき、大学としての連続性も多少は保つことができる。同時に、それまで多くかかっていた大学職員の給与を統合によって引き下げることもできる。しかし、二〇〇〇年以降の時期で私立大学の統合は九件しかなかった（表5－2）。同じ時期、日本の国立大学の間では統合が広く行われていたことを考えれば、私立大学の統合が九件だけだったというのは非常に少ないと言える。戦前や戦後、大学システムが作り上げられた日本の高等教育の激変期には、大学の統合の波が起きていた[(3)]（Hata 2004, 本書第2章も参照）。さらに、二〇〇〇年代に行われた私立大学の統合は、必ずしも存続のための最後の手段とし

表5－2　私立大学の合併（2000～2018）

	大学名	大学創立年	廃止	現在の状況
1	**大阪国際女子大学**	1965（1992年までは帝国女子大学という名称）	2002	大阪国際大学に吸収合併（同じ学校法人内、同族経営）
2	**共立薬科大学**	1949	2008	慶應義塾大学に吸収合併（学校法人は解散）
3	**北海道東海大学**	1977	2008	東海大学に吸収合併（同じ学校法人内、同族経営）
4	**九州東海大学**	1973	2008	東海大学に吸収合併（上記と同じ）
5	**聖和大学**	1964（1981年までは聖和女子大学という名称）	2013	関西学院大学に吸収合併
6	**聖母大学**	2004（短大から大学へ転化）	2014	上智大学に吸収合併
7	**浜松大学**	1988	2016	常葉大学に吸収合併（同じ学校法人内、同族経営）
8	**富士常葉大学**	2000（短大から大学へ転化）	2018	常葉大学に吸収合併（上記と同じ）
9	**北海道薬科大学**	1974	2018	北海道科学大学に吸収合併（同じ学校法人内）

て行われたものばかりでもない。少なくとも統合をした三校（聖母大学、共立薬科大学、聖和大学）は、入学者数の問題も抱えておらず、戦略的な見地から、より著名な総合大学に加わった。例えば聖和大学は、親族的な繋がりがあり、キリスト教のメソジスト派であるという共通のバックグラウンドがある中での統合だと報道された（『産経新聞』二〇〇六年一月二十日）。市川太一（2007: 205-206）が記述したように、一九九一年の規制緩和後の環境では、大学の統合は構造的なデメリットもあり、複雑でもあった。それよりは、既存のコースのクリエイティブな再構築のほうがずっと魅力的だと思われていた。[4] 多くの大学設立者や経営者にとって、大きな大学に統合されるということ

とは、経営上は理にかなった選択肢だったとしても、彼らは自分たちの大学のアイデンティティを保ち、独立した存在であり続けることに強い責任を感じていたため、それを失うことを恐れていた、と市川は言う。そして私たちは、同族経営の大学の場合は特にこの存続を望む力が強いと論じたい。

一方、大学統合の例が稀であることとは対照的に、両角(2016)は、中等教育機関を運営する学校法人と大学を有する学校法人との間の「垂直」の戦略的統合が行われる傾向にあると論じている。その例としてあげられたのは、堺高等学校を運営する学校法人清陵学園が、大阪商業大学などを運営する同族経営の学校法人、谷岡学園に統合された事例だ。これらの縦方向の統合は大学を抱える学校法人の歳入を増やすことが目的だが、さらに、中等教育機関からの推薦を通して大学への入学者数を増やすことにも繋がる。それによって大学は、一般入試で入ってくる学生への依存度を下げ、受験生全体の数が減ったとしても、入学試験の合格点数を引き下げる必要がなくなり、大学の偏差値ランキングへの影響も避けることができるのだ。

公立大学への転換

さらに八校の大学は、地方自治体から投げられた命綱をつかみとり、私立大学から公立大学へと転換している(表5-3)。受けられる公的助成金が増し、それによって学費を下げることもできて、これらの大学は定員割れの危機を脱する道を得た。最初の公営化の例となった高知工科大学が二〇〇八年にその転換を発表すると、報道メディアは、破産の危機に瀕《ひん》した私立大学にとってこれは「最後の砦《とりで》」となる生存戦略として一般化していくだろうという論調で報じた(例えば『朝日新

表5－3　私立大学の転換（2000～2018）

	大学名	大学創立年	廃止	現在の状況
1	**高知工科大学**	1997（高知県による公設民営）	2009	公立大学となり運営継続
2	**静岡文化芸術大学**	2000（静岡県による公設民営）	2010	公立大学となり運営継続
3	**名桜大学**	1994（沖縄県といくつかの自治体による公設民営）	2010	公立大学となり運営継続
4	**長岡造形大学**	1994（長岡市による公設民営）	2014	公立大学となり運営継続
5	**鳥取環境大学**	2001（鳥取県と鳥取市による公設民営）	2012	公立大学となり運営継続
6	**成美大学**	2000（短大から大学へ転化。2010年まで京都創成大学という名称）	2016	公立大学となり運営継続（福知山公立大学として）
7	**山口東京理科大学**	1995	2016	公立大学となり運営継続（山陽小野田市立山口東京理科大学として）
8	**長野大学**	1966（長野県の塩田町による公設民営。1974年まで本州大学という名称）	2017	公立大学となり運営継続

聞』二〇〇八年二月二十二日参照）。実際、公営化された大学にしてみれば、そもそもが公設民営モデル（本書第二章参照）で設立された大学であり、設立資金も地方自治体から出資されていたため、公営化は自然な流れだったとも言える。地方自治体は、自力では大学を運営するための財源やノウハウを持っていないか、あるいは当時の公立大学の構造上、独立した運営のための自由度が十分でないといった理由で、この公設民営大学のモデルがよく採用されていた。国立大学の構造に似ている準法人企業的な公立大学の構造を取り入れることで、「私立」の要

素は多かれ少なかれ損なわれていた。

新たな市場の創造

あの危機の中、実際に廃校となった私立大学がこれほど少なかったのだとしたら、生き延びた大学は何をしたのだろうか。端的な答えとしては、大半の大学が、MGUと同じことを行った、ということになる。規模を縮小し、提供するコースに手を入れ調整し、縮小しつつある高校卒業生の市場を深く掘り下げた。これらの動きについてはある程度詳細に検証する。しかし、こうした策は、高校卒業生数の減少への対応として大学が行う施策としてはもともと全く予測されていなかった、ということを念頭に置かなければならない。

本書の第一章でも論じたように、私立大学セクターは、従来とは異なる年齢層に目を向け、クリエイティブなビジネスモデルを探さざるを得ないことになるだろうと考えられていた。減少する高校卒業生の代替策として広く考えられていたのは、社会人学生や遠隔学習者、海外からの留学生といった層を市場として探すこと、また研究費を増やすために産業とのパートナーシップを求めていくようになるだろう、とも言われていた。何しろ、アメリカとイギリスの大学は、こうしたアプローチによって、一九七〇年代と八〇年代に起きた人口変動を乗り切ったという事実がある。さらに、二〇〇〇年代初頭の規制緩和によって、新たな専門分野に特化した大学院の学位を開発したり、株式会社のビジネス構造を活用して、大学経営にもより企業的なアプローチを追究したりする可能性が生まれた。しかし、このように予想されていた改革がいかに進まなかったか、それは驚くべきことだ。

二〇一八年の時点で、私立大学の運営構造としては伝統的な学校法人が今も一般的だ。学生からの学費が主な歳入源になり、高校を卒業した学生向けに教室で授業をするという形式が今でも主流のモデルとなっている。私立大学の歳入の内訳は二〇〇〇年から驚くほど変わっていない。七五パーセントから八〇パーセントが学生からの学費で、一〇パーセントが公的な助成金、そして残りが資産の運用や寄附、そしてビジネスによる収入だ。ビジネス収入は大いに期待されたが実際にはおよそ二パーセントに留まっていて、一九九〇年代の頃からほとんど変わっていない（日本私立学校振興・共済事業団 2018c）。

研究による収入は増えているが、産業界との契約についても（二〇一六年：私立大学は一五三億円、国立大学は四四一億円：文部科学省 2018e）、政府からの研究費助成である科研費についても（二〇一七年に新たに授与された科研費：私立大学は一二三億円、国立大学は四〇四億円：文部科学省 2017d）私立大学セクターはいまだにこの分野では国立大学に後れを取っている。さらに、規制緩和策も、ビジネス界からの大学セクターへの新たな参入を呼び込むことができずにいる。株式会社立の大学は八校しか設立されず、今では四校しか残っていない。二〇〇七年以降、新たな株式会社立の大学の設立もない。

二〇〇〇年代には期待される存在であった大学院や生涯学習、留学生の学生市場をもう少し詳細に見ていく。大学院教育は大きな改革テーマの一つで、第四章で触れたような法科大学院の設立や他の専門職的な学位、そして博士課程の改革といった鍵となる構想があった。また、留学生の呼び込みのプロモーションも大々的に行われ、一九八三年以降は留学生受入れ一〇万人計画、二〇〇八年からは同じく三〇万人計画と、キャンパスの国際化が提案された。この分野を前に進ませたのは政府からの支援だけではなかった。高度な資格を持つ人材と大学教育でのトレーニングに対する雇用側の期待が高まり、同時に、学生の移動が世界規模で非常に大規模化し、特にアジアにおいて日本の大学教育の新たな需要ができていくだろうと期待されていたのだ（Breaden 2018, Ota 2014）。

しかし、これらの市場はどれも予想されていたほどは拡大しなかった。日本の大学の学生のほとんどは今でも学部レベルのプログラムに属していて、二〇一八年には、学生の八九パーセント、私立大学セクターに限れば九五パーセントが学部レベルだった（文部科学省 2018a）。また、大学の学部に入学する学生の平均年齢はいまだに十八歳で、ＯＥＣＤ諸国の中でも最も低い年齢だった（OECD 2018b）。二〇〇〇年代初頭の改革により、大学院生の数は増えた（二〇〇〇年には二〇万五三一一人だったのが二〇一一年には二七万二五六六人）が、その数は再び減り始め、二〇一八年には二五万四〇〇〇人を少し超えるくらいの数になっていた（文部科学省 2018a）。大学院生の中で最も大きな割合を占めるのが工学部修士課程（四一パーセント）で、医学・歯学の博士課程（二九・一パーセント）が続く。人文科学（修士課程で六・三パーセント、博士課程は七・三パーセント）と社会科学（修士課程で一〇・〇パーセント、博士課程で七・九パーセント）はどちらも学生数が少なく、それらの学科は、非エリート私立大学セクターが最も提供している分野でもある（文部科学省 2018a）。

さらに、大学院課程をスタートする平均年齢もＯＥＣＤ諸国の中では日本が最も低い（OECD 2018b）。大学院への進学が拡大したとはいっても、旧来と異なる新たな世代を学生として開拓できたというわけではなかった。修士課程で学ぶ学生のうち社会人学生と分類されるのは一二パーセントしかいない（文部科学省 2018a）。学部レベルに関しては、異なる年齢層の学生を入れることについてはほぼ全体的に失敗していて、二〇一八年に新たに学部生になった学生の中で二十一歳以上だった学生は二・四パーセントしかおらず、二十四歳以上の学生は〇・六パーセントしかいなかった（文部科学省 2018a）。

アメリカで一九七〇年代に人口動態に変動が起きた時に大学を救った二つの学生市場は、パートタイム学生と社会人学生だが（Kelly 1999）、日本の大学に関してはこれらの学生について触れられることは稀だ。日本の平均的なフルタイムの学生たちがすでに週に一四時間以上も学外で働いている（Inaba 2016:82）ことを考えると、パートタイムの学生というのはどうなるのか、想像しがたい。日本のほとんどの組織に当てはまることだが、雇用を長期的な観点から見れば、フルタイムで働いている人がキャリアを中断するのは歓迎できないことと考える。企業内でのキャリア教育を好むほとんどの日本の企業は、キャリアの中断を推奨していない。主婦層などのように非正規雇用や無職の人にとっては、朝日カルチャーセンターや、外国語会話教室、そしてファイナンシャルプランニングからペット心理学まで目がくらむような幅の広さの資格を習得できる機関があり、大学以外にも多様で魅力的な選択肢がある。これらの選択肢は大学で学位を取るよりもずっと安く、柔軟性もある。大学で学位を取ったところで、結局は、企業は今でも社員教育をしやすい新卒一括採用を好んでいるため、就職の機会を高めることには繋がらないのだ。

同じような状況とはいえ、学生の呼び込みにより成功しているのは海外からの留学生だ。日本に来る留学生の大半は母国政府の助成を受けるよりも自費で来ていて、ほとんど（学部レベルの留学生八三パーセント）は私立機関に属している。つまり、私立高等教育機関は、拡大を始めたグローバルな学生市場において、学費を払ってくれる、国際的に移動する学生を少なくともある程度は獲得できる方向に動き始めたと言える。一部の大学（たいていは小規模で、ランキングが低い）では、入学者の減少を穴埋めして大学を存続させられるだけの留学生を獲得できるようにしている。例えば日本経済大学は学生の七〇パーセント以上が海外からの学生だ。政府からの私立大学向けの助成金への申請もしていない。[5] 日本に来る留学生全体の数は二〇〇〇年から二〇一八年の間におよそ六万四〇〇〇人から三〇万人へと成長したが、この成長の多くは大学以外のセクターで、主に日本語学校と職業学校が占めている（日本学生支援機構 2019）。大学の学部レベルでは留学生の数はおよそ二万八〇〇〇人から八万五〇〇〇人へと成長している。それでも日本の大学の学生全体の中で約五パーセントを占めるだけに留まっている。[6] 私立大学の三分の一では留学生が一人もいない。

大学の国際化に関しては、日本の高等教育の地位を世界的に押し上げ、エリート層を育成するため、政府からのサポートは「グローバル30」や「スーパーグローバル大学」の施策などの主力事業を中心に圧倒的にエリート大学に集中していた（Breaden 2018）。しかし、それが学費収入に繋がるかどうかは重要な関心事にはほとんど入っていなかった。ホアンとホリウチ（2019: 14）が示すように、「日本の大学の国際化は市場の原理を第一の原動力としているのではなく、大学が非商業的であることを強く示し、学問的、文化的な価値と国際的な公益に重点を置いている」。この傾向の中、海外からの留学生を歳入源の代替として頼れるように拡大させてきた私立大学が、多少、疑念の目で見られることになったのは避けられないことだった。大学が、いわゆる「出稼ぎ留学生」の不法な入国の窓口と思われてしまった場合の影響を考えると、留学生に頼るのは明らかにリスクのあることだ。特に世間の注目を浴びた事例は東京福祉大学だ。二〇一九年初め頃、過去三年にわたり一六〇〇人以上の海外留学生が所在不明になっていたことが明らかになったのだ（*Japan Times* 2019/6/11）。大学は、学費を払うが学位取得を目指さない留学生を多数入学させるというビジネスモデルを追求していて、入学の条件は最低限で、学業面の成長もあまり気にしていないということが明らかになった（NHK 2019）。こういった事実が大々的に報道されたことによる大学の評判への影響を過小評価することはできない。過去には、学生の募集に苦労していた山口県の萩国際大学が、中国からの留学生呼び込みに大きく頼ることになったという事例もあった。中国人留学生が大学で勉強をするよりも街中に働きに出ていることが明るみに出て、二〇〇三年、入国管理局が萩国際大学の中国からの新入生全員のビザを取り下げるという異例の措置が取られた。萩国際大学は国際教育の商業化という悪評がつき、その影響は入学者数にすぐに影響した。二〇〇四年に入学した一年生は二二人で、二〇〇五年には四二人、そして二〇〇六年には三人だけだったと報じられた[7]（*Japan Times* 2005/6/21,『読売新聞』二〇〇七年二月一日）。

こうしたリスクに加え、文化的、言語的、そして制度上の障壁によって、留学生の受け入れは人手を重視する労働集約的な方針に拍車をかけている。また、他の主要な留学先となる国々とは違い、高額な学費を取ることでリスクを穴埋めすることもできなかった。日本の大学は全体的に、海外からの留学生を惹きつけるために授業料の減免をしている。そして、特に大きな減免をしているのは、日本国内から学生を集めるのが非常に難しくなっている地方の大学だ。例えば、地方の私立大学に通う留学生は、平均して一般学生に比べて授業料を七三パーセントしか払っていない（佐藤由利子 2018: 185）。こういったことがあるため、国内の学生の市場が縮小している問題への解決策として留学生の募集を採用するのは難しいことなのだ。

規模縮小、移転、再ブランディング

高等教育セクターに属する人々の多くは、今でも大学運営をビジネス的に考えることをひどく嫌う。しかし、特に私立大学の場合、ビジネス的に考えないことのほうが率直さに欠けるようにも見える。二〇〇〇年代初頭、出願する受験生の数が急落した際に大学が行ったことの中で、最も広く見られ、そしておおよそ成功した改革は、自分たちのビジネスモデルの、大学の特性に関わる比較的マイナーな調整だった。聖トマス大学のように、外部のコンサルタントが呼ばれ、改革のアドバイスを求められるケースもあったが、必ずしも成功するとは限らなかった。アドバイスは非常に多岐にわたっていたが、多くは、大学が行っていた慣習に対応した方向性のものだったと言える。

一貫して見られた二つの対応策は、学費の見直しと、非常勤の教員の割合を増やすことだった。前者は平均的学費に合わせて見直され、全体的には非常にわずかではあったが上がり続けていた。私立大学の年間の学費の平均は一九八六年から一九九五年にかけて四六パーセント上がり、一九九六年から二〇〇五年の間には一二パーセント増、二〇〇六年から二〇一五年にかけては四パーセント弱増えている（文部科学省 2017e）。非常勤の教員を増やす傾向は、私立大学の兼務教員の割合か

ら見て取れる。一九九〇年代には半数以下だったが、二〇〇八年には五七パーセントを超えている（文部科学省 2018a）。国立大学を退職した上位の（そして高額な）教員を雇う慣習は廃れてきていて、いくつかの国立大学では教員の定年退職の年齢を上げざるを得なくなっている。その前の一〇年では私立セクターでより報酬の良いポストに就けたため、国立大学の教員の定年退職年齢は安定的に低く設定されていた。しかし国立大学に所属する六十五歳以上の教員の数は、二〇〇四年から二〇一六年にかけて三倍に増えている（文部科学省 2018f）。

私立大学セクターは、二〇年前と比べてほとんど変わりない面が多い一方で、一つ大きく変わったのは、大学の規模だ。二〇〇〇年の段階では、四七八の私立四年制大学に二〇〇万人の学生が所属していて、一校あたりの平均の学生数は四二〇〇人ほどだった。二〇一〇年になると、五九七校の私立大学に二一〇万人の学生が所属していて、一校あたりの平均の学生数は三五〇〇人程度になった。平均の学生数は一五パーセント下がったが、全ての大学が一様に縮小したというわけではない。

二〇〇〇年代初頭、入試の偏差値が高い大学で見られていた現象は、一九九二年以降、高校卒業生の数が減っているにもかかわらず、出願率が上がり続けていたことだった。この、直感とは逆の傾向については、一九九二年以降、高いランクの大学を志望して不合格になった受験生が、「翌年ならば高校卒業生の数が今年より減っているから再挑戦する価値があるかもしれない」と自分に言い聞かせているからだ、と一般的には言われていた。しかし、彼らにとって残念なことに、他の多くの受験生も全く同じことを考えていた。そのため、結果としてそのような高ランクの大学の志望者は減るどころか増えていたということだった[8]（『朝日新聞』二〇〇七年二月二十一日）。受験生たちの出願数は減るだろうと予測されていたにもかかわらず、正味の結果（net effect）を見ると実際は増えていた（二〇〇〇年には四・五六だったのが二〇〇七年には五・一になった。『読売新聞』二〇〇八年一月十九日）。例えば早稲田大学では、二〇〇〇年に比べて二〇一八年のほうがより多くの出願があった（代々木ゼミナール 2018）。そして反対側の例を見れば、定員割れを起こして合否判定の偏差値を算出できない大学に対して、予備校産業が「ボーダーフリー（BF）」という新たなカテゴリを作ることになった。

MGUの事例で見たように、二〇〇〇年代初頭、出願数の急速な減少に合わせて、大学全体の規模が縮小されるのと同時に、入学定員数の縮小も起きた。一つには、定員割れを起こすことが大学の評判に傷をつけるのではないかという恐れがあったからだった。定員割れとなった大学は、さらなる入学者減少のリスクを恐れて、選抜を厳しくすることができなかった。そのことで偏差値を基準にしたランキングでさらに低い地位に落ちてしまうかもしれず、そうなれば、新たな受験生の呼び込みにさらに悪影響を与えることになってしまう。一九九〇年代後半、大学の崩壊のシナリオが広く語られるようになると、定員割れは、大学の経済的な不安定さだけではなく、教育のレベルの低さのイメージにも結び付けられるようになった。定員割れを起こしている大学は、受験を控える生徒たちに対して、魅力的で安心できる進路としてアピールするのが非常に難しくなった。

大きな定員割れを起こしている大学は、文部科学省の私立大学助成金に関するルールによって制限を受け、改革をしたくても得られる資金が非常に限られていた。定員の九〇パーセントを満たせ

表5－4　私立大学の定員割れと経済難

	1998年	2008年	2018年
調査大学数	439	565	582
定員100%超の大学	404（92.0%）	299（52.9%）	372（63.9%）
定員の80～100%の大学	26（ 5.9%）	112（19.8%）	145（24.9%）
定員の50～79%の大学	8（ 1.8%）	125（22.1%）	54（ 9.3%）
定員50%未満の大学	1（ 0.2%）	29（ 5.1%）	11（ 1.9%）
全体の運営収支バランス	＋19%	＋5%	＋4%
赤字の大学の割合	11%	32%	30%

註：収支の数値は2017年のデータを使用（入手可能な最新のデータ）。文部科学省はこれらの数値を算出する際、新入生募集を停止した大学、民間企業が設立した大学、遠距離教育や大学院コースだけを提供する大学は除外している。
出典：文部科学省2018b、私学事業団2018a（入学者データ）、文部科学省2015、文部科学省2018b、私学事業団2018c（収支）

ない大学は助成金の減額の対象となり、定員割れの度合いに応じて減額の割合も増える。定員の五〇パーセントを切ると助成金が全額停止となった(9)（文部科学省 2018g）。文部科学省は、定員割れの大学に対して寛大な助成はしないという態度によって、そういった大学は標準を満たしていない、公的なサポートを受ける価値のない大学だという考え方を制度として示した。そうした大学はそれによってさらに評判に傷がつき、悪循環に陥った。大学にとって悪循環から抜け出す唯一の方策は、定員数自体を減らすことだった。二〇〇八年から二〇一八年にかけて全体的な支出のバランスは悪化しているにもかかわらず、定員割れを起こしている大学の割合がその期間で減っているという、一見矛盾して見える状態も、この定員数の削減が一つの説明になる（表5－4参照）。

もう一つの重要な要素は、大学施設の移転だ。一九六〇年代、人口の増加に合わせて政府が東京、大阪、名古屋といった大都市圏に大学を設置することを制限をする法律を作ったため、多くの大学がキャンパスを郊外に移設しなければならなくなった。この制限は大都市圏の人口増加のプレッシャーが緩んだ二〇〇二年にようやく解除され、大きな大学は都市部にキャンパスを戻すために大きな投資をした。政府は、例えば東京の大学に対して、二〇〇〇年から二〇〇九年の間で一〇パーセント、施設設置の枠を増やした。

キャンパスの移転によって、それまでは郊外と都心にキャンパスが分かれていたのが一ヵ所のキャンパスに全ての学生が集まれるようになったケースもあった。MGUの事例で見たように、キャンパスが都市部にあることは、学生がアルバイトに通いやすくなるため、重要なことだった。すでに見た通り、日本の大学生は平均して週に一四時間アルバイトをしているため、キャンパスの所在地は些末《さまつ》な問題とは言えなかった。名古屋地域で経済学や経営学を専門にしている複数の大学を比較した研究によれば、二〇〇〇年代初頭にキャンパスの移転をした大学は、偏差値平均がかなり上がったということが分かっている。キャンパス移転した名古屋学院大学、愛知大学、愛知学院大学は二〇〇四年から二〇一三年の間にそれぞれ偏差値の平均がプラス八ポイント、プラス四ポイント、プラス四ポイント上昇し、移転をしなかった名古屋経済大学、名古屋商科大学、名城大学は同じ時期にそれぞれ平均の偏差値がプラス二ポイント、プラス一ポイント、そして名城大学はマイナス一ポイント変化している(10)(Inaba 2016: 73)。

入学者数減少という課題に対応するために、規模や施設立地を変えたのに加えて、大学は学生に提供するコースにも変更を加えている。キンモンス(2015: 112)は、二〇〇〇年代初頭に急増した流行のコース名の言葉に着目し、特に「情報化社会」「国際化」「環境」「福祉」「人間科学」がよく使われていることを指摘している。新たなコースは、内容的にも本当に新しいものであるケースもあったが、中には既存のコースを単に微調整して、より良く見せようとしただけの例もあった。本書の第二章で、カリキュラムの多様化は一九九一年にコース新設の基準が緩和されたことと、二〇〇〇年代初頭に行政への報告のシステムが簡素化されて一部の承認のための要件が削除されたことによるものだと説明した。イナバ(2016: 62)は、文部科学省による学校基本調査報告書のデータを基に河合塾が調査した、大学の学部や学科の名前を引用している。学部や学科の名前の幅は一九九〇年代まではかなり一定していて変わらなかったが、その後急速に増えている。一九九〇年には九七だったのが、一九九五年には一四五になり、二〇〇〇年には二三五、二〇〇五年には三六〇、二〇一〇年には四三五、そして二〇一五年には四六四になった。

MGUの事例で見たように、私立大学は学生中心に考えるようになったことで、立場を改善させた。学生に対して学問的な教育を提供するのに加えて、卒業後の雇用者の求めに応えるために実用的なトレーニングも導入した。このトレーニングの多くは、カリキュラム外の活動やキャリアサポート、インターンシップ、実習、そして職業訓練の機関との「ダブルスクール」といった形式で行われた。[11] すでに述べた他の活動と同様、これらの実用的なトレーニングはコストもあまりかからず、そしてスタッフの大きな変更も必要なく取り入れることができた。多くの学生が、親族の中で自分が初めて大学に入ったというファーストジェネレーションである。そうした学生たちにとって両親の念願だった大卒の学位を得られただけでなく、縮小している労働市場の中で職を得やすくなるような実用的スキルを身につけることができた。全体的に、大学がさまざまな形での学生サポートに力を注ぎ、投資するようになったことで、過去一〇年でこの側面は最も明らかな成長を見せたと言える。

学生のニーズに対する感度が上がったことと、教育面でのレベル向上に関する法定義務が新たに加わったことが重なって、[12]大学の教室の中で何が起きているのかについて、より強い関心が向けられるようになった。文部科学省の調査は、大学教育の改善に関して見事な証拠を示している。二〇一六年には七九パーセントの大学が大学一年生に対して、高校までの勉強と大学での勉強を繋ぐトランジションのプログラムを提供している。八五パーセントの大学が学生の勉強の習慣や関心を確立させるための仕組みを持つようになった。ほとんど全ての大学で教員開発（FD）のプログラムを実践し、八七パーセントの大学が、MGUが二〇〇〇年代後半に設立したようなFDセンターを立ち上げていた（文部科学省 n.d.c）。また、オンライン学習管理システムなどの学習ツール（五三パーセント）や学習ポートフォリオ（三四パーセント）の導入も増えていた。二〇〇〇年代初頭には、どのような形であれ教員開発に取り組んでいる大学は五〇パーセントしかなく、三分の一の大学では学生の学習実態についての調査も行っておらず、シラバスを作っていない大学もいくつかあった（文部科学省 n.d.c）。このような教え方の様式やメソッドの標準化は教員の自主性を阻むという考え方もありえる。また、改革に繋がる活動にどれだけ熱心になるかという点は、個人レベルで大きく幅があるだろう。[13]しかし、これらの変革は間違いなく、教育に重点を置かずにいた従来の大学のあり方や、本書の第一章で論じたような、「大学は学校と大人の生活の間にあるものでしかない」というイメージから抜け出す方向に進んでいた。しかし、「日本の」大学における学習経験を構成するものは何であるかという問いに対する明確な答えは、今も曖昧なままだ。

私立大学教育の変わらない特徴

二〇〇〇年頃に立てられた、私立大学セクターの大規模崩壊の予想が的外れだったのだとしたら、そこから派生した他の予想はどうだったのだろうか。

「大学卒業」の価値の低下？

誰でも希望すれば入学することができる「大学全入時代」の結果として予想されていたことの一つは、労働市場における大学の学位が意味を失うだろう、ということだった。今まで、この予想に答える明確な証拠は十分には出ていない。大学入学率の伸びから分かるのは、学生はこれまで以上に大学教育に価値を見出しているということだ。また、学生の多くがローンを背負ってまでも大学に通おうとしていることも明らかだ。だから、ここでの疑問は、なぜ大学教育を求める需要が続いているのかということだ。

この疑問にはいくつかの答え方がある。一つは、大学の学位による経済的メリットを相対的に見ることだ。社会学者は時に「(大学卒の)学歴プレミアム」と呼んでいる。学歴によって収入を比較する、入手可能な最新のＯＥＣＤのデータ(OECD 2018b)は、日本では高等教育を受けている人と受けていない人の間で、収入がおよそ五〇パーセント異なることを示している。ＯＥＣＤの平均よりわずかに低いものの、これは大学の学位の価値を十分明らかに示していると言える。日本で行われたさらに詳細な研究でも、似たような結果が出ているだけでなく、大学の学位が他の教育機関で得られる資格に比べてその価値が変化したとか、大学セクター内での大学の価値のヒエラルキーが変化したとか、そういうことを表すデータはほとんどない。大学の学位を持っている人は、他の資格を持っている人に比べて平均給与がかなり高く、生涯賃金にも大きな差があり（労働政策研究・研修機構 2018）、「大学教育を受けた人の数の増加により学歴プレミアムが実質的に下がったということを明確に示す証拠はない」（Hannum et al. 2019: 8-9）。それどころか、大学卒業生とそれ以外の人の間での収入や正規雇用での就労の割合の差は開いている（He and Kobayashi 2015）。日本で非正規雇用が増えている中、大学の学位は比較的安定した保証になることを示しているのだ。資格や学位のタイプと職種の強い関連性も残っている。[14] 言い換えれば、大学卒業生は、その他の学歴を持つ人とは異なる職に就いているとも言える。また、大学セクターの中での差異が残っていることも予想外なことではなく、入学競争の厳しい大学の卒業生ほど大企業に入る割合が高く、それによって収入も高くなっている（Araki et al. 2015, Nakamuro and Inui 2013）。

上記のような簡単な検討では、データの中にある多くの細かいニュアンスを見過ごすことになってしまっているが、これらの知見はどれも学歴と就労に関する学問的な研究で繰り返し認められてきたことだ。本書執筆時点では最新のヤマモト（2019）の研究もまた、伝統的な学歴の構造が大学卒業生と他の学歴の人とで分かれるように根強く残っていることを改めて主張していて、地位の高い大学への入学競争に繋がっていることを示している。少なくとも広い意味では、一般的に言われている「大学の学位を取っておくと有利で、特にトップ大学の学位ならさらに良い」という世間の知恵は間違っていないと認めても問題はなさそうだ。高校生への調査もまた、他の中等教育後の選択肢に比べて大学が強く好まれていることを立証している。例えば二〇一八年の調査では、八〇パーセント以上の高校生が大学へ通うことを希望していた（ディスコ 2018）。

しかし、必ずしも大学卒業の学歴が肯定的なものであることが確約されたというわけでもない。実際、大学卒の学歴への需要の増加は、労働市場での学歴の価値と反比例しているという憶測もできる。大学教育が大衆化している状態の中、労働市場にはすでに大学卒業生が溢れている。そのため、大学教育はもはや競争力を強化するというよりは、労働市場の中で最低限の選択肢でしかなくなっている。この考え方は、大学が「自己防衛的な必要」や「階層が下がらないための保険」（Marginson 2016）であり、大学の学位を持っていないことでかかるコストが上がるために、学位を得るための支出が大きくなっていくことが正当化されるという「尽きることのない原動力」（Wright and Horta 2018: 21）にもなっている。大学進学率の上昇が経済不況と同時に起こり、安定雇用に不安が感じられる日本のような社会では、この力学が働くのも容易に想像できる。

論理的には、職場で実際に求められるスキルに対して不釣り合いなほど、大卒の労働力が生み出されているというのがその一つの結果だ。これを裏づける最近の研究が少なくとも一つある。日本の大学卒業生のおよそ五〇パーセント（二十一世紀に行われた各国の調査の中で最も高い割合）が、仕事で求められるよりも高い学歴を持っている「過小雇用 underemployed」（あるいは学歴過多）状態になっているというものだ（Green and Henseke 2016）。大学への入学が、ポジティブな社会移動のためというよりは、リスク回避の戦略のためになっている状況から帰着する結果のもう一つは、学生や親の大学信仰が失われたことだ。ガラン（2018: 41-44）によれば、九七パーセントの親は大学の学位が安定的な将来を保証してくれるわけではないと思っている。特に、ランクの低い私立大学における学生のドロップアウトや休学の高い割合は、大学教育のもたらす将来性への信頼がますます損なわれていることの表れだと書いている。

競争の激しい入学システムと選抜度によるヒエラルキーの崩壊？

受験生は、自分が大学教育を受けるのに十分ふさわしいことを証明するために、複雑で骨の折れる入学試験を受ける。そしてまた大学は、合格を目指して詰めかける受験生をふるいにかけるために試験を厳粛に用いる。こういうシステムは、明らかに「全入時代」には合わない。予想されたのは、多くの受験生が合格を目指して集まり続けるトップ層の大学だけが、入学試験の競争のロジックを引き続き使っていくことになるだろうということだった。エリート層に含まれない多くの私立大学セクターでは、そういった競争は続かず、学生数の減った教室を埋めるために志望者を呼び込むほうへ移っていくだろうと考えられた。

しかし、現実においてもイデオロギー的な意味でも、入学試験の終焉は大きく先延ばしにされた。現実には、筆記試験は間違いなく減少した。高校からの推薦入試や、面接やエッセイをもとに選抜される「AO入試」のような一般入試以外の入学方式は、私立大学に入学する学生の五一パーセントを占めていて（文部科学省 2017c）、二〇年前の三三パーセントから伸びている。この割合は特に定員割れを起こしている大学では高くなっていて、入学者数が定員の半分以下の大学では一般入試以外での入学者が八〇パーセントにもなっている（小川 2017: 23）。

しかしながら、従来型の一般入試の割合の低下と入学者数の減少との間の関係性は、明らかになっていない。私立大学での一般入試の利用の低下が最も進んだ時期は、一九九〇年代後半で、一九九七年に六七パーセントだったのが二〇〇四年には五三パーセントまで下がった（旺文社教育情報センター 2018）。その後に来る入学定員割れが課題として広がった時期ではなかったのだ。私立大学に入学する学生の半数は今も一般入試を受けていて、実際には受験生をふるいにかける必要のない大学であっても、一般入試は行われている。試験を受ける受験生の数にかかわらず、二〇〇〇年代初頭のＭＧＵの事例でも見られたように（本書第三章）、大学は従来通りの仕組みのもとで厳密な採点を行うという過程を儀礼的に守り続けている。こういった伝統的なシステムの特質は一般入試以外の形式の選抜でも同じように行われていて、従来の筆記試験を受けなくても「入学試験」のスタイルが取られていて、手続き上は同じ厳格さで選抜が行われた。

ＭＧＵの事例の中で論じたように、そのように入学試験のモデルに固執するのは、そのモデルが日本の教育の根本的な考え方の中でも重要な意味があることを示している。日本社会では、入学試験が、実際の知識やスキルを評価したり公平性を担保したりできる完璧なものとは程遠いということはよく知られている。しかし能力主義的な選抜を行うにあたっては、入学試験が最も実現（＝実施）可能な方法であり、日本の若者の通る道として重要な儀礼の一つだということも広く受け入れられている。高校は多くのリソースを生徒の大学出願や試験対策に充て、卒業生の受験の結果を学校の評価基準として見ている。予備校やその他の受験産業も、商業的な利益の重要度が明らかに強いとはいえ、同じことをしている。

行政もまた、従来の入学試験を第一と捉え続けている。文部科学省の官僚は大学に対して、一般入試以外で入学する学生数は入学者総数の五〇パーセントを超えないようにすべきだとアドバイスしている。本書執筆時点では、国立大学の受験のために中央で管理され、多くの私立大学もまた独自の入学試験に加えて利用しているセンター試験が、思考力や表現力といったスキルをより良く評価し、大学が試験結果に加えて面談やプロジェクトポートフォリオなどの形式のものも評価するよう求める大学入試改革が発議されていた（文部科学省 n.d.b）。この改革に対して、大学から強い反撥があった。入試改革は受験生に混乱を招き、また、大学の入学者選考の形態は大きく変わることになるだろうが、入学試験を受けるというプロセス自体は変わらないだろう、という批判だった。

大学入学試験の永続性は、大学の質を測ったり高校卒業後の進路決定にあたって偏差値が第一の指標として使われ続けたりしていることと繋がっている。すでに書いた通り、大学全入時代には「良い」大学を選ぶ重要性は減ずるどころかさらに増していて、偏差値のランキングはこれまで以上に広く使われるようになっている。出版社や教育産業は、ますます目が肥えてゆく市場の中で、新たに、大学教育の質に関する多様な情報を発信しようと動いているのは間違いない。本書第一章で示したように一九九〇年代後半から二〇〇〇年代初頭にかけていくつかの雑誌が創刊された。さらに、日経BPコンサルティングが二〇〇〇年代後半から行っている「大学ブランド・イメージ調査」を基に作られた「大学ブランド力ランキング」も広く知られており、大学に関して近年新たな情報源も加わっている。世界大学ランキングもかなり目に入りやすくなり、二〇一七年には*Times Higher Education*紙が日本に特化したランキングを発表している（ベネッセコーポレーション n.d.）。これらの偏差値に代わる評価は教育の消費者にとっては間違いなく便利な情報で、大学にとっては自己評価にも繋がり、将来学生になるかもしれない高校生へのマーケティングにもなる。しかし、どの指標も、偏差値のシステムのようにシンプルで、どの大学にもあてはめられて、統計学的な客観性があるものではない。それらの指標が偏差値と同じように制度化されてしまう可能性もない。偏差値が大学受験の本質的な位置を占める一方、その他の指標は良くて補足情報にしかならないのだ。

全体的に、日本の大学システムの主要な特徴は一九九〇年代から二〇〇〇年代にかけてほとんどそのまま変わっていないと結論づけられる。受験の選抜度による大学のはっきりとしたヒエラルキーや、高校卒業生への高い依存度などは今でも日本の高等教育の特徴になっている。実際、比較研究の視点で近年書かれた日本の高等教育システムの要約として、ウルリッヒ・テイヒラー（2019）は上記のような特徴だけでなく、研究者であることが教授たちの主要なアイデンティティになっていること、人文科学や社会科学よりも理系の学問を重視していること、学生や教員の国際間での移動の度合いが低いことなど、本書第一章で取り上げたような一九九二年には確立されていた日本の大学の特徴について言及している。日本教育に関するOECDのレポートでも、同様の観察記録が繰り返し掲載されている（OECD n.d.）。日本の高等教育で期待されていた「ビッグバン」は、結局、（大音響を発することなく）控えめな音しか立てないという結果に終わった。

日本の私立大学のレジリエンスを解き明かす

二〇一八年の時点から振り返ることで、第一章で取り上げた大学の将来予想がなぜあそこまで的外れだったのか、検証できるだろうか。当時の予想は、高等教育の分野について詳しい専門家によるもので、私立大学が立ち向かうことになるプレッシャーや、それに対して大学がどう対応しうるかということについては明らかに分かっていた。公平に言って、データは曖昧なものではなく、明らかなものに見えていた。需要に対して供給が上回っており、入学したい学生の数を上回る収容力を持つ高等教育機関が過多になっており、そしてそれらはかなり高額の民間投資を必要としていて「公共の利益」にはならないと一般的には捉えられていた（Huang and Horiuchi 2019）。実際、OECDのレビューで称賛されていた日本政府の新自由主義の特質は、大学の閉鎖をもたらしうるようなシステムを推進しているように見えていた。

どうやら第一章で取り上げた予測において、正しく扱われなかった重要な要素が数多くあるようだ。政府の役割は懸念されていたよりもずっと曖昧で、私立大学に関わる利益団体は予想よりも素早い動きを見せた。かつてならば短期大学に入っていたであろう学生が大学に入るようになったことなど、高等教育界の他の部分での変化もまた、十八歳の人口が減少したにもかかわらず大学への需要の増加に寄与した。私立大学自体も、予想された破滅のシナリオへの対応を予想以上に積極的に行っていた。大学は多様化の努力や提供するコースの改革をしただけでなく、形態や規模にも相当手を入れた。中でも当時最も理解されていなかったのは、論者たちの想像以上に、大学の多くが二〇一〇年代初頭の全入時代のショックに対する備えをしっかりしてあったということだろう。大学は黄金期の頃の蓄えを不動産として持っていることが多く、危機に瀕した時にはそれらを売却して現金化することができた。また、大学は、閉校を望まない地元コミュニティの政治的な支援にも恵まれた。しかし、大学のレジリエンスの最も大きな源は、学校法人の構造によって、法人内の他の教育機関と相互補助（経済的、人事的、そして知識レベルでも）ができるということだった。

二〇〇〇年代初頭の研究文献で全く論じられることのなかった一つの要素は、多くの私立大学が同族経営になっているという面だった。私たちがここで主張し論じているのは、同族経営であったことが多くの大学の存続を約束させた一つの助けになったということだ。なぜなら、同族経営学校法人にとって大学は主軸となる事業であることが多く、大学を失脚させることは、関連する他の教育機関への危機にもなりうるからで、さらに、一族としてのアイデンティティや一族の歴史についての意識が大学の維持に強く結びつけられていたからだ。ここからは、これらのポイントについて詳しく見ていく。

大学教育への需要の構造の変化

日本の大学の数や大学生の数が、二〇〇三年から二〇一八年の一五年間で減るのではなく、むしろ増えたという主張は、ある種、言葉の定義に依っている部分がある。表5-1、5-2、5-3はどれも一九九〇年代初頭に激減している短期大学の例を除外している。短期大学全体の学生数は一九九五年には四九万九〇〇〇人（短期大学は五九六校あった）だったのが、二〇〇五年には二一万九〇〇〇人（四八八校）、そして二〇一五年には一三万三〇〇〇人（三四六校）まで減っている。各短期大学の平均学生数は、一九九五年から二〇一五年の間に四四九人から三八四人まで減った。第二章で触れたように、短期大学の学生減少は、古くからあった中等教育後の教育におけるジェンダーの分断が崩壊したからだ。端的に言えば、中等教育を終えた女子生徒は、かつてならば短期大学に入っていたが、次第に四年制の大学の学位を目指すようになったということだ(15)。もし二〇〇〇年から二〇一五年の間、この傾向が長く続かず、短期大学に入る学生の数が変わらなかったならば、四年制大学に入る学生の数は八万人ほど減っていたかもしれない。その意味では、この期間で四年制大学に入った学生の数が一二万五〇〇〇人増えたという事実も、そこまで驚くべきものではなくなる（もちろん、その期間の高校卒業生全体の人口が劇的に減っていることは加味されていないのだが）。

高校卒業生の減少は、専門学校や専修学校といった中等教育後に入る大学以外の教育機関にも大きな影響を与えているはずだった。これらの学校は、第二章でも書いたように、ほとんどが私立学校で、私立大学以上に学生からの学費に頼って経営されている。しかし、専門学校もまた、強いレジリエンスを見せている。専門学校の中等教育後のコースに入る学生の総数は一九九二年から二〇一八年の間で、一七パーセント（およそ六九万一三四三人から五八万八三二五人）減っているが（文部科学省 2018a）、専門学校の数自体は増えている。中等教育後のコースを提供していた専門学校は一九九二年には二四九四校だったのが、二〇一八年には二八〇五校になっている(16)（文部科学省 2018a）。これは専門学校の目覚ましい成功と言えるが、私たちの今の関心から見れば、大学にとってもメリットのあることだったと言える。専門学校の取った生存戦略の一つは、大学の学部教育と連携するコースを発展させることだった。一九八五年には専門学校を卒業してから大学へ行く学生は全体の一パーセントしかいなかったが、二〇〇六年には、二七・四パーセントが大学へ進んだ（『読売新聞』二〇〇七年二月二十八日）。さらに専門学校は、卒業後そのまま就職するのではなく、修了後に大学院に入り、さらに専門的な資格を得られようにする「高度専門士」のための四年間のコースを作った（『日本経済新聞』二〇〇七年七月十六日）。彼らは積極的に大学在学中の学生を対象にマーケティングを行い、先述の「ダブルスクール」を実践することを勧めた。専門学校の入学者数の減少は底を打ち、二〇一〇年以降、学生数はおおよそ一定になっている。

専門学校も短期大学も第一章で検証した文献では明らかに触れられておらず、ほとんど私立「大学」セクターの崩壊に焦点を絞っていた。これには多くの理由が考えられる。その一つは予想を立てた研究者の多く（本書の筆者を含む）は大学で働いたり大学に関係していたりしていたため、最も関心があり懸念していたのが大学セクターで何が起こるかということだったからだ。かつても今も、専門学校は、高等教育の非アカデミックの一翼を担っていて、高校卒業生の中でも全くタイプの異なる学生向けに教育をしていると捉えられている（もっとも、すでに述べたように、実際は必ずしもそうであるわけではない）。一方、短期大学のセクターはすでに縮小していて、短期大学の崩壊による影響も控えめなものだろうと考えられていた。加えて、短期大学は二〇〇〇年代初頭にはすでに入学者数の減少がかなり進んでいたため、その段階でさらに将来の崩壊について語るのは難しいことだった。この最後の理由は、大学崩壊のシナリオが短絡的であったことを物語っている。短

図５－１　18歳人口と高等教育入学率の推移

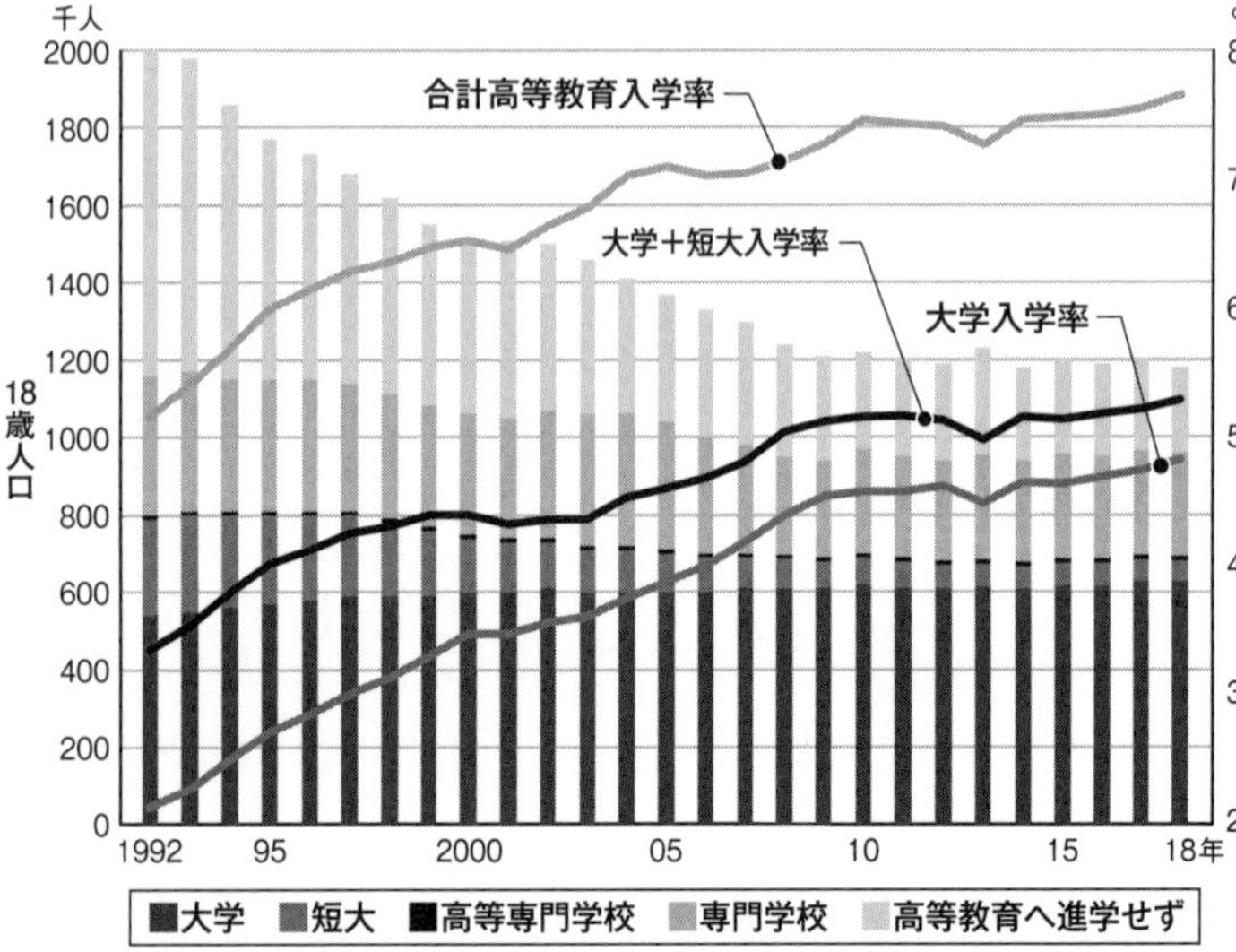

出典：文部科学省2018h、文部科学省2018a

期大学から四年制大学へと学生が移っていった状況は、大学の入学者数の減少の予想に簡単に加味できていたはずなのだ。

短期大学から四年制大学への学生の移動に加え、大学が（縮小している）高校卒業生に積極的に深く関わることに成功し、また、専門学校が大学教育と連携するようになったことで、一九九〇年代から二〇〇〇年代、そして二〇一〇年代と大学の入学率は上昇を維持することができた。近年の日本の高等教育セクター全体も含め、この大学の入学率の上昇は、文部科学省が定期的に収集した高等教育機関への入学者と十八歳人口のデータによる図表から読み取ることができる（図５－１）。

こうした大学の需要の増加の立役者として、政府の役割に注目するのは重要なことだ。政府は大学設立・設置の基準を緩和することで、短期大学が大学にシフトすることを可能にし、それによって多くの短期大学は大学のステータスを得たり、あるいは同じ学校法人の大学の中で新たな学部として短期大学のコースを生まれ変わらせることができるようになったりしたのだ。また、政府は学生が経済的な支援を得やすくすることで、大学の需要を増やすことに寄与したことも証明されている。これは日本学生支援機構（JASSO）を通した政府による学生向けのローンの仕組みによって行われている。第二章でも触れたように、一九九〇年代後半から二〇〇〇年代初頭にかけて、この奨学金にアクセスできた学生の数は三倍になっている。この数は増え続け、一九九八年にはおよそ三八万人だったのが、二〇一三年には一四〇万人超でピークに達した（JASSO 2017）。これが意味するのは、学生の家族による経済的なサポートの割合が一九九六年には七六パーセントだったのが二〇〇八年には六六パーセントになり、二〇一六年には六〇パーセントまで下がり、一方で、奨学金によるサポートの割合が一九九六年には六パーセントだったのが二〇〇八年に一五パーセント、二〇一六年には二〇パーセントまで上がったということだ（*Japan Times* 2019/5/21）。

JASSOの支援の中で最も広まったのは利子付きの奨学金で（無利子の奨学金は一九九八年から二〇一三年の間に利用者が六〇パーセント増えたのに対し、利子付きの奨学金は一九九八年には一一万人、二〇一三年には一〇二万人と利用者が八倍に増えた）、特に、ランクの低い大学に入る学生に多く使われている。JASSOの奨学金を得た学生のうち、私立大学生の割合は二〇一八年にはおよそ二八パーセントで、大学ヒエラルキーの下位層の大学ではその割合が非常に大きく（約四〇パーセント）なっている。債務不履行の割合はかなり低いが、明らかな差異があり、トップ層の私立大学では一パーセント未満なのに対し、低ランク層では三パーセントほどになっている（関田 2017）。これらの事実は、学生ローンに対する政府の「浪費」によって大学が経済的に手に届きやすくなり、結果として入学者不足で私立大学が立ち行かなくなるのを未然に防いだという理論を下支えした。この理論は広く受け入れられ、低所得層の学生向けにJASSOのシステムを拡大させる提案（二〇一七年の自由民主党のマニフェストにも含まれた）をめぐるほとんど全ての議論に取り入れられた。[17]
例えば財務省は「大学教育の全面無償化について（略）このままでは定員割れや赤字経営の大学に対する単なる経営支援になりかねない」（『大学ジャーナル』二〇一七年）と表明した。日本経済新聞の記者は、奨学金スキームの拡大が「無償化を定員割れした大学の救済手段にしてはならない」（『日本経済新聞』二〇一八年六月十四日）と注意を促している。また、日本私立大学連盟の会長までもが「ずさんな経営をしている大学を公費でカバーするのは避けるという議論もある」（『毎日新聞』二〇一八年二月十九日）と認めている。[18]

護送船団としての政府の役割

人口減少が進む中、先述の根拠だけで、政府が意図的に私立大学教育の需要を刺激したということを結論づけるのは難しい。しかし、政府が積極的に私立セクターを守ろうとしたという根拠は他にもある。二〇〇〇年代、政府は市場の力に任せると放任主義のレトリックを用い、論者たち（大学未来問題研究会 2001: 40）は政府が大学にとっての護送船団ではなくなるだろうと言うようになったものの、実際には、その真逆を指すような先回りしたシステムを多く導入していたのだ。私立大学セクターは常に便利なバッファーをもたらし、国による高等教育の不足を補った。第二章で見たように、私立セクターの代表者たちは日本の高等教育の歴史の中での自分たちのこうした役割に目を向けさせようとしていた。その声が届いたかのようにも見える。

私立大学の経営者たちは、増大する多様なリソースや、日々の経営や財政計画を助けようとするガイダンスから恩恵を受けていた。その中には、私立大学の集まりの中から提供されるものもあったが、文部科学省管轄の法定機関、日本私立学校振興・共済事業団（私学事業団）もまた、非常に重要な役割を担うようになってきた。私学事業団は政府の助成金を私立大学に分配するほか、ローンや多様な経営サポートのサービスを提供している。二〇〇五年には私学事業団の中で学校法人活性化・再生研究会が設置された。経営の改革や危機への対応に関して二〇〇七年に書かれた最終報告書では、早急な行動が必要となる「イエローゾーン」や、外部からのサポートなしには回復が見込めない「レッドゾーン」での経済的破綻の原因やメカニズムが詳細に描かれていた（私学事業団2007）。レポートで概略的に描かれた先制的な戦略や改善の戦略は、さまざまな私学事業団のハンドブックや事例研究、自己診断テンプレートなどに詳細に書かれている（私学事業団 n.d.）。

一方、政策立案者たちは、私立学校法人が立て直しを図るのをサポートするだけでは足りないという見方を表明するようになっていた。公式的な監督や仲介のための、より強い枠組みが必要だという意見だった。この議論は中央教育審議会のレポートでも見られる。二〇一〇年六月の「中長期的な大学教育の在り方に関する第四次報告」では、「私立大学の健全な発展」というセクションがあり、学校法人が綿密に現実的な経営分析をし、直面しうる危機にあらかじめ備えること、同時に文部科学省側から大学に対しては、学校法人の自己努力を支え、危機に直面する大学に対して最低限の保護を提供することが書かれている（中央教育審議会 2010）。二〇一四年の私立学校法の改正は、この提言への対応も含まれていて、学校法人の経営が「著しく適性を欠く」場合や法令の規定への違反がある場合は行政による直接的な介入ができることになった。文部科学省は報告書を求めたり、現地での調査を行ったり、改善措置を求めたり、義務をきちんと果たさない場合は役員に弁明の機会を与えたりするといった働きかけができるようになった。

文部科学省は苦戦している学校法人を補助する姿勢を続けた。二〇一五年から二〇二〇年の期間を「私立大学等経営強化集中支援期間」と宣言し、二〇二〇年までに地方にある約半数の学校法人に対して改善のために個別に詳細な「ガイダンスとサポート」をすることを宣言した。文部科学省に対して改革への意欲を積極的に見せることができた大学は、助成金の増額が得られた。二〇一三年にスタートした私立大学等改革総合支援事業を通して分配された資金は、私立大学の全体の経常費補助金の五パーセントを占めるまでになった（私学事業団 2018b）。また、文部科学省は二〇一五年から新たなスキームを通して、苦戦している私立大学への直接的な支援を始めた。この支援は二〇一七年にピークを迎え、一五〇校の大学に特別な補助金として合計四〇億円が使われた[19]。文部科学省で二〇一七年に行われた私立大学等の振興に関する検討会議では、日々の経営に関することと戦略的な開発の両方について早期の介入ができるようなメカニズムを作り、さらに私立大学同士が相互支援できるネットワークを育て、大学間で学生の編入ができるように連携し、将来的にはプログラム全体を共有できるようにすることなどが推奨された（私立大学等の振興に関する検討会議

2017)。二〇二〇年の新たな私立学校法改正案は、透明性や中期的計画に関する義務を厳しくし、学生やその他の関係者の利益を守るために政府がより積極的に学校法人の解散を進める役割を果たせるようにするというものだった。包括的とは言えないものの、近年の進展に関するこの短いまとめからは、文部科学省が自分たちを市場の中で私立大学を取り締まる者として見ているというよりは、むしろ私立大学の健全な発展のための積極的なサポーターになろうとしている様子が見て取れる。明らかに、私立大学は文部科学省の「護送船団」の加護の恩恵を受けているように見える。

政府のこうした立ち位置は、大学経営の問題を見つけ出すために作られた第三者評価や認証評価システムの問題点を映し出しているとも言えそうだ。MGUの事例でも見たように、比較的短い期間内に起こる問題に効果的に対処するには、七年ごとの認証評価のサイクルは長すぎる。さらに、うまくいっていない多くの大学の中から、本当に絶望的な状態になっている大学を見つけ出すには、評価プロセスの仕組みは効果的にできていない。例えばプール学院は二〇〇八年に日本高等教育評価機構による認証評価で適合と認定され、教育的な経験や学生の幸福に注力していることが高く評価されていたが（プール学院 2008）、二〇一五年には大学の閉鎖の意向が発表された。東京女学館大学もまた、二〇一一年に認証評価で認定とされたものの、たった三年後に閉鎖の計画が立てられた。一方、愛国学園大学は日本高等教育評価機構の認証評価で複数回保留とされた（二〇一〇年には評価が保留になり、二〇一三年には不適合になり、二〇一七年には再び保留）が、大学は存続していて、二〇一四年には定員一〇〇人に対し一七人しか新入生が入らなかったところから回復して、二〇一七年には良好な状態になり、一一九人の新入生を迎えることができた（愛国学園 2017）。

こうしたことから明らかなのは、私立大学が閉鎖の危機に瀕するような状態になると、学校法人の経営側と文部科学省官僚の間で多くの交渉が行われているということだ。ここに、個々の大学の最終的な命運に関わる不確実な要素が多く存在する。官僚は、私立大学がたどる道を大学側の自由に任せたいと望むよりは、先行きの選択肢を制約するような立ち位置になっていた。例えば東和大学が閉鎖になる前、学生やその他の支援者たちが存続を嘆願すると、文部科学省の官僚は「『私学の自治』もあり、経営には踏み込めない」と根気強く説明した（『読売新聞』二〇〇七年二月六日）。似たような態度は聖トマス大学の事例でも見られた。大学が最終手段として新学部を設立しようと文部科学省に掛け合った際、コメントを求められた文部科学省の官僚は残念そうに「存続についてどう考えているか大学側に聞いたうえで（学部新設認可を）判断する」と答えている（『神戸新聞』二〇一四年一月二十一日）。過去二〇年間、トラブルを抱える大学を助けるほうを重視するのか、市場の力や大学の自律性を尊重して自然な終焉を許すのか、どちらに重点を置くべきか、文部科学省にも迷いがあったように見える。

この状況は、私立大学の経営者と文部科学省官僚との間に個人的なコネクションがあった場合、さらに複雑になってくる。大学の経営者たちは、先述のような深刻なプロセスの際に限らず、特に新たな提案が計画されている時などは、決まって文部科学省との連絡を取っていた。カリキュラムや定員数などを変えるための申請時には文部科学省のアドバイザーとの何往復ものやりとりが必要で、他にも、相談すべき日々の経営状況というものも多くあった。だから、この期間、私立高等教育セクターの中で多くの「天下り」が見られたことも不思議なことではない。民主党が二〇〇九年に行った調査によれば、八一の学校法人の重職に一二三人の文部科学省の元官僚が就き、さらに一五二の学校法人で五七六人が非重職に就いていた[20]（民主党2009）。こういったコネクションが私立大学に対する文部科学省のシンパシーを呼んだかどうか（ましてや、申請の認可や助成金の可否といった意思決定に影響を及ぼしたかどうか）ということについては完全に憶測の域を出ないが、明らかに、多くの学校法人は競争の厳しい、将来が不確実な時代の中で、中央と関係性を作っていくのが重要だと考えている。

中央政府が苦戦している私立大学を支えることが、放任主義的な国の経済政策との間で一貫性を失うと見るならば、地方自治体が大学を支えるほうが一貫していると言えるだろう。本書の第二章で解説した通り、地方自治体は地元経済の再活性化に繋がることを信じて、多額の補助金や土地の寄附などによって私立大学を誘致することが多かった。中には成功した事例もある。例えば学校法人立命館により設置された立命館アジア太平洋大学は、大学所在地である大分県や別府市から土地やその他インフラ設備が与えられて設立に至った。もう一つの興味深い事例は二〇〇四年に設立された秋田県の公立大学の国際教養大学だ。秋田にあったミネソタ州立大学の分校からキャンパスやスタッフが受け継がれて運営されている。国際教養大学は日本全体の中でもトップ層の公立大学になり、いくつかの学部では、偏差値が東京大学と並ぶほどにまでなっている。

しかし、地方自治体の支援にもかかわらず、あまり良い結果に結びつかなかった事例もある。例えば留学生に関する事例でも取り上げた萩国際大学を運営する学校法人萩学園は、大学設立費用の六四億円のうち二〇億円を萩市から受け取り、さらに山口県からも二〇億円を受け取った（『読売新聞』二〇〇五年六月二十八日）。一九九九年に開学してから、萩国際大学は学生を定員数まで集めるのに苦戦し、二〇〇五年六月には学校法人が民事再生法の手続きを取らなければならなくなるまで負債が増えていった[21]。しかし再生案は通らず、二度目の民事再生法プロセスが二〇一二年に始まり、二〇一六年に終わった。大学は今でも運営を続けているが（今は至誠館大学という大学名で、一九九九年以来二度目の改名となっている）、地域の振興に結び付いているとは言えない状況だ。二〇一七年には東京のサテライトキャンパスに二八五人（全員が海外からの留学生だった）が入学したが、萩のメインキャンパスに入学した学生は二三人しかいなかった。

萩国際大学は国の高等教育改革のビジョンをさまざまな面で体現化した大学だっただけに、その苦戦は特に注目に値する。赤林（2015）が書いたように、萩国際大学は一九九〇年代から二〇〇〇年代初頭にかけて政府が推奨した方針に一つひとつ従っていた。「国際研究」「情報科学」といった流行りの学科名をもとにカリキュラムを組み立て、積極的に海外からの留学生を呼び込み、地方行政と協力し、サテライトキャンパスなどクリエイティブな手法でコースを提供し、私立大学の経営のために民事再生法のプロセスに踏み込むテストケースにまでなった。真の二十一世紀の大学になるため、これら全てのことに取り組んだにもかかわらず、萩国際大学は存続の危機に直面したのだ。

同族経営の役割

すでに見てきた通り、MGUは同族経営の大学で、二〇〇〇年代初頭に直面したプレッシャーへの対応の際には、それが弱点となったこともあった。しかし、長期的に見れば、同族経営であることが際立ったレジリエンスの源になっていた。同じことは同族経営の大学全体にも言える。本章の表5－1、5－2、5－3に要約した二〇〇〇年以降に閉鎖した大学のリストにも、同族経営の大学は明らかに少なかった。公立大学になった同族経営の大学もなかった。統合を選んだ同族経営の大学はいくつかあったが、学校法人自体がなくなったところは一つもなく、単に同じ学校法人内で複数の大学が統合されたというだけだった。完全に閉鎖になった同族経営の大学もいくつかあったが、その中で学校法人自体がなくなったのは一例（創造学園大学を運営していた学校法人堀越学園）だけで、その解散は深刻な不祥事が理由だった。その他の学校法人は生き延び、そして繁栄までしている。同族経営の大学が特に順応力があると厳密に結論づけるのは難しい。第一に、「同族経営」そのものを見分け、定義することは難題だからだ（次の章でさらに詳しく言及する）。さらに、大学は存続しているが経営は一族の手を離れたという例が見分けにくいためだ。それでも、全体的には、同族経営の大学は過去二〇年の劇的な変化の中で予想外に順応する力があったということは明らかだ。この成功はもっと注目されてよい。

ＭＧＵの事例から推論できる同族経営大学の特徴はいくつかある。おそらく最も目立つ特徴は、学校の縦の統合のパターンだろう。大学から保育園や幼稚園まで持っている学校法人のコングロマリットにとって、大学は主力となる〝フラッグシップ〟の学校であることが多い。同族経営ではない学校法人もそのようなコングロマリットになっていることはある。しかし、同族経営ゆえにある程度の統合や調整が効くという面がある中、同族経営ではなく学校が分散している学校法人の場合はそれが難しくなってしまう。コングロマリットは内部での資金のやりくりができるが、私たちはそれこそが、小学校から大学へと学校のステージが進む中で人口減少の波が襲ってきた時に、連続している学校を生き延びさせる重要な要素だと考えている。同族経営の大学では、一般的に一つの学校法人の中の各段階の学校で育ち、それらの学校の価値を理解している拡大家族の参加や支援に頼ることができる。それによって、その一族らしい雰囲気を作り、信頼や忠誠心といった関係性ができるよう促され、日本を研究する社会学者が「契約的関係（contractual）」に対して「親族的関係（kintractural）」と定義したような状態を作ることができる（Murakami 1984: 351, Goodman 1999: 128）。

これらの特徴から見えてくるのは、同族経営の大学が持つ予想外のレジリエンスを解明するには、各種戦略や特定のシチュエーションに対するリーダーたちのアクションを分析するだけでなく、彼らが同族経営であるという基本的な事実から発生している元来備わったレジリエンスのパターンをより詳細に見る必要があるということだ。日本の伝統的な社会や近現代社会での親族構造については豊富な文献があり、異例なほど日本で同族経営が広まっていることについても、同族経営研究の国際的研究や比較研究の中で分析されている。しかし、これらの分野の知見は、ほとんど高等教育機関の分析に応用されていない。次の章では、その分析を試みる。

註

（1）ここでは学士号を授与している大学を表し、短期大学や大学院大学は含まない。表5-2、表5-3も同様。

（2）多くの私立大学がリーマンショック後の経済危機の中で巨額な投資の損失を被った。例えば慶應義塾大学を経営する学校法人、慶應義塾は二〇〇九年、投資した有価証券の市場価値が五三五億円下がったと発表している（『週刊ダイヤモンド』二〇〇九年七月十一日号）。同年、慶應は一六九億円の評価損とし、株式市場が回復することを期待して残りは含み損とされた（慶應義塾大学 2008）。同年、駒澤大学（一五四億円）、立正大学（一四八億円）など他の大規模私立大学でも大きな損失が記録されている（奥田 2009）。大きな会社をいくつも破産に追い込むほどのスケールの損失であっても組織運営に深刻なインパクトを与えなかったという事実は、しっかりとした土台の上に確立（エスタブリッシュ）されたこれらの学校法人が相当に豊富な財産を蓄えていたことを示唆する。

（3）イギリスでも似た状況になっていて、一九九七年から二〇〇八年の間に二七の大学合併の事例があったが、大学閉鎖は一例もなかった（Fazackerley and Chant 2009）。

（4）市川が見つけた合併の阻害要因は、合併にあたって少なくとも一校は閉鎖されようとしている大学であり、関係者は資産処分の制限について交渉しながら大学の運営を続け、ステークホルダーの賛同や文部科学省の承認を得るための条件も満たさなければならない、ということだった。

（5）二〇一七年、日本経済大学の四一八四人の学生のうち二九八三人（七一・三パーセント）の学生が海外からの留学生だった（私学事業団 2019c, 日本学生支援機構 2019）。これは *Times Higher Education* のランキングで日本の大学における留学生の割合がトップだった立命館アジア太平洋大学の割合（五三・四パーセント）よりもずっと高い数字だ。ランキングに日本経済大学が抜けていたのは、おそらく同大学がランキングを作成した出版社にデータを提供しなかったことが原因と考えられる。同大学は同族経営の都築学園グループの一部である。

（6）留学生は日本の学部生の三パーセントしか占めていないが、大学院セクターでは留学生の割合がずっと高く、全大学院生の約一八パーセントを占めている。

（7）それでも萩国際大学（後に山口福祉文化大学に改称、現在は至誠館大学）は留学生を重視し続けた。

広島と東京に「サテライトキャンパス」を作り、学生が勉強の傍ら手軽に仕事ができるようにした。これらのサテライトキャンパスの規模はすぐに萩のメインキャンパスを上回った。（二〇一二年五月時点で萩キャンパスには一七一人の学生が、東京キャンパスには六〇六人、広島キャンパスには四三人の学生がいた）。これによって学生のビザの確認が厳しくなったり、文部科学省から教育の質への悪影響について警告を受けることになったりした。萩国際大学に悪いイメージが持たれたのは、二〇〇〇年代、山形県の酒田短期大学の事例がきっかけだ。もともと大学で学ぶ意思はなく、東京でフルタイムの仕事をするつもりで来日した人たちを海外留学生として受け入れたことが判明したのだ。酒田短期大学の経営者は二〇〇二年に短大の運営の停止を求められ、二〇〇三年に破産となり、二〇〇四年には文部科学省から廃止命令が下った。

（8）『サンデー毎日』（二〇〇三年十二月十四日号）の詳細な分析によれば、ボーダーラインとなる偏差値は五五だった。それより低い偏差値の学部は一九九〇年代初頭に受験生数が激減した。偏差値五五程度の学部はほとんど変化がなく、偏差値がより高い学部では受験者数が増加している。例えば二〇〇七年、五五九校の全私立大学への受験者（約三〇二万人）のうち、およそ半数（約一四四万人）が二三校の〝最強の〟大学に集まった（『読売新聞』二〇〇八年一月二十日）。

（9）定員割れしている大学への助成金を低減する率は二〇一八年にさらに引き上げられた（進研アド 2018）。

（10）この調査から分かったことは英語版本書が出版される頃に論文（Inaba 2020）で発表されている。しかし、こうした大学の都市回帰によって、都市に住むライバルたちに比べて地方に住む学生はますます大学入学が難しくなった。二〇一六年には、大学進学率が最も高い地域（東京都市部の高校卒業生の六四パーセント）と最も低い地域（鹿児島県の同三一パーセント）の間で進学率の違いが三三ポイントにまで広がっていた（一〇年前はその差が二五ポイントだった）（文部科学省 2017f: 8）。東京と京都では高校卒業生数の二倍ほどの大学入学者の定員枠があるが、和歌山や長野などではその比率は四〇パーセント未満だった（内閣府 2017）。実家を離れて生活するコストが高いために、大学が実家に近いことが好まれるようになると、主要都市部以外の地域での大学教育へのアクセスの向上はさらに重大な問題となった（全国大学生活協同組合連合会 2017）。この段階では、文部科学省による制限は限定的だった。大規模大学（たいてい大都市に作られていた）での定員を超える学生受け入れを厳罰化し、また、二〇一八年には、東京二三区内にキャンパスを構える大学に対して新たな学部の設立や定員の拡大を一時的に停止した（文部科学省 2018g）。しかし、こうした施策によって都市−地方間の大学教育へのアクセスの格差が実際に均一化すると考えるのは難しい。

(11)「ダブルスクール」という言葉は、学生が大学に通いながら、少なくとも一校、別の種類の教育機関に通うことだ。たいていは職業に必要な免許や資格の試験準備のためで、会計士、司法試験、公務員試験などがその対象になることが多い。ダブルスクールをしている学生の数を知る信頼できるデータは限られているが、政府が委託した二〇〇五年の調査によれば大学で社会科学系の学部に通う学生の二〇パーセント以上が当てはまることを明らかにしている（ただし医学部、農業科学部の学生のダブルスクールの割合は五パーセント未満）（ベネッセ教育総合研究所 2005: 44-45）。多くの私立大学は、ダブルスクールの割合はそれよりずっと大きな数字であることを示した上で、多数の受験生を集めるためには資格取得の機会が豊富にあることを宣伝に利用している。二〇一六年の調査では四年制大学の卒業生（サンプル数四一三五人）の六〇・一パーセントが職業的な免許やその他の資格を持っていると報告している（森川 2007）。

(12) 大学審議会による一九九八年の「21世紀の大学像と今後の改革方策について」というレポートでは、大学に対して「それぞれの大学等の理念・目標や教育内容・方法についての組織的な研究・研修の実施」を必修とするよう推奨していて、これは一九九九年の大学設置基準の改正と二〇〇四年の大学認証評価の基準に反映された。

(13) 有本(2005)は二〇〇〇年代初頭のファカルティディベロップメント(FD)の全体像をうまくレビューしている。その頃日本の研究者たちの間では「FD」という略語をいまだにパソコンのためのフロッピーディスクのことだと思っている、という冗談がしばしば交わされた。

(14) 資格と職業の結びつきについては、いくらか予想外なあるケースが非常に分かりやすいだろう。日本ではこれまで多くの学歴詐称の事例が注目を集めた。しかしこの場合の学歴詐称は、学歴を高く偽るのではなく、低く偽るものだった。二〇〇六年十一月、神戸市の学校の給食調理師一三人が大学卒業の学歴であるにもかかわらず高校卒業と偽って報告していた(『AERA』二〇〇六年十一月二十七日号)。同じような事例として、二〇〇四年にバス運転士が学歴を低く報告したものや、より有名な例は一九七六年、短期大学を卒業しているにもかかわらずそれを偽り、工場で働いたが職を追われたというものだった。彼は元の雇用主に対して、憲法の職業選択の自由の侵害であるとして不当解雇の訴訟をしたが、東京地方裁判所は雇用主が仕事に関してどの学歴がちょうど良いかを決めることができるとし、訴えは棄却された。

(15) 二〇〇〇年代初め、この流れを緩めるために多くの女子短期大学が男女共学になった(『朝日新聞』二〇〇四年九月二十八日)が、男女比のバランスは全体ではあまり変わらず(一九九〇年には男子が九パーセント、二〇〇〇年には一一パーセント、二〇一〇年には一三パーセント。文部科学省2018a)、入学者数の急減に歯止めをかけることにも繫がらなかった。

(16) 同じ頃、国立の専門学校の数は急激に減少していて、一九九二年には一四八校あったのが二〇一八年にはわずか九校になっている。

(17) その提案は、政府によって「高等教育の無償化」という誤解を生むような看板で出されたが、実際はローン審査の幅の拡大と、一定の条件を満たした低所得者家庭の学生向けの新たな給付型奨学金の導入というものだった(文部科学省2018i)。

(18) 政府が学生向けローンという方法を介して苦境にある大学の寿命を無理矢理延ばしている、という理屈については慎重に扱う必要がある。ローン型の奨学金を使う学生の拡大は、第二章でも説明した通り、日本の一般家庭の経済が苦しくなっていることの裏返しであり、収入の減少と学費の上昇が同じ時期に起こったという状況に家庭が対応しているのだ。結局、ローンを支払うのは国ではなく学生やその家族だ。学生ローンへの依存の拡大は、日本の高等教育が民間の資金に依存しているという構造を変えるものではない。とはいえ、二〇〇〇年代に市場金利よりも低金利で国からのローンを借りられるようになったことは、高校卒業生の大学進学率の向上に貢献したことは間違いないだろう。

(19) 二〇一八年に、破綻に向かっていた大学の運営に対して根拠薄弱なテコ入れをしたという非難があがり、この支援は当初の半分を切る一八億円まで削減され、対象の大学も四〇校から五〇校に変更された(文部科学省 2018i)。

(20) より新しい文部科学省の内部調査によれば、六二人の職員が退職する同僚に職の斡旋をしており、二〇〇七年に規制された天下りの形式が取られていた(*Japan Times* 2017/3/30)。

(21) 民事再生法によって、破産に直面した組織は、債権者の承認を得た再生計画に従って運営を継続することができるとされている。再生計画は抜本的な構造改革やリストラ、資産の放棄などを伴うことが一般的だ。債権者は実際に破産処理になった場合に受け取れたはずの額までは受け取ることができるが、組織が自力で回復できるような道を残しておくことのメリットは非常に大きい。民事再生のプロセスは本来企業のために作られたものだ。萩学園は大学に学生を惹きつけられなくなったため、民事再生手続きに入った最初の学校法人という不名誉を受けることになった。

第六章　同族ビジネスとしての私立大学

この章では、非常に一般的な存在であるにもかかわらず、ほとんど全く研究されてこなかった同族経営大学を、日本の私立高等教育セクターの一面として、より詳しく見ていく。私たちが論じるのは、これまでの章で紹介した通り、過去二〇年間、私立大学が直面した多くの困難に対して見せた逞しいレジリエンスに着目すると、その多くが同族経営だったことが一つの説明になるということだ。同族経営というビジネススタイルは、教育、医学、福祉などを含む日本のさまざまな分野で非常に重要な役割を担うまでに成長してきた。

日本の私立高等教育の中の同族経営大学

日本の同族経営大学に関する公式のデータは存在しないが、その数が多いことは広く知られている。ある私立大学の組織（APUJ 2018）による調査を基に、小原（2019）は日本の私立大学のおよそ四〇パーセントが同族経営であると試算した。[1]ここには、創設者から次世代へとすでに継承された大学だけでなく、現状まだ創設者自身が大学経営をしている（その後そこに創設者に近い親族が関わったり、次世代に引き継がれたりした場合に同族経営となる可能性がある）大学も含まれているようだ。[2]とはいえ、創設者一族によって運営されていることが知られている学校法人の数は多く、日本で同族経営ビジネス全般が広がっていることを考えれば、同族経営大学の存在も想像に難くない。

親族たちによって経営されている組織は、日本語では「同族経営」（あるいは一族経営）と呼ばれている。同族経営という表現はあらゆる形態のコングロマリットと組み合わされ、「同族経営学校法人」や「同族経営社会福祉法人」などのように、機関の集合体の一部、もしくは全体を一つの親族が経営している時に使われる。しかし、日本の高等教育の分類軸として「同族経営」という用語が出てくることはない。本書第二章で説明したように、日本の高等教育の分類は公立／私立といった公式の（法的な）機関としてのタイプや、規模や創立された時代といった軸が使われる。非常に多様な機関の集合の中で同族経営の大学はどういった立ち位置にあるのかを理解するためには、私立大学セクターをより質的な側面から描き出す必要がある。

金子元久（2007）による「自発的組織型 voluntary association」「庇護型 sponsored」「企業家型 entrepreneurial」からなる日本の私立大学の設立の経緯から見た類型「typology by birth」は良い出発点となる。自発的組織（Voluntary association）タイプは、大学の起源が、遠く封建時代の私立学校や、一八〇〇年代後半に著名な知識人が設立させた学校で、明治政府の抱いた教育理念とは違う独自の考え方を持っていることが多かった。そのため、自然とそのような学校は革新や自由思想、自立といった価値に重きを置く傾向にあった。[3] こういった学校を起源に持つ多くの大学は、現代でも積極的に著名な歴史的な人物（主に明治期の革新的な思想家たち）と自分たちを繋げて考えているが、金子（2004: 48）は、そういった著名人自身が実際に大学の運営に直接携わるのは稀だったと指摘している。とはいえ、第二章で見たように、彼らは私立学校の「精神」を体現している。それは日本の私立大学の組織が積極的にプロモーションしようとしていることでもあり、他の私立大学も喜んで自分たちと関連づけようとしている。

庇護型（Sponsored）カテゴリは戦前と戦後に設立された大学を含んでいる。教育や社会的な目的のために、宗教的組織など教育セクターを超えた法人が大学を運営しているタイプだ。日本には過去に、あるいは現在も、キリスト教会との繋がりがある、いわゆる「ミッション系」の大学が八〇校以上ある。仏教系の組織との繋がりがある大学は五〇校近い。宗教的な教義が大学の活動にどの程度関わっているか、その幅は非常に広い。ある大学では、宗教的な繋がりは実践的というよりは起源や地位の問題に留まるが、他の大学にとってはその繋がりはより明らかなものになっていて、宗教的なミッションを明確に掲げていたり、宗教的学問がカリキュラムの中で重要な位置を占めていたりする場合もある。[4] このカテゴリには、少数ではあるが企業による出資で、技術的な発展や特定の産業に特化した人材育成を主要目的とした大学も加わる。その良い例は現在の成蹊大学（安倍晋三元首相の母校でもある）だ。その前身は、三菱財閥の四代目総帥、岩崎小弥太の支援によって一九〇六年に設立された。戦後期に大学としての認可を得るまで、主に三菱グループからの寄附によって運営されていて、成蹊大学は今でも三菱グループとの繋がりが強い。より最近の例では、自動車メーカーの出資による豊田工業大学や、大手スーパーマーケットであるダイエーの出資による流通科学大学などが挙げられる。(5)

そして最後は企業家型（Entrepreneurial）大学だ。これはすでに教育ビジネスを行っている個人や組織が設立するタイプのものだ。そのほとんどが比較的小規模なものとなっている。地元の教育や政治、そして（または）ビジネスの世界で活躍している裕福な個人や一族が学校を設立している例もある。それらの運営は世代を超えて手渡され、支援者の輪が大きいことも多い。初等教育機関や中等教育機関、短期大学、そして（あるいは）専門学校などの一連の教育機関に、最後に加わるのが大学となることが多い。(6)金子（2007）が書くように、企業家型大学のカテゴリは幅広く多様で、その中で大学ごとに意味のある細分化をするのは非常に難しい。特に、創設目的や教育的目的について一般化するのは困難だ。一部の大学は明らかに特定の学問的な関心や職業のための訓練のニーズに応えようとしている。一方、「国際化」などより広い社会的なテーマを掲げている大学もある（名前に「国際」という言葉が入る大学は三〇校あり、「福祉」が入る大学は一七校ある）。六三校の私立大学は女子学生しか受け入れていない。他には、本書第二章で見たように、地元自治体の支援を受けて設立された、地元コミュニティーに深く根差している大学もある。この「企業家型」というカテゴリは便利な分類であるが、同時に、設立当初の状況が今現在の大学の在り方の決定的な要素ではないという事実が整理しきれていないという妥協がある。とはいえ、ほとんどの同族経営の大学がこの問題を抱えたカテゴリに属している。

日本の私立教育一般、特に学校法人について調査を行っている組織やグループはたくさんある。(7)

この一般的な分野についてかなりの研究がされているにもかかわらず、同族経営の学校法人についてのフォーマルな研究が欠けているというのは、とても目立つことだ。

こうした研究の欠損の理由の中で重要な位置を占めるのは、日本では一般的に同族経営の組織に対してネガティブなイメージが抱かれていること、そして組織自体も自らが同族経営であることに注目を集めたくないらしいということ、この二点が挙げられると私たちは考える。実際、日本では同族経営の私立大学に対して非常にネガティブなイメージが持たれていることがある。インターネット検索をしてみれば、不正や横領といったことから犯罪グループや右翼団体との繋がりなど、非難の対象とされるような同族経営にまつわる情報がすぐに出てくる。極端な場合、確認が取れていない情報で、非難された側から強く否定されているケースも多い。しかし、少なくともこれらの情報からは、教育機関を運営する者として同族経営が一般的に疑念の目で見られていることがわかる。

一部の同族経営組織の規模の拡大や成功のありさまを見れば、疑問に思うこともある。世耕一族が三代にわたって運営している近畿大学は、日本の他のどの大学よりも多くの学部受験生を（二〇一九年には一五万四〇〇〇人以上）獲得していた（『週刊朝日』二〇一九年三月八日号）。冲永一族によって創設された帝京大学グループは三九校もの異なる大学や学校、幼稚園などを運営していて、それらによる歳入は毎年一〇〇〇億円にも上ると言う（『週刊東洋経済』二〇一七年五月十五日号）。都築学園グループ（都築一族）は全国に六校ある大学を含む幅広い学校を持っている。その一部の大学は教育を超えたビジネス的関心を持つ親族によって運営されている。朝日大学と明海大学を運営する宮田一族は、一九六〇年代の東京での大規模コンドミニアム開発責任者で、また中華料理店チェーンとして成功している南国酒家の経営もしている。

同族経営の大学が日本の主流ニュースメディアに取り上げられることは滅多にないが、取り上げられるのは、ほとんどいつも財務上の不正などの事件が起きた時だ。例えば二〇一一年には、浅井学園（浅井一族）の元理事長が政府からの助成金五七〇〇万円を私的に利用したことで懲役四年六ヵ月の実刑判決を下された（『日本経済新聞』二〇一一年三月十日）。二〇〇一年には国税局が先述の都築学園グループの二つの学校法人で合わせて一億六〇〇〇万円の申告漏れがあったことを指摘した（『日本経済新聞』二〇〇一年九月六日）。いくつかのケースでは、長期にわたる不正が発覚している。堀越学園（創造学園大学、堀越一族）は二〇〇〇年代を通して不正行為や労働基準法違反の疑いで何度も警察による捜索が行われた。二〇一〇年には政府からの助成金の交付が取りやめにされ、二〇一一年には第三者機関による認証評価で不認定と判断された。同年、県と国、両方の私立大学の組織から除外されることとなり、二〇一三年に政府から解散命令が下された。

一部のケースでは、不正は財務上のものに留まらない。東京福祉大学の総長・学長である中島恒雄は二〇〇八年、大学キャンパス内での強制わいせつ罪で三四ヵ月の実刑判決を下された（*Japan Times* 2008/6/28）。釈放後、彼は組織内で影響力のあるポジションに戻り、大学入学資格を十分には満たさない海外からの学生を大勢勧誘するという新たなビジネスモデルを打ち出すことを続けた。同大学で、過去三年の間に一六〇〇人以上の留学生の所在が不明になっていることが発覚した後、二〇一九年には中島は再び総長・学長の座に戻った（澤田 2019）。

日本の政界の中心部と近い繋がりを持つ同族経営組織もあり、組織の発展の歴史の中でそうした政界との繋がりが明示されている場合もある。例えば、学校法人城西大学（城西大学などを運営している）を創設した水田三喜男は、自由民主党政権下で一九五〇年代から七〇年代にかけて閣僚を歴任した人物だ。二〇一六年までは娘の宗子が学校法人の理事長を務めていた。また、岡山理科大学は獣医学部新設にあたって、異例のスピードとスムーズな進行で政府から設置認可が下りたことで、安倍（元）首相と岡山理科大学を運営する加計学園の間で疑念が持たれた。この同族経営の学校法人は他に二つの大学と数多くの学校や専修学校などを運営していて、安倍（元）首相と親しい加計孝太郎が理事長を務めている。

こうした問題が、他の私立高等教育機関に比べて同族経営大学に蔓延しているかどうかについての証拠はない。また他業種の私立（民間）セクターに比べて私立高等教育でより広まっているという証拠もない。とはいえ、オバラ（2019: 144）が全体的にはポジティブな姿勢でこうした組織の姿を描く中でも認めているように、こうした問題となる事例があることや、ネガティブなイメージが強まってしまっていることは、同族経営大学というカテゴリへの真剣な注目がなされなかったことの理由となっている。日本の私立高等教育機関の経営者や支持者たちは、自分たちに関連づけられるのを避けるように、こういった不祥事に注目しないようにしてきた。私立高等教育について書いてきた研究者たちは、真剣な分析がタブロイド記事と混在されてしまうのを嫌い、論文というより証拠のない暴露だと読者に思われたくないと思ったかもしれない。同族経営大学というトピックは日本では「タブー」だというような考え方はこういった懸念があるからではないか、という声をインタビューの中で何回か聞いた。いずれにしても、同族経営大学が同族経営であることを滅多に主張しない理由も、まして、実は同族経営ではない大学より同族経営のほうが優れている面もあるのに、それを示さない理由も、想像に難くないだろう。

日本国内の学者による同族経営学校法人についての研究は欠けているとはいえ、海外で活動する研究者による成果はいくつかある。その一つは、経済学者のエステル・ジェイムズと人類学者のゲイル・ベンジャミンによって一九八〇年代に書かれた、滅多に引用されていない本だ。なぜ日本には企業家型の大学が多いのか、そしてなぜそれらの多くが同族経営なのかについて説明している。(8) 彼らの分析の第一歩は、本書の第二章で触れた、私立高等教育セクターが持っている需要を吸収する機能についてのものだった。ジェイムズとベンジャミン（1988: xvi-xvii）によれば、世界の他の地域では私立セクターの拡大は一般的には言語的・宗教的な文化の不均質性への対応として起こるものだが、日本では、需要が溢れているのに政府が対応しようとしていないことへの対応として起こっている。彼らの分析によれば（1988: 56, 58）、

関係する世代の人口の増減に対して、公立セクターが緩慢な調整しかできていない中、私立セクターはその変化に素早く対応する衝撃吸収の役割を果たしている（中略）日本で取られているサービス提供のこうしたパターンは、一九五〇年代以降安定して日本の政権を取っている自由民主党支持者の利害にも一致している（中略）最終的には、教育の責任（そして他の類似する社会サービス）に関する公立／私立の境界線は、権力者の繁栄を最大化させ、彼らと同盟関係にある集団への必要な報酬を提供することとなのだ。

ジェイムズとベンジャミン（1988: 62-64）は、教育機関の縦方向の統合によって、学費を払う学生らの教育経験全体を確保して囲い込んだり（「セールスの最大化」と著者は表現している）、大学のシニアメンバーたちが学内で担う複数のポジションごとに給与を出すなど合法的な「偽装した利益分配」によって多額の資金を得たり、[9] あるいは非課税の特典（必要経費から、無料の住宅、車など。そして時には外部組織とのコンタクトを仲介したことに対する非合法な〝キックバック〟まで）等の方法を通して、どのように利益を作り出しているかを論じている。[10] 実際のところそれは、政府からの支援が限られたために、「偽装利益の最大化」とそれに対する確かな要望という組み合わせで成り立っている。また、借入資金を簡単に利用できるようになって、私立大学は新たな設立が容易になっただけでなく、一九六〇年代から七〇年代、八〇年代にかけて多くの家庭にとって魅力的な存在になることができた。[11] 同時に、より多額の税金を高等教育システムに投資することを避けるために、そのような大学が必要だった政府は、私立大学に経営方法についての大幅な自由を与えた。意図的に目をつぶる政府のそうした態度と学生の需要の増加、そして経営一族が不当に利益を得ようとすることが混ざり合った結果として、一九六〇年以降今日まで、同族経営大学全体の問題が、日本の研究者たちにとっては気を遣う、微妙なトピックとなったのだった。[12]

同族経営大学についてのポジティブな考察は、UCLAの博士論文でオバラ・カズヒト（2005）が書いていて、後にアルトバック、デウィット、チェらの編集による本の一章となる事例研究（Obara 2019）によって補完されている。オバラの論文は表向きには私立大学のリーダーシップに関するものだったが、研究資料の文脈を明らかにするために、彼は二〇〇〇年代初頭に私立大学の周りで起こっていた議論や懸念について素晴らしい要約をしている。オバラ（2005: 1）は「複数の社会―環境的な要因が収斂《しゅうれん》したことで日本の私立セクターは危機に直面しており、日本の私立高等教育システム全体とその存続すらも脅かすことになるかもしれない」と状況を説明した。さらにオバラ（2005: 9）は社会―環境的な問題として、①十八歳人口の減少、②私立大学の増加、③営利目的型の大学の増加、④国立セクターの法人化や民営化の増加、⑤経済不況と大学卒業生の就職難、⑥日本における教育サービス自由化に対する国際的なプレッシャー、⑦大学が人格形成と学術的スキル向上のどちらに注力すべきかをめぐる対立がある、として、当時は一般的だった考え方と同じように「おそらく一五〇校以上の日本の私立大学は次の一〇年で破産に直面するだろう」（2005: 175）と示唆している。

オバラ（2005: 103）は、自身が言うところの「来るべき〝弱肉強食の世界〟」に大学の経営者たちがどのように備えようとしているのかについて、データを集めようとした。オバラの収集したデータは、彼が「二流私立大学」と表現した大学に関するものに集中している。オバラ（2005: 102-103）によれば、本書の第一章でも取り上げた入試の偏差値をベースにした時、二〇〇〇年代半ば時点ではおよそ一〇〇校の「二流私立大学」があると試算していた。[13] オバラはこれら一〇〇校の「二流私立大学」の中から、できるだけ全都道府県の大学が含まれるようにして、四二人の理事長や学長に質問紙を送った。そのうち三四校（八一パーセント）が調査に応じた。オバラは三四校のうち二一校が「同族経営」大学だと書いている。それらの大学はいくつもの重要な特性を共有していた。調査に答えた三四校全ての大学が附属校を持っていて、半数以上は大学院・短期大学・高校・中学校・幼稚園があり、四分の一の大学は附属の専門学校（professional training colleges）と小学校を持っていた[14]。インタビューに答えた学長の三分の二は、同じ学校法人の他の学校でも学長（校長）を務めていた（つまり、基本的には一人分以上の給与を受け取っていた）。学長たちは、「巨大な家族システム」としての大学を作り出すこと（Obara 2005: 155）、自校の職員の人材派遣代理店を持つことで職員を非正規契約で雇えること（Obara 2005: 156）、他の事業によって経済的に大学を支えること（Obara 2005: 157）、大学の教員スタッフは高等教育の現在の苦しい状況についてほとんど理解を示さず、大学をより市場中心型にしていくための改革を考えようともしていないこと（Obara 2005: 158）などについて語っていた。

アルトバックほか編による同族経営高等教育機関に関する本（2019）では、オバラはこれらのポイントについて玉川学園の事例研究の中でさらに深く掘り下げている。彼の曽祖父は玉川学園の大学の創設者で、同校は四世代にわたって同族経営であることが知られている。オバラ（2005: 2）は、自分がＵＣＬＡ（カリフォルニア大学ロサンゼルス校）の博士課程で日本の私立高等教育について学んだのは、のちに「東京で私立大学を経営する」ためのトレーニングだと気軽に認めている。また、オバラ（2019: 144）は同じように、日本での親族内での役職の継承が微妙な問題であることも明らかにしている。「職の世襲はしばしば排他的で封建的で非民主主義的な性質だと批判される。こういった種類の批判は教育産業でも見られるものだ」と。あるいは、彼の事例研究が載った本の編集者（Altbach et al. 2019: 300）は「日本では、資産相続の一つの形態と考えられていた親族内での世襲が、社会の批判の対象になり、階層の分断を継続させていると捉えられている」と書いている。

オバラ（2019）は玉川学園の特徴をいくつも取り上げている。その一つは理事長と学長と校長の三つの役職を一人で担うのが「伝統」だということだ。現職は二四年間そのポストに就いている。彼の後継を育てるために明確な長期プランが立てられていて、その後継者は「自分の部下からの信用を勝ち取らなくてはならない」。この長い見習い期間によって、組織としての連続性、一貫性、安定性を保つことができる。「親から子へと手渡されるオーナーシップは一子相伝のものだ。親たちの抱くビジョンは、子どもたちが〝ファミリービジネス〟の中で育つ間に伝えられ、経営への貢献やチャレンジに対して親密な関係の中で評価される」

オバラの議論の中で強調されていなかったテーマは、特に、いよいよ相続の時が来た際の家族内の摩擦だった。ただし、オバラ（2005: 156）は、ある大学が「一つの親族のメンバーが世襲したり、複数の親族メンバーを理事に任命したり、同じ職場に親族を配属させたり夫婦が一緒に働いたりするのを禁じている」という例を挙げている。おそらく、その大学の一二〇年の歴史の中でさまざまな内部の葛藤があった結果としてできた仕組みのようだ。これをしっかり理解するには、本書第二章で紹介した私立大学の運営構造の中に同族経営大学がどう収まっているのかを見る必要がある。

一九四九年の私立学校法は、理論上、一つの親族グループが学校法人をコントロールすることを禁じている。第三八条の七項では「役員のうちには、各役員について、その配偶者又は三親等以内の親族が一人を超えて含まれることになつてはならない」と書かれている。つまり、大学オーナーの家族は理事会の中で二つ以上のポジションを確保することはできないのだ。しかし、重要なのは、この制限は個々の学校法人にしか当てはまらないということだ。したがって、一つの親族が学校法人グループを作り、それぞれの学校の理事長に家族メンバーを割り当てれば違反にはならないのだ。その一例としては、前述の加計学園グループでは少なくとも加計一族の五人のメンバーがグループ内で要職に就いているが、一つの学校法人には二人以上のメンバーが配置されないようになっていて、完全に合法的なアレンジになっている（『現代ビジネス』二〇一七年七月三十一日）。さらに、（理事会の力をチェックすることが目的ということになっている）評議員会には親族メンバーについての法的な制限がなく、また学長や学部長、あるいは管理部長などのポストに親族が就くことについても制限はない。

文部科学省は、オーナー一族による学校組織の支配を承認しない意向を示す運営ガイダンスを出していて、同じ親族の中から大人数を評議員に選出しないようアドバイスしている（文部科学省2004）。時折、それを守らない大学を公表することもある（例えばAPUJ 2010, 文部科学省2007参照）。しかし、これに法的根拠はないため、これらのアドバイスはたいていマイルドに表され、[15]そのあとに具体的な介入が続くことはない。ジェイムズとベンジャミン（1988）が一九八〇年代に論じたように、私立の同族経営大学の存在によって政府が高等教育セクターに投じなくてはならない資金が減っているということを忘れてはならないのだ。

ここでもまた、同族経営学校法人の運営に関する問題がいかに注目されてこなかったかということが明らかになった。研究者がそのトピックについて避けていることがはっきりと分かることもある。例えばイニョール（2001）は匿名化された「都市学園」という仮名の同族経営の大学についてエスノグラフィーを書いている。都市学園は短期大学や高校、中学校、小学校、幼稚園などを持つ学校法人の一部で、創設者は一九七三年まで理事長を務め、その後は息子が学長になり一九九四年まで跡を継いだ（Egnor 2001: 51-52）。現在の学長は創設者の孫で、一九九四年以降評議員長も務めている。イニョールの論文のタイトルが「日本の私立大学のガバナンス」（Governance of a Private Japanese University）であるにもかかわらず、創設者の孫が比較的若い年齢で学長と評議員長を務めるようになったために直面した困難についての間接的な言及（Egnor 2001: 195-196）以外には、都市学園が同族経営であることについては全く触れられていなかった。

世界の同族経営高等教育機関（FOMHEIs）

同族経営の大学は、日本では非常に一般的であり、しかしそれについての研究は著しく欠けている。この組み合わせは日本だけに特有のものではない。アルトバック（2005: 10）が二〇〇五年に書いた短いが影響の大きい論文の中で、同族経営の大学は「非常に見過ごされていて……急速に成長しているがまだよく理解されていない」現象だと書いている。彼は、中央・南アメリカ（メキシコとアルゼンチン）とアジア（インド、中国、日本、台湾、韓国、フィリピン、タイ）といった国々での同族経営大学の重要性に光を当てている。国際的な、あるいは国ごとの同族経営大学の正確な数を出すことこそできていないが、彼によれば、例えばタイでは、私立大学全体の半数は同族経営だと試算している。(16)

アルトバック（2005: 29）は、同族経営の大学を「個人あるいは一族が創設した大学で、運営、管理、財政的なコントロール、および（あるいは）大学の直接的な所有について親族メンバーが直接関わり続け、基本的に優位にあるような大学」と定義している。アルトバック（2005: 30）は同族経営大学のポジティブな要素として「それらの大学は革新的な教育や経営的なアイデアを取り入れ、試し、それを発展させる。カリスマ的な教育リーダーが熱心に改革を進めるのを任せることもできる」ということを挙げている。彼によれば、同族経営大学が設立される理由は非常に多岐にわたる。純粋な社会奉仕や社会的ミッションのため、創設者やその一族の地位と名声を上げるため、金儲けや親族の雇用先を作るためということもありうるし、例えば政治基盤を強化させるため地元経済に貢献するといった政治的な目的で作られたものもあるだろう。概して、彼は「同族経営は、安定性や管理体制を確保すること、大学の財務的な情報をできる限り秘匿できること、大学のミッションや目的を維持すること等のためのものと見ることができる」と結論づけている。この特徴を、彼は以下のようにまとめている。

- 一族のメンバーが大学の管理職のポジションを占め、中央集権的に大学全体、特に財政面でのコントロールを許す構造がある。それぞれの国の規制の範囲内で、評議員会のメンバーの中で、一族が財務上および学問上の問題に関する最終的な決裁権を持つ立場を占める
- 教員スタッフにはほとんど決裁権がない。そして、学長職をはじめ、管理・運営の役職はオーナー一家が占めることが一般的

- 大学の戦略管理はほとんどオーナー一家の手に委ねられており、時にはポジティブに作用する（市場のプレッシャーへの対応時など）が、学問的な誠実さと財務利益の間に対立がある場合には潜在的にネガティブになりうる
- トップダウンの性質があり、潜在的にスタッフに対して教育面についても研究についても学問上の自由に制約が生まれうる
- 大学のコントロール権が世代交代で受け渡されるため、リーダーシップを維持し、効果的に長期経営を行うことが同族経営大学にとって特に重大な問題になる

二〇〇五年の影響力のあった論文に続き、アルトバックは一〇年以上かけて研究資金を集め、同族経営大学の現象について厳密でシステマチックな調査を行おうとした。しかし資金を十分に確保できず、彼は同僚を集め、そのトピックに関してどのような情報ならば手に入るのかを整理し、同族経営大学についての事例研究を収集した。これらの事例の多くは、大学経営の後継ぎとしての適性を確かめるために調査を受けた家族メンバーによって書かれたものが多かった。アルトバックと同僚たちは同族経営高等研究機関（Family-Owned or Managed Higher Education Institutions）の頭文字を取って FOMHEI という造語を作り、彼らが集めた事例をカバーできるようにし、*The Global Phenomenon of Family-owned/Managed Universities*（同族経営大学の世界的な現象）（Altbach, deWit, and Choi 2019）という題名で本を出版した。[17] 彼らは世界中での私立大学の成長（Levy 2019）と同族経営ビジネスの比較研究（Allen and Choi 2019）の文脈に同族経営大学を置いた。彼らは、同族経営大学

に関する公式な統計はないものの、その数は「世界中に何千校とあり、ほとんどの国に存在している。疑いようもなく、同族経営大学は私立高等教育界の中でも鍵となるような規模だ」と結論づける(18)（Altbach, de Wit, and Choi 2019）。レヴィ（2019）は、以下のように指摘している。

新入生がしばしば自分の入る大学が私立なのか公立なのか、営利大学なのか非営利なのか、宗教法人なのかなどを知らないように……、彼らはたいていその大学がどの程度同族経営なのかを知らない（中略）ほとんどの同族経営大学の非エリート的な性質によって、特に人口変動によって起こった不況や需要の減少など市場の変動に対しては敏感になりやすい。

彼はこの現象を説明するのに日本と韓国の例を挙げている。

アルトバックらの著書でチェ（2019）が担当する章は *A future of dark speculation?*（暗い未来という臆測？）というサブタイトルで、日本と韓国で見られる重要な類似点を示している。日本と同じように、多くの韓国の大学は大規模な教育機関コングロマリットの一部で、一族が、中央集権化された理事会の下で運営している。そのスケールにかかわらず、チェ（2019: 162）はそうした大学の「典型例は地方にベースを置いて活動の焦点も地方に合わせていたり、非道徳的なことをしそうな利益重視の人がオーナーだったり、世間のイメージが悪かったり、歴史が短かったり、経済的に不安的だったり、政府が民間ビジネスに否定的だったりしている」と説明している。チェ（2019: 170-175）は韓国の同族経営大学で起きたスキャンダルや世間に悪印象を与えた事例と、管理や規制が厳しくなったために閉鎖や統合をせざるを得なくなった大学の名前を列挙している。

アレンとチェ（2019: 3）は同族経営ビジネスの先行研究レビューの中で、特に社会・経済的な富について二つの明確な結論を出している。これらは同族経営大学を理解する助けになるだろう。一つ目は、「経済とは関係のない社会的メリットと、しばしば高等教育機関が受ける世間の敬意や名声との潜在的なリンクだ。（中略）例えば……高い評判という富は……他の分野のビジネスを所有するよりも高等教育において、より価値の高いものになるかもしれない」。二つ目は、「オーナー一族による長期的なアプローチ、致命的リスクを避ける努力、そして変化の遅さ、高等教育においてしばしば見られるそれらの要素の潜在的な合致」と彼らは表現している。これらはどちらも私たちのメイケイ学院大学（MGU）の事例に関連している。たとえば、設立の理由、人口変動の危機に直面した当初ゆっくりした反応しかしなかった理由といった点だ。また、アレンとチェ（2019: 35-36）は、特に後継の世代やその「参加型の家族文化」に焦点を当てて、「家族性」がビジネスにアドバンテージを与えることを指摘している。

それぞれの同族経営大学が独自の歴史や足跡を有していることを認めつつ、アルトバックら（2019）は異なる国からの一二の事例研究を基に、同族経営大学の重要な特徴をリストアップしている。これはアルトバックによる二〇〇五年の実地調査の論文に重要な厚みを加えるものになった。彼らが導き出した同族経営大学の重要な特徴は、以下のものだ。

- 教育（授業）に焦点を当てている。特に教育マーケットに直結するコースで顕著

・持続的運営のため、学費収入に強く依存している
・学問・研究重視の文化はほとんどない
・大きな同族経営の教育コングロマリットの一部であることが多く、内部の異なる機関の間で歳入を共有し、必要に応じて複数の学校が大学を支援することができる
・政府による監視や指導の対象になっているが、そうであっても、経営一族は主要なリーダーシップの地位や理事会の席を占めることでコントロールを掌握することができる。その双方を占めている場合、「代理人問題」を避けることに繋がる。すなわち、オーナー（学長／校長）と経営者（代理人）の不和を避けやすい。特にこれは同一人物が複数の役職に就く場合に見られる
・人を雇う際には親族の中からリクルートしようとし、親族メンバーは組織内で働くことを期待されている
・後継ぎの候補者は早い時期から組織の文化の中に組み入れられ、適切な資格（Ph.Dなど）の取得やリーダーシップの発揮を求められる
・一族の評判は、経営する機関の成功に強く結びついており、機関の不祥事は一族全体の経済的、社会的リスクの元になる
・世間からは悪いイメージを抱かれることが多い。その経営構造は非能力主義的だと批判され、同族経営ではない機関に比べて汚職に誘われる機会が多く、実際の真意がどうであれ、そういった文脈で解釈されてしまうことが多い
・危機の際には素早く動くことができる。価値や信念、組織の慣習を保つことに長け、長期的安

定性を見せる（一族の校長は何十年もその役職を続けられる）。また、連続性を保つため、一族や個人から大きな経済的投資をすることができる

アルトバックら（2019: 304）はこの最後のポイントについて以下のように要約している。

個人の経済的な安定性や社会的地位の見通しは、一族による組織の成功のための継続的な関わりに繋がっている（中略）教員、職員、学生、そして地域コミュニティーは、一族が大学のランキングを上昇させたり、最高の人材を呼び込んだり、資源を引き込んだりできればメリットを得られる立場にある。

すでに見てきた通り、これらのポイントは全てMGUの事例にあてはめることができる。そのうちのいくつかは、MGUが現在のように回復するに至った「元来備わったレジリエンス（inbuilt resilience）」の根源にもなっているものだ。学校法人の多くの重要ポジションを親族メンバーが占め、今後もそのような形が続くだろうという期待は、視野を狭めることにも繋がりうる。しかし同時にそれは経営に一貫性をもたらし、意思決定を効率的に実現させていくことにも結び付いていた。学部教育に集中し、研究を「高尚な余暇」として位置づけることによって、いよいよ必要になった時には、学費を払ってくれる学生という最も重要なマーケットに注力した改革ができるようになっていたのだ。また、MGUは大きな教育コングロマリットの一部であるという点でも、典型的な同族

経営大学だった。純粋にビジネス的観点から見ても、コングロマリットの中でも主要な〝フラッグシップ〟となる大学を閉鎖するようになれば、学校法人全体の評判に傷をつけ(仕事が失われ、収入悪化に陥ることは言うまでもない)、系列の学校全てにマイナスの影響を与えるだけでなく、経営一族までもが被害を受けうる。したがって、大学の規模や収入を縮小することになったとしても、また仮に赤字経営になったとしても、大学を存続させることは必須のことだったのだ。

同族経営大学の「元来備わったレジリエンス」という特徴の多くは、社会の他の業種の同族経営組織にも見られる。同時に、大学を「同族経営かどうか」に着目して理解することは、家族や親族関係一般について、その性質の更なる検討を求めることに繋がる。したがって、以下では、国際的な、そして日本に特化した同族経営研究の文脈と、日本の親族関係や家族関係についての人類学的な知見に照らして、同族経営大学を見ていく。

同族経営ビジネスの研究

ハーバードの経済歴史学者デイビッド・ランデス(2006: xi-xii)は自身の著書 *Dynasties*(王朝)の中で、近現代社会にとって同族経営ビジネスが重要であると意見を変えた経緯を説明している。

EUでは家族・親族による企業は国によって六〇パーセントから九〇パーセントを占めていて、GNPと職の三分の二を占めている。一九九〇年代半ばのアメリカ合衆国では九〇パーセント以上の企業は同族経営で、アメリカの商品やサービスの約半分を生産し、さらにフォーチュン500（国内の最も規模の大きい五〇〇社）の三分の一は親族が舵を握っているか創設者一家が経営に関わっていると言われていた。さらに、これらの同族経営企業は最高のパフォーマンスを見せる傾向があり、平均するとその他の（同族経営ではない）競合他社をはるかに上回る。

コリとローズ（2008: 201）によれば、アメリカで登録されている会社の九五パーセントが同族経営ビジネスと定義づけられる可能性があり、国内のGDPの四〇パーセントを担っていて、ブラジルでは同じくそれぞれ九〇パーセントと六五パーセント、スペインでは七〇から八〇パーセントと六五パーセント、ドイツでは六〇パーセントと五五パーセントになっているという。『ハーバード・ビジネスレビュー』（Kachaner, Stalk, and Bloch 2012）の記事によれば、売り上げが一〇億ドルを超える企業の三〇パーセント以上が同族経営だと言う。ウォルマート（アメリカ）、ミシュラン（フランス）、イケア（スウェーデン）、ベネトン（イタリア）、ハイネケン（オランダ）、レゴ（デンマーク）、サムスン（韓国）、キッコーマン（日本）、タタ（インド）などの、世界的に有名な企業は今でも同族経営だと言われている。(19)

同族経営ビジネスは、経済活動の組織形態としては最も古く、そして最も一般的なものだが、なぜもっと研究の対象になっていないのだろうか？　ランデス（2006: 290-291）によれば、その理由は「ビジネス史を研究する現代の学生は……同族経営企業は時代遅れとまでは言わないまでも、ただの過渡的なステージのモデルだと思い込んでいるため、その苦闘や成功のさまをすっかり見逃している（中略）ビジネス界の世襲による「王朝」は……本来不適切ですでに過去のものだと見られている。（中略）生産やその分配のスケールが拡大するために生じる問題や課題は、職業上の機能の専門化を強いることになる。（中略）それによって、適切に訓練された職員に頼らざるを得なくなっている」からだと書いている。（中略）ランデスはビジネスの成功そのものを同族経営企業が直面する壁の一つと数えている。なぜなら、先代が築き上げた富を他のことに使ってしまうということがあるからだ。

したがって、新たに発展し、消費者や株主など外部の利益をベースにした、純粋に経済の観点から見て合理的と言われるプロフェッショナル組織の経営やオーナーシップの形態に比べると、同族経営ビジネスは学術的な研究の対象にはならなかった。実際、経営組織に関する文献の多くは、同族経営ビジネスは時代遅れで歴史的遺物であり、時が経てばいつかは適切な形の企業になっていくと見ている。

同族経営ビジネスの研究にあたっての大きな問題は、その定義についてだ。例えばランデス（2006: xiv）は世襲制を「三世代にわたって家族による統制が継承される」ものと定義していて、ベアリングス家、ロスチャイルド家、モルガン家、フォード家、アニェッリ家、プジョー家、ロックフェラー家、グッゲンハイム家など、過去二世紀で最も知られている「ビジネスファミリー」の解説をいくつか挙げている。日本からは、トヨタ自動車を設立し、そのリーダーシップを取り続けている豊田家の事例を挙げている。その事例研究自体も興味深いが、これらの事例はそれぞれ大きく異なる軌跡を描き出している。ロスチャイルド家のように二五〇年以上一族によるコントロールが続いている例から、プジョー家やモルガン家のように成功した同族企業から離れ、経営に関する取り決めを経営陣と結んだ例、スタンダード・オイル社の経営をかなり昔に手放し、慈善事業や政治に集中するようになったロックフェラー家といった例まであるのだ。

コリとローズが描いたこれらの例では、同族ビジネスを成り立たせているのは何かという定義を非常に広くとらえて使っていた。例えばその定義では、一族が企業戦略についてのコントロールをある程度握っていたり、企業を一族の手に継承するつもりがあったりするだけで良いということになる。一方、非常に狭い意味での定義では、複数の世代が会社の日常的な運営に積極的に関わっていて、少なくとも一人のメンバーが重大な経営責任を負うというものになる（Sharma, Melin and Nordqvist 2014: 16–17参照）。例えばアメリカでこの狭い定義を使うならば、コリとローズが算出した同族企業の数はおよそ四分の一になるだろう（Shanker and Astrachan 1996参照）。

コリとローズ（2008: 195）自身も、「量的、質的……あるいは歴史的な意味で、何が同族ビジネスを構成しているかという点について、学者たちの間で一般的同意があるわけではない」と認めている。コリとローズ（2003: 196）が指摘するように、「家族の概念は多様で、同族ビジネスもまた同様だ。時とともに変化し、ある国や、時に地域によって独特な意味を持つこともある」。しかし、比較分析をするために、彼らは血族関係（文化によって定義は異なるにせよ）、資産（資本の重大な要素の所有）、そして相続（企業の戦略的経営のコントロール権の所有と継承）の三つを同族ビジネスを構成する核となる要素として割り出した。これによって、「一族が戦略のコントロールを握り、かつマネジメントのトップの地位に携わっている」という見方を同族企業の実用的な定義として打ち出している（Colli and Rose 2008: 194）。これは、ビジネス・マネジメントを研究する学者たちによる別の定義、「二人以上の拡大家族メンバーが、親族内の繋がりや経営上の役割、あるいは所有権を持つことで、経営方針に影響力を行使する組織」とも合致する（Tagiuri and Davis 1996: 199）。

同族ビジネスの定義に挑んだ人たちが指摘した通り、そうやって定義を試みることによって、組織や文化、ガバナンスの取り決めなどについてさらに多くの疑問が出てくるものだ。[20] 例えばシャルマ（2004: 4）は、企業が同族ビジネスか否かという「どちらか一方のシナリオ」になることは滅多になく、多くの場合、両方の性質が混在したものになっていると指摘している。むしろ、一族がビジネスに対してどの程度影響力を持っているのかについて論ずるほうが合理的だ。オーナー一族が自分たちの会社にどのくらい心情的にも経済的にも力を注ぎ込むか、その幅は広く、また時とともに変化する。そこで、アストラチャンとクライン、スミルニオス（2002）は権力、経験、そしてコミットメントまたは文化、という三つの重要な変数を通してオーナー一族の影響力を測ろうと試みた。シャルマ（2004: 4-7）は一族による所有と経営介入の度合いによって同族企業を七二の重複しないカテゴリにマッピングした。またアストラチャンとゼルウィガー（2008）は創設者の所有のあり方（初代の家族の影響）と後継世代のそれ（二代目やそれ以降の世代の家族の影響）とを区別することを優先すべきだと提唱している。

過去二〇年の同族ビジネス研究の多くは、個人や親族グループの実際の関わりを検証することに注力していた。同族ビジネスにおける創設者や継承者、そして親族でない被雇用者といった重要な関係者たちの特徴についての研究は多く行われてきた。また、それらの組織の中で見られる契約の種類や性質について、摩擦の原因やその解決について、そして世代間の転換やそれらが、「プロフェッショナルな企業（所有と経営が分離されている企業）」とどのように違うのかについての研究もされている。しかし、シャルマ（2004: 21–22）によれば、組織レベルでの、例えばどのような「家族性（familiness）」が資産の形として企業に備わっているのか、また、ビジネスの流れが「合理化」に直面している中で、なぜ同族企業が粘り強さを見せ、生き延びているかなどを明らかにしようとする研究は少ない。

同族ビジネスの「家族性」の要素について検証を試みた研究者の一人がウィリアム・ギブ・ダイアーで、彼は *Family Business Review* という学術誌（同族ビジネス分野についての最初の学術誌）の創刊号に掲載された Culture and continuity in family firms（同族企業の文化と連続性）（1988）という論文で初めてその試みについて書いている。[21] 彼は初めに、いくつかの主要な変数を取り上げていった。性善説を取るか性悪説を取るか、関係性の特徴（ヒエラルキー的か、平等主義的か、個人主義的か）、真実をどこに求めるか（創設者のような権威ある人に付随するのか、個人が試され発展していくのか）、モラルの考え方（普遍的か、臨機応変か）といったことが鍵となる要因とされた。そしてそれらを使って、同族ビジネスを「家父長的（paternalistic）」「自由放任（laissez-faire）」「参加主義（participative）」「プロフェッショナル（professional）」という四つの「文化パターン」にマッピングした。

ダイアーが最も一般的だと言う「家父長的」パターンでは、親族のリーダーが全ての権力を握り、全ての意思決定をする。親族たちは外部の者を信頼しておらず、従業員にしっかり目を配っていている。組織の中で親族は優遇される立場にあり、従業員は異議を挟まず上からの支持に従うことを求められている。それに比べて「自由放任」モデルの特徴は従業員への信頼の部分で、彼らに意思決定をするだけの自由を与えているということだ。親族が最終的な決定を行うこともあるだろうが、意思決定の一部は従業員によって行われる。「参加主義」モデルでは、経営一族の地位や権力が重視されておらず、関係性が〔個人中心というより〕グループ中心主義的になっていて、初めの二つよりも平等主義的でもある。著者はこのモデルの実例をあまり見つけることができていない。最後に「プロフェッショナル」モデルは、事業の経営がオーナー一族から親族以外のメンバーに受け渡されている場合に見られることが多い。ダイアーの研究によれば、最初の世代では八〇パーセントの企業が「家父長的」になっていて、次世代に移ると三分の二が変化して、ほとんどは「プロフェッショナル」に変わるという。

ダイアーのより新しい研究（2018: 244）では、「社会経済的富（socioeconomic wealth）」という概念が、同族企業のパフォーマンスを測るための独立した変数として新たに描かれた。このアイデアはベロン、クルツ、ゴメス＝メヒア（2012: 266-267）によって「FIBER（繊維）」という造語を使って発展されている。

F：Family control and influence（家族によるコントロールと影響力）
I：Identification of family members with the firm（親族と企業との同一視）
B：Binding social ties（社会的絆の形成）
E：Emotional attachment of family members（親族の愛着）

R：Renewal of family bonds through dynastic succession（「王朝」の相続を通した家族の繋がりの刷新）

ダイアーは同族企業の分析に際し、一つの軸を社会経済的富に、もう一つの軸を企業の経済的パフォーマンスにした2×2のマトリクスで対比させている。どちらのスコアも高い場合は「クラン（氏族）型」同族企業、どちらのスコアも低い場合は「自己本位（self-interested）」同族企業と名づけている。また、経済的パフォーマンスのスコアだけが高い場合は「プロフェッショナル（professional）」、社会経済的富のスコアだけが高い場合は「夫婦経営（mom-and-pop）」同族企業と名づけた。

すでに見てきた通り、日本の同族経営大学はダイアーによる分類のどれにもぴたりとは当てはまらない。彼自身も、必ずしもこの分類が一つ一つの事例にぴたりとあてはまることを想定しているわけでもない。これらはマックス・ウェーバー的な分類であり、同族ビジネスを時間（時とともに変化する）や地域・場所（一つの時点でも多様性がある）に注目して比較する際に、発見のための道具として役立つものだ。本書で紹介したメイケイ学院大学は「家父長的」「自由放任」「クラン型」、そして「夫婦経営」の要素を併せ持っている。研究者の中には、こうした要素が同族ビジネスにどのような問題をもたらしうるかを検討している者もいるが、一方で全く同じ要素が相対的に大きなアドバンテージをもたらすということもある。

クーパー（Norton, *the Independent* 2000/7/24, Taylor, *the Guardian* 2000/7/19 など参照）は、研究者の中でも特に、他の経営形態では見られないような、同族ビジネスの有する回復力（レジリエンス）を強調している。同族ビジネスは特に長期的な投資を行う意思を持つことが見られる。また、労働力の柔軟性を有し、子どもたちに早くからビジネスの知識を獲得するように動いて、新たな働き手の教育という問題を減らそうと動く点についても大きく評価している。しかし同族ビジネスの最も顕著な強みは、家族メンバーの間での信頼関係という同族経営に特有の要素だ。これによって正式な契約の必要が減るだけでなく、拡大家族のメンバーから簡単に資本を確保することもできる。

カチャナー、ストーク、ブロッホ（2012）が指摘する通り、同族経営ビジネスのポジティブな特徴は、どの地域においても、経済が下降傾向にある時に力を発揮し、他の形態の企業をしのぐ良い結果を上げている。こうしたレジリエンスに結び付いていると思われる同族ビジネスの七項目の特性を、彼らは緻密に示している。同族ビジネスは一般的に、（1）基本的に良い時も悪い時も節約に努める、（2）設備投資のハードルの高さを維持する、（3）借金がほとんどない、（4）企業買収が少なく、規模も比較的小さい、（5）驚くほどの多様性を見せることが多い、（6）より国際性を持っている、（7）人材をより確保している、というものだ。国際性を持つという面を除き、これら全ての特徴は日本の同族経営大学にも見ることができる。

クーパーのような企業組織の研究者は、同族ビジネスに忠誠心や献身といったメリットを見出している一方で、組織の中で起こりうる関心の対立、非合理性、非能率性などを懸念している。パウンダー（Pounder 2015: 121）も言うように「歴史的に見て、同族ビジネスが直面する問題は、家族の関心事とビジネスとしての関心事との間の調整が主な原因になっている」。例えば、誰を高い役職に配置するか、あるいは個人の支出にどれだけ会社から資金を出すかといった問題において、家族メンバーの個人的関心とビジネスとしてのニーズとが一致しない場合がある。家族メンバーのそれそれが企業内で同等の権力を持っていても、進むべき方向についての意見が異なることもある。こういった摩擦（しばしば「感情面の資本」対「ビジネスの要請」の対立と表現される）によって企業がかき乱された事例はいくつもある。それらの事例は、そうした可能性を避けることができる「プロフェッショナル」な組織のメリットやデメリットを論じる時に用いられる（Shafieyoon and Mansouri 2014 参照）。

したがって、同族ビジネスに関する文献の多く（例えば Carlock, de Vries, and Florent-Treacy 2007 参照）は、以下のような問いに迫ろうとする。リソースはどのように分配されているのか？　どのように意思決定がされているのか？　高いリーダーシップの地位の人選はどのようになされるのか？　家族の掲げる価値観とビジネスの価値観はどのように保たれ、オーナーや従業員、若い家族メンバーにどのように伝えられているのか？　だが、これらの研究文献が注目している最も大きな問題は、ビジネスの継承や相続に関するもので、「創設者が次世代に指揮権を譲ることになった時、何が起こるのか？」という問いだ。そして、日本の同族ビジネスの事例が特に興味深いのも、この文脈においてなのだ。

日本の同族ビジネス

ゴトウ（2013: 555-556）は、広く引用されているレポートから、世界中で見れば同族ビジネスは三〇パーセントしか第二世代に引き継がれないこと、さらに第三世代に引き継がれるのは一六パーセント未満であること、そしてアメリカでは同族ビジネスの平均寿命は二四年しかないというデータを示した。六〇年以上続く同族企業の場合、三分の二は成長が止まっている。しかし彼や他の研究者が指摘しているように、一ヵ国だけ、そのパターンに一致しない例外がある。それが、日本だ。

日本では、同族ビジネスの平均寿命は五二年で、世界で最も長く続いている一二社の同族ビジネスの中で八社が日本の企業である。中には七一八年創業の法師旅館、二〇〇六年に吸収合併されるまで一四〇〇年以上も受け継がれてきたと言われている建築業の金剛組なども含まれている(McNeill, *the Independent*, 2013/12/29)。一七〇〇年よりも前に創業した会社は日本に五一七社現存していて、その中には八五の酒造会社、七〇の菓子屋、六四の旅館や宿が含まれている(Campden FB n.d.)。日本では四〇〇〇に近い数の会社が二〇〇年以上も続いていて、世界的に見てそうした長い歴史を持つ会社の四五パーセント近くを日本の会社が占めている(Takei 2016)。日本の大企業の中には、同族会社として知られているものもある。トヨタ自動車(豊田家)、サントリー(鳥井家、佐治家)、キッコーマン(茂木家)、キヤノン(御手洗家)、パナソニック(松下家)、そして三井家だ。[22]

日本では第二次大戦後、医療や福祉、教育の再建と発展を助けるのに、同族ビジネスが特に重要だった。戦後期、オーナー一族が教育や福祉の組織を作ることを認めた法律が定められて、一九四八年に制定された医療法では医師が医療設備を所有することが認められた。さらに一九五〇年の改正によって、医師が運営し所有する医療企業(医療法人)が医療設備を持つことを認められた。ロドウィン(2011: 171)が言うように、「まるで誤解を招くように非営利と言っているが、医療法人は営利を目的とし、配当を配らない会社だ。医療法人は利益を給与や経費、福利厚生といった形で医師であるオーナーに渡している」。こうした医療法人は戦後期に急速に発展し、その一部は非常に大規模になった。ある医療法人は五〇の病院と一七〇のクリニックを抱え、一万二〇〇〇人を雇用している（Rodwin 2011: 177）。病院の力が強くなるとともに、彼らは関連する施設との連携も発展させ、高齢者のための健康・社会サービス機関、そして在宅ケアの仲介などを手掛けるようになった。パウエルとアネサキ（1990: 152）は、特に一九八〇年代初頭に医療法が改正されたことによって民間の病院に対する政府からのコントロールが弱まって以降の、経営一族にとっての税制上、あるいはその他の経済的メリットを描き出した。そうしたメリットは、民間病院の数が大幅に増加することに繋がった。

ロドウィン（2011）は、日本の民間医療機関の中で見られる利害の衝突について（日本では患者の入院は他国よりも長期間となっていて、治療のために多くの医薬品を受け取っている）、また、日本政府が過去三〇年以上にわたってそれを牽制しようとしていることについて、詳細に記述している。目立った不正事例が多く続いた結果、一九八三年、厚生省には医療不正の特別調査チームが作られることにもなった。

現在、日本の病院の約八〇パーセント、クリニックの約九〇パーセントが私立で、主に同族経営になっている。ロドウィン（2011: 161）が書いているように、「ほとんどの民間開業医は、設備を所有することと医療やそれに付随するサービスを売ることとの間でのビジネス的対立を抱えている」。これは、アメリカにおいて政府が医師所有の病院を非営利の慈善組織のような病院機関へと変えようとしている一連の動きの説明にもなるだろう。

日本の医療機関の多くが医師所有のものだと指摘されている一方、それらが同族ビジネスと明確に結び付けて語られることはない。例えばクリニックや病院を所有している家族にとって大きな懸念事項である後継者の問題として、一家の子ども、特に長男の医師免許獲得に対する強いプレッシャーなどについて、議論がされている文献は事実上ない。私たちが見つけることができた英語で書かれた文献でこの問題を取り上げているのは、日本の保健システムがアメリカの参考になるのではないかと検証したものだ（Goldsmith 1984: 29）。背景を語る章で、共著者で日本の医療政策やマネジメントの第一人者である池上直己が「病院の七〇パーセント近くは医師が個人で所有している。病院やクリニックを所有しているオーナー医師にとって、その所有権は家族内に留まっていなければならない。これが私立の医学部が高い入学金を設定できる理由だ」と書いている。実際、家業を継ぐために長男が医師の資格を得ることを確実にするというのは大きなプレッシャーだ。二〇一八年に明らかになった女子受験生の入学試験の成績を恣意的に下げていたという大学医学部のスキャンダルも（少なくとも部分的には）それが原因と言える（*Japan Times* 2018/12/14）。

戦後の福祉システムの発展に関連することとしては、グッドマン（2000; 2003）が、一九五一年に制定された社会福祉法が定める社会福祉法人について記述している。これによって、学校法人や医療法人と同様、民間の福祉機関が公的な借り入れをできるようになった。社会福祉法人としての認可を受けることで、新しい施設を開設するための許可を得るのも簡単になったことも彼は指摘している。学校法人や医療法人の場合と同じように、理事会に入ることのできる親族の人数は制限されているものの、多くの場合スタッフは親族の中から選ばれる。

同じ法人内であれば異なる施設の重要な役職を親族が占め続けることができる、という考え方も受け入れられて、今日でもそれは続いている。一九九〇年代、東京西部のある大規模社会福祉法人の研究（Goodman 2000: 70）が行われた。一九四九年にスタートしたこの法人だが、近年設立された施設の中で創設者の子孫が所有または運営していない施設は、一四の施設中二施設だけだった。言い方を変えれば、一九九一年の時点で主要施設の現経営者のおよそ九〇パーセントが創設者の子孫で、親族は、全てではないがほとんどがこの法人に関連する社会福祉施設で過去に働いていたか、現在働いているか、あるいは将来働くことになる、ということだった。

医療セクターや教育セクターと同じように、同族経営による社会福祉法人は終戦直後の時期、すぐにその分野で優位に立った。それらがなかったら、まだ貧困に苦しみ、物がない時期に国が全ての子どもを支援するのは不可能だっただろう。一九八〇年代初頭には、児童養護施設のおよそ九〇パーセントが民間組織の運営で、社会福祉法人の一部だった。多くの場合、特に全体の約三分の一を占める戦前からの施設にとっては、児童養護施設は社会福祉法人にとってフラッグシップとなる重要な機関だった（Goodman 2000: 52）。もしも児童養護施設が何らかの理由で運営を継続できなくなると、その社会福祉法人全体の評判や将来の存続にまで深刻に影響することが考えられた。今日の同族経営大学の問題点と大変よく響き合うような話だが、これが一九九〇年代初頭の児童養護施設の実際の状況だった。一九七五年から一九九〇年の間に子どもの人口が三〇パーセント減少したことは児童福祉施設の将来にとっては深刻な脅威だった。[23] 存続のため、彼らは新たな市場や収入源を探す必要があった。それは非常にうまくいき、中でも、長年無視されていた児童虐待の問題を啓蒙し、児童養護施設はその被害者である子どもを助ける役割を担うようになった。こうした方針を取ったことで、驚くべきことに一九八〇年から一九九五年にかけて児童養護施設の数はおよそ四八〇のまま、ほとんど変わらなかった（Goodman 2000: 51）。さらに特筆すべきは、現在の日本の児童養護施設の公式的な数は六〇〇以上にもなっているということだ。国際連合やヒューマン・ライツ・ウォッチなどの海外の機関や国内の厚生労働省などが、養子制度や里親制度を支持し、施設への収容を減らしていこうとしていることを考えれば、意外な結果である。このような同族経営の福祉施設の存続の例は、私たちが同族経営大学に見た「元来備わったレジリエンス（inbuilt resilience）」の良い比較対象である。

《イエ》の概念、養子、家族の継続性のイデオロギー

なぜ日本の同族ビジネスは長期にわたって存続し続け、外部からの障害に対しても強いレジリエンスを見せるのだろうか？　また、日本の同族ビジネス研究を牽引する後藤俊夫（『週刊ダイヤモンド』二〇一八年四月十四日号）が言うように、日本では他国と比べても「同族企業が正当に評価されていない」だけでなく、企業がしばしば同族経営であることを認めないほど、ネガティブに見られているのはなぜだろうか？　同じ『週刊ダイヤモンド』の記事によれば、日本の上場企業の五〇パーセント以上が同族企業と言うことができ（ただしその基準は明記されていない）、平均で見れば、同族企業は非同族企業よりも良いパフォーマンスを出している。

ゴトウ（2013）とタケイ（2016）は日本企業の長寿の理由としてこの国の歴史を挙げていて、特にイエ制度のモデルに着目している。日本を研究する人類学者たちは、親族を超えて広がっている社会組織のさまざまな形態を理解するため、他のどんな対象よりもイエ制度を研究している。イエ制度の主要な要素は以下のように要約することができる。

・イエは一つの企業体とも言える。独自の地位、資産、キャリア、目的を持っている
・家長や後継ぎといった特定の地位・役割は、イエの文脈の中でのみ定義づけをすることができる。すなわち、イエは、血筋が地位を上回る価値を持つ「家族」とは一線を画している
・イエの内側の者と外部者の区別がはっきりしている
・イエの家長（家督）は、イエに属する者全員の行動の責任を取ることが求められている。イエに属する者はこの慈悲心に対して忠誠を示すことが求められている
・イエはすでに亡くなった者も、まだ生まれていない者も包括している。歴史意識とともにイエは強く根づいていて、血筋を覆してでもイエの存続（家筋）を保つことが後の世代に対する第一の責任と考えられている

つまり、純粋な人類学的な用語で言えば、家長を継ぐのは直系の男子（長男）が望ましいが、長男が相続にふさわしくないと判断されれば、弟が選ばれたり、あるいは娘が選ばれたりすることまである。家族の中に適した後継ぎがいなければ、〝アウトサイダー（よそ者）〟を選んでくる必要が

生じる。何が起きようと、永続性は保たれなくてはならない。コリとローズ(2008: 205)が書いたように、「日本では、家族に対する社会的な価値観や態度は……生物学的に定義されていない。むしろ、……家族は集団、あるいはイエに経済福祉的に貢献することによって定義される」。イエの本質的な目的は、家族の富を守り拡大することだ。たとえ血縁者でない養子であっても、跡継ぎとしてそれを達成してくれれば良いことになる。

日本では養子縁組に関するルールがしっかり確立されていて、よく理解されている。バッハニック(1988: 14)によれば、「日本では養子縁組は少なくとも一三〇〇年以上行われてきている」が、特に十七世紀から十九世紀にかけての江戸時代の、武士階級の家族組織以降、主要な方法となった。一八六八年の明治維新以降は、いわゆる〔日本社会の〕「サムライ化」(Befu 1981)の一部として養子縁組が広く行われるようになった。歴史的に見た日本での養子縁組の特徴(Bachnik 1988: 14-15)は、主要な関心の対象は養子ではなくイエの繁栄であること、養子となるのは捨て子などではなく一般的には近い親戚であること、養子は比較的高年齢であること、法的には養子と実子の区別がない(非嫡出子とは違う)ことだ。この養子縁組システムは非常に柔軟だ。単純に言えば、相手が自分より上の世代(親族であれば叔父や叔母、親族外であれば年上の人)でない限り、日本では法的には誰でも他人を養子にすることができる。日本での養子縁組では同居を求められることもない。レブラ(1995)によれば、歴史的には亡くなった後でも遡って養子縁組することができた。また、婚姻関係を離婚によって解消できるように、養子縁組も離縁によって解消することができる。

長年、日本ではさまざまな形態での養子縁組の関係性が発展してきた。弟を息子として養子縁組することもできる。地位の低い家族の娘は、実際に養親と住むことはなくても他の家庭に養子に入ることで、より高い地位の夫と結婚できるだけの〝適性〟を得られる。また買養子は破産に直面した家が、家業や家の名前を継ぐ意思のある者に資産を売る行為だ。レブラ（1993）は、日本人は「血統に関して忘れっぽい」傾向にあるため、こうした養子縁組はすぐに家族の記録の中で〝普通のこと〟とされると指摘している。日本の天皇家が一二五世代にわたり途切れることなく続いていると言われていることについても、これがある程度の説明になるだろう。家族の連続性は養子縁組の結果であることが多いが、そのことはじきに忘れられてしまうのだ。

日本で行われる養子縁組の中で最も一般的なのは婿養子で、二十五歳から三十歳くらいの男性が、新たな家長を必要としている家の娘と結婚する時に養子縁組される。日本では、血族とは違って、社会的親族（例えば養子の兄弟や姉妹）との間での、性的な関係は近親相姦とは捉えられていない。毎年全体でおよそ九万件ある養子縁組（その数は過去五〇年間、驚くほど一定している）の九五パーセントは大人同士の養子縁組で、その大多数が婿養子である（Mehrotra et al. 2013）。

終戦直後の時期、日本はＧＨＱによって民主化が進められた。軍部の強化を支えたと見られた財閥は解体された。新たな民法によってイエ制度は解体され、実子には相続において平等の権利が与えられることになった。イエ制度は封建的な遺物で、特に家長の権利が強いヒエラルキーの関係が作られてしまうと考えられた。大人を養子縁組する慣習は非常に高い割合で続いたが、それもネガティブな印象を持たれるようになり、大人を養子縁組するということはどこか疑わしいことと見られるようになった。例えば養子縁組は、税金対策のため（毎年、五十歳以上の人が数千人規模で養子縁組されている)、国に公式には認められていない同性愛パートナーが財産を相続するため、また、何もしなければ不法滞在になってしまう海外からの労働者を日本に留めておくため、あるいは借金取りを避けるために、数少ない苗字の変更手段として利用する、といったような目的と結び付けられるようになった(Goodman 2000: 147)。そうして養子縁組は現代日本でも続いているものの、今では古臭い、戦前や封建時代の親族システムだと見られることが多い。

戦後、養子縁組がネガティブに見られるようになるのと同時に、西洋からプロフェッショナルな経営手法が日本に入り、同族ビジネスも古臭い手法だと評価が下がった。タケイ(2016)は「同族ビジネスはタブーになった」とまで書いている。これが、日本で同族経営ビジネスや法人が、医療、福祉、教育も含めてビジネスの世界で明らかに主流であるにもかかわらず、あまりに研究されていない現状の説明にもなるだろう。同族経営大学に関して、所有と経営に関わる家族の役割の研究が欠けているのは日本に限った話ではない。すでに見てきた通り、同族経営大学はあまり理解されておらず、日本を含む多くの社会でかなり誤解や疑いの目で見られている。明らかに家族中心で動いている同族経営大学の特徴は、このようなネガティブな印象にも繋がっているが、同時に、危機を乗り越える力にもなっているのだ。

結論・内省・予想

本書は、次のような社会科学的な〝謎〟から始まった。『二〇〇〇年代初頭の日本では、なぜ、非常に多くの人が次の一〇年で私立高等教育セクターが大崩壊すると信じていたのだろうか?』という謎だ。トイボネンとイモト(2012: 6-7)は、社会科学のアプローチは、構造を見るか行為者を見るかの二つに分けることができると主張している。前者は「人が、ルールや規範、社会のカテゴリに抑圧されているかに着目」し、後者は「社会の構造よりも行為をする人間を社会学的な探究の対象の中心に据えている」。構造に着目するアプローチはさらに、彼らが言うところの「合意モデル」と「葛藤モデル」に分けられる。「合意モデル」はよく十九世紀後半のエミール・デュルケムによる機能主義の理論と関連づけられ、「社会現象は、それが社会の統合や結束のためにどのように機能しているかという観点から探究できる」。一方、「葛藤モデル」はマルクス主義に強く影響を受けていて、「社会は本質的に不安定なものだと見ることができる。機能主義モデルで想定されている調和や合意の状態は、むしろ……支配層によって……社会に対して押し付けられたイデオロギーだ」。

日本を理解するにあたって、合意をベースにした機能主義的アプローチを取るのか、葛藤や対立をベースにした社会行為論やマルクス主義の理論を使うのか、という争いは日本研究の分野で注目されるホットな議論の的となっていた。特に一九八〇年代、研究者たちが、合意ベースの機能主義的な見方で日本を見ようとする傾向があったいわゆる「日本人論」に対して、疑問を投げかけるようになって以降のことだ。オーストラリアの社会学者であるロス・マオアとヨシオ・スギモト(1986)は、こうした画一性や合意に着目する理論を日本研究の「大いなる伝統(The Great Traditions)」と呼び、葛藤や多様性に注目した「ささやかな伝統(Little Tradition)」と対比させている。その「ささやかな伝統」は一九八〇年代の日本研究ではまだ見られることがあったものの、国や学術界、そして出版産業などの全体の関心の変化にともなって、やがて表に出なくなっていった。

二〇〇〇年代初頭の高等教育機関について、圧倒的といっていいほど典型的だったのは、機能主義的立場の見方だったと私たちは考える。人口減少によって私立大学教育の供給が需要を上回るため、そうした大学が消えていくことを日本社会は〝自然に〟受け入れるだろう、という見方だ。しかし、その際、高等教育システムに関わる重要な人々の行動を予測していなかった。たとえば親たちの行動、特に自分自身、大学教育を受けていない親が子どもを大学に通わせようと励まし、高校卒業後の大学進学率を急成長させることに繋がったことなどは考慮されていなかった。前の世代なら短期大学に入学していたような女性たちによって、四年制大学教育への需要が伸びることも考慮されてはいなかった。また、高校卒業生よりも大学卒業生を採用することを望み続ける企業の保守性や、高校の進路相談が、大学へ行かないよりは低いレベルの大学でも行くことを生徒に勧めていることなども考慮されてはいなかった。国が強力なロビーグループからのプレッシャーを受けて、さまざまなセーフティーネットを設けたり、いくつもの大学に合格できなかった学生たちに対しても大学に通うことを推奨したりするような一貫性のない政策を行うこともまた、考慮されていなかった。最も重要なのは、大学は危機に直面したら受け身の姿勢を取るだろうと考えられていたのに対して、実際には、さまざまな関係者が多様なリソースを活用し、スタッフや学生の話をよく聞き、存続のための新たな道を見出すに至ったことだ。すでに見た通り、特に、危機に瀕していた大学の多くが同族経営のコングロマリットの一部であり、存続のためのリソースも動機も持ち合わせていたということが認識されていなかった。一九九二年から二〇一八年にかけての日本の私立大学をめぐるストーリーは、人口減少に直面した状況でのレジリエンスの物語なのだ。

本書の副題に掲げた一九九二年～二〇三〇年という期間を最後まで見るためには、この先一〇年の人口変動や、それによって私立大学にどのようなことが起こりうるかを見通す必要がある。一つ目の重要なポイントは、二〇一八年以降の二〇年間の人口減少は、一九九〇年代から二〇〇〇年代の期間よりは遅いペースになるということだ。予想されている十八歳人口は、二〇一八年の一一八万人が二〇三一年には一〇四万人になる。一九九二年（二〇五万人）から二〇〇九年（一二一九万人）の一七年間の減少のペースと比べると、二〇一八年から二〇三一年にかけての一三年間では、一年あたりの十八歳人口の減少率は、前の時期の一七年間の八割程度に留まる。

日本で政策担当者たちが気にしているのは、私立大学が人口減少に対応できるかどうかではなく、どの時点で、そしてどこで、上がり続ける大学進学率の上昇分を人口減少率がついに上回ってしまうかということだ。文部科学省は、ＯＥＣＤが使う、似たようなモデリングによる研究（Vincent-Lancrin 2008）を応用し、想定する大学進学率ごとにいくつものシナリオを作り上げた（文部科学省2017f）。最も悲観的なシナリオは、今後これ以上大学進学率が上がらないというもので、その場合、二〇三三年の大学新入生の数は二〇一五年に比べて一五パーセント減少するというものだった。人口減の中でも大学進学者の絶対数が減らないという最も楽観的なシナリオを実現するためには、大学進学率が大きく高まる必要があり、その値は六〇・三パーセントである（二〇一五年には五〇・二パーセントだった）。

表6－1　大学の入学率と入学者数の変化について政府の予測（2017～2040年）

年	大学入学率			大学入学者数	
	全体	男子	女子		減少
2017	52.6%	55.9%	49.1%	629,733	
2033	56.7%	57.8%	55.5%	569,789	59,944
2040	57.4%	58.4%	56.3%	506,005	123,728

出典：文部科学省2018k

二〇一八年初頭、文部科学省は中央教育審議会に対して、二〇一四年から二〇一七年の間の大学進学率の変化をジェンダーや地域によってまとめたデータを基に作成した、高等教育の全体構想の詳細な草案を提出した(24)（文部科学省 2018k）。この計画では全体的に女子の進学増加率が高く設定されているが、男子の進学率はどの地域でもあまり増えないという見積もりから、表6－1のような結果が示される。ここから分かるのは、進学率は引き続き上昇するが、人口減少を補うには足りず、大学入学者の絶対数の減少に繋がる。二〇四〇年には入学者数が二〇パーセント減少するという予測だ。収入を学生からの学費に頼る私立大学にとって、大きな打撃となる可能性が大きいことは明らかだ(25)。

二〇〇〇年代初頭と二〇一〇年代後半の状況の重要な違いは、すでに多くの大学が二〇年以上凋落傾向に苦しんできたかどうかだ。小川洋が著書の序章で、すでに「限界」だと書いていた通り、大幅な定員割れと財政難で、大学は常に閉鎖の危機に瀕してきている(26)。小川（2017）は、この限界の状況にある大学にはいくつかの共通点があると書いている。（a）学部のみの小規模な大学である、（b）大学ブームの時期に設立されていて、ほとんどは短期大学が大学に昇格したか、あるいは官民連携のタイプ、（c）地方にある（大学へ行く人口が減っていて、他の地域から学生を呼ぶためのキャパシティはほとんどない）か、あるいは大都市の周縁にある（大多数の大学がそこにあるため、競争が激しい）。これらの特徴は、「全入時代」とも言われ、需要が豊富だった過去二〇年間を安定して過ごすことができたタイプの大学とは対極にあると言える。それらは大都市にあり、規模が大きく、歴史も長い大学だった。

　こうした分析は、私学事業団が発行した私立大学セクターの「肖像（portrait）」によって裏づけられている[27]（表6－2）。小規模で、特に地方に立地する大学が最も不安定であるという結果は、とりたてて目新しくもなく驚くべきものでもないが、このデータからは、そのような大学の大多数が私立大学セクターで構成されているということも窺える。私立大学は、どのようにして多様化し生き延びるかという術について昔からよく知っている。おそらく、これからも確実にそうあり続けるのだろう。

表6－2　日本の私立大学の規模、地域、経営状況（2017年）

	大学		学生		赤字経営の大学	
	数	%	数	%	数	%
地方／中小規模	304	51.4	505,939	24.8	138	45.4
都市／中小規模	227	38.3	506,348	24.8	78	34.4
地方／大規模	16	2.7	229,792	11.3	1	6.3
都市／大規模	45	7.6	800,173	39.1	2	4.4
合計	592		2,042,252		219	

出典：文部科学省2017f

　日本で同族経営大学が普及しているのは、少人数のメンバーが組織を継続的にコントロールすることができ、外からの介入や詮索を阻むことができる学校法人の運営システムに関係している。こうした構造と、公的資金よりは圧倒的に個人の財源に頼っていること、その組み合わせが、日本の私立大学が「私立《ワタクシリツ》」であることの特徴を作り上げている。この組み合わせがあったことで、私立大学に対する政府からの投資が（経済的にも規制的にも）少ないことが長年看過されてきた。近い将来それが変わるとは考えにくい。第五章で、苦戦している大学へのセーフティーネット設置に関連して言及した、私立大学等振興に関する検討会議の「二〇一七年レポート」は、政府の役割は最小限だと認めている。「寄附行為の認可、解散命令など所轄庁である文部科学省に所要の役割が位置づけられているものの、学校法人の自主性・自律性が最大限に尊重される原則」であると書かれている（私立大学等の振興に関する検討会議 2017: 5）。

しかし、問題なのは、自主性・自律性の尊重と、頼れるセーフティーネットを提供することへのプレッシャーとの間で、文部科学省がどのようにバランスを取り、学校法人の優れたガバナンスと運営を推進するためにどのような効果的なアクションを取るかということだ。第二章で見た、日本の私立高等教育の運営において過去一〇〇年間続いてきたような政府による距離を置いた対応と直接の細かい管理という二つの姿勢の間で緊張が続いていくのだろう。このような矛盾したアプローチの古典的一例が、新たな大学の設立を認可する一方で、既存の大学が定員以上の学生を入学させた場合により厳しい経済的ペナルティを科す、というやり方だ。(28) 第五章で触れたような、学生への経済支援システムの拡大プランは、さらなる大学教育の需要拡大を後押しし、政策によるコントロールと、マーケットの力学に任せるやり方との間の矛盾をさらに悪化させてゆくだろう。その結果、多くの大学はすでに破綻寸前ではあっても、いつ実際に倒れるかはまるでわからないという現状のまま、さらに続いてゆくことになるだろう。

現在の政府のポジションは、同族経営大学の間で長年広く用いられてきた経営アプローチを肯定しているようにさえ見える。一見すると、前述の「二〇一七年レポート」はそのアプローチに異議を唱えているように見え、学校法人に対してより透明性を求め、卒業生や従業員、地域コミュニティーなど幅広い関係者に対して責任を果たすべきだとし、「これまで以上に公益性を備えた存在であり続ける必要がある」としている（私立大学等の振興に関する検討会議 2017: 5）。さらに、大学が「コーポレートガバナンス・コード」を取り入れることも提案している（私立大学等の振興に関する検討会議 2017: 8）。しかし、「コーポレート」ガバナンスを強調することは、「アカデミック」ガバナンスの仕組みのさらなる希薄化の裏返しでもある。検討会議の報告書の「権限と責任が一致」することへの強調は、つきつめれば学校法人の理事会と学長により強い役割を与え、教授会の力を弱めることに繋がる。このような文脈の中では、同族経営大学の典型である「理事会支配」モデルや「ワンマン経営」モデルが弱まることはほとんど想像がつかない。

これら全てのことから考えて、日本の同族経営の私立教育機関は今後しばらく存続し続けるだろう。さらに、日本では一〇〇〇年以上続いてきて、確かに存続することを何より重視するために存在しているという同族ビジネスの構造によって、多様性のますます進むこれからの時期にこそ恩恵を受けることになるだろう。私たちは、現在日本に存在する大学のほとんどが何らかの形で二〇三〇年にも存続すると予想する。これは、世界の他の地域における同族経営大学の継続的発展にとって、良い予兆でもあるだろう。もしもこの予想が間違っていたとしたら、もちろん、私たちはその理由を分析することを楽しみにしている。

註

（1）この数値は、私学事業団が行った私立大学の経営に関する調査の結果にも非常に近い（私学事業団2019b）。大学経営をしている学校法人の三七・一パーセント（大学は経営していないが短期大学を経営している学校法人の四六・八パーセント）の理事長が学校法人の創設者本人、あるいはその親族であるという結果だった。私学事業団は六〇八校、日本私立大学協会は二七四校の学校法人への調査を基にしたデータである。

（2）二〇二〇年に改正された私立学校法では、学校法人に対して役員の名前を公表することや財務上の透明性を上げることを義務づけている。それによって日本の同族経営大学の数を算出しやすくなると考えられる。

（3）これらの学校の多くは西洋の知識を学ぶためのもので、学生に新たな技術や行政の知識を教えるだけでなく、西洋の学問の基盤となって社会的価値観も教えた。封建制度の後の日本社会では先進的なものとされていた。主な例としては、慶應義塾大学（明治期の近代化を進めた中心人物の一人である福沢諭吉によって、オランダ語や西洋学問を学ぶ学校として立ち上げられた）、同志社大学（宣教師である新島襄によって英語を学ぶ学校として立ち上げられた）などが挙げられる。

（4）教育基本法第十五条では、国公立大学に対して、特定の宗教のための宗教教育や宗教活動をすることを禁じているが、その規定に私立大学は含まれていない。

（5）これらの大学は、学校法人ではなく商業的な企業によって設立運営されているごく少数の株式会社立大学とは別なものとして区別されている。

（6）『日本経済新聞』の記事（二〇〇四年九月二十一日）では、一九九〇年代から二〇〇〇年代初頭にかけて企業（利益誘導）型の大学が大きく成長したことで、学校法人の中に新たな文化ができることになったと書いている。大学はもはや性善説で見ることは難しく、注視すべき対象なのだという。二〇二〇年の私立学校法改正もこの変化が一つの理由とも言えるだろう。
(7) この分野で調査を行っている最も大きな組織は、一九六二年に設立された日本私学教育研究所(http://shigaku.or.jp/) である。私立学校や学校法人の経営についてより実践主義的な調査を行っている組織としては、私学経営研究会 (http://sikeiken.or.jp/) や学校経理研究会 (http://www.keiriken.net/) などがあり、日本国内のほとんど全ての私立大学がこのネットワークに加わっている。二つの私立大学の連合組織はそれぞれ組織内の研究プラットフォームを持っている。(それぞれ https://www.shidaikyo.or.jp/riihe/about/, https://www.shidairen.or.jp/activities/forum)
(8) 日本の私立教育機関を経営する家族の役割に関する当時の数少ない資料の一つに、ホームズ(1989: 210) が挙げられる。「日本の私立教育は、家族の……事業である。創設者の親族メンバー(創設者の孫であることが多い)は今も多くの私立学校を所有している」と書いている。
(9) この慣習について広く報じられた例としては、学校法人谷岡学園で理事長が辞職する際、勤めていた三つの職(大学学長、短期大学学長、学園理事長)の分の退職金を受け取っていたことが挙げられる(例えば『日本経済新聞』二〇〇七年九月十四日)。
(10) ケンプナーとマキノ(1993: 190)も似た考えを持つ。「私立大学の運営は、単に特定の家族の地位や評判、権利、利益を強化させているだけだ。……民間が大学を所有する動機はたいていの場合、オーナーやその家族にとっての個人的な実利のためであり、知の創造や文化の発展のためではない」と書いている。家族は大学という非営利組織から「配当金」を受け取ることはできないが、彼らが利益を運用できる一つの方法としては、学校を拡大して家族のために職業の機会や給与を増やすといったやり方がある。
(11) 戦後すぐに私立教育機関が数多く設立されたことの理由として時折耳にするのは、GHQが、キリスト教を中心とした宗教組織が政治の介入を受けないよう保護するために取り入れた経済政策の恩恵を受けたからだ、というものだ。この政策によって、税務当局や文部省は組織の業務に直接的に介入しにくくなった。私立大学の運営によってもたらされる税の優遇としては、収入に関する免税だけでなく、学校のオーナーが相続税を払うことなく次の世代に資産を相続することもできた。加えて学校法人から運営関係者への給与についてはほとんど監査が入らなかった。戦後に作られた宗教組織についてはこういった話題は広く議論の的となったが、教育機関に関する文献は見つからなかったことも興味深い事実だ。

(12) 一般的に日本の研究者たちは「私立」「民間」といった分野については研究したがらないように見えるが、同族経営大学に関する研究が欠けている理由は、同族経営大学のオーナーの多くは学問的な教育を受けていて、日本で同族経営大学について調査をしそうな研究者たちは大学オーナーを同僚研究者として見ているからだ、という一歩踏み込んだ説明もある。これが本当であれば、ウィズネスキー(2008)が言うところの「注視を避ける」良い例だと言えるだろう。

(13) オバラ(2005:102)は、こうした「最上層の私立大学」四四校と、おそらくそれ以外のすべてと思われる約三五〇校の「下層の私立大学」を明確に区別している。オバラによれば、最上層の私立大学として慶應、早稲田、MARCH、関関同立といった大学があり、知名度は下がるもののレベルの高さや競争の激しさから、関西地方では甲南大学、京都文教大学、京都女子大学、京都産業大学、龍谷大学なども含んでいる。

(14) 同じ学校法人内の異なる教育機関が物理的に近い場所に作られていることは、それらの運営がいかに密接に繋がっているかを示す一つの指標と言える。例えば学校法人関西大学の場合、幼稚園、中等部、高等部、そして大学院が、大学の一〇の学部と同じキャンパスの中に全て設置されている。

(15) アドバイスは「評議員の構成が特定の親族に偏っているので、その構成の見直しについて検討すること」というものだった(文部科学省 2007)。

(16) 興味深いことに、アルトバックがこうした現象の拡大は高等教育システムが成長期を迎えている国で見られるものだと示唆している一方で、アメリカのユニバーシティビジネス（UB）という組織が掲載した論文では、アメリカでは「たった二世代前までは、同族による所有・運営の学校や大学は数百校あった」（Martin and Samuels 2010）と書いている。マーティンとサミュエルズの論文では三校のアメリカの同族経営大学（ヘルツィグ大学、サリバン大学、ラスムセン大学）を例として挙げている。アメリカの同族経営学校・大学を代表する組織、アメリカズフォーカス（America's Focus）はウェブサイトの中で「アメリカズフォーカスの加盟校は、大学の多様な歴史、学生中心の信条、起業家精神といった基盤が、何世代にもわたって我々を独特な家族的スタイルやキャリア教育の現場主義的アプローチへと導いてくれたのだと考えている」と書いている。この組織は、学生のローン返済開始を給与を受け取り始めるタイミングにするという政府による規制に反対し、ロビー活動をしていたが、今ではこのウェブサイトは閉鎖されているようだ。リーヴァイ（2019: 20）によれば、一九八〇年代のアメリカでは企業の営利高等教育機関が急成長している。つまり、今では多くの同族の営利目的の企業立大学が合併したり閉校したりしているということが窺える。

(17) アルメニア、バングラデシュ、ブラジル、中国、コロンビア、エチオピア、インド、日本、韓国、メキシコ、フィリピン、アラブ首長国連邦が事例研究として取り上げられている。ほとんどの事例研究ではその国の同族経営大学の数や割合について正確な数字を出していないが、同族経営大学が普及していることが示されている。ブラジルでは、同族所有の高等教育機関は高等教育機関全体の約二六パーセントを占めている（Reis and Capelato 2019）。中国では現在約二二パーセントの学生が私立の高等教育機関に属していて、それらのほとんどは個人が創設したり経営したりしており、高等教育への需要に応えきれていない現状で、二〇〇〇年以来政府は私立の高等教育機関の設立を後押ししているため、その数は増えると予想されている（Yu 2019）。コロンビアでは、二五パーセントの大学が学生の一四パーセントを抱えているが、それらの大学は親族による運営だ(Mantilla 2019)。韓国では大学生の七〇パーセント以上が三二〇校ある私立大学のどれかに通っていて、チェ(2019)によれば二〇〇校(六〇パーセント以上)が同族経営大学であり、すなわち韓国の大学生の約半分は同族経営大学に通っていると言える。

(18) タムラト(2018)によるアフリカの同族経営高等教育機関についての簡便な調査では、該当する教育機関がある国として二〇ヵ国が挙げられた。

(19) 反例として、リーマン兄弟の盛衰を描いた演劇『リーマン・トリロジー』では、一九六〇年代後半に貿易の部署を作り親族以外のメンバーにそれを任せたことが会社の崩壊に繋がったという見方を前提として作られている。

(20) 同族ビジネスの研究アプローチの最近のまとめとしては、*The Sage Handbook of Family business* (Melin, Nordqvist, and Sharma 2014) を参照。

(21) 別の論文(Dyer 2018: 241)の中でダイアーは、一九八三年にベッカードと共に同族ビジネスについて最初の論文を書いたが、当時六つの引用文献しか見つからず、そのうちの一つは自分たちの別の論文だったそうだ。

(22) 現代日本の同族企業の詳細な歴史研究の例としては、フルーイン(1983)によるキッコーマンのもの、ロバーツ(1973)による三井のもの、ランデス(2006)による豊田のものがある。同族企業の民族誌的な研究としては、ハマバタ(1990)とコンドウ(1990)が東京の同族経営の製造業における親族内の複雑な繋がりや関係性について素晴らしいエスノグラフィーを書いているが、スチュアート(2014: 68)が指摘するように、ビジネス自体にはあまり注視しておらず、ほとんど完全に家族の要素や社内のやりとりに家族がどう影響するのかといったことにばかり注目している。

(23) 新生児一〇〇〇人あたりの出生者数(普通出生率)は、一九七五年の一七・一人(実際の出生者数は約一九〇万人)から一九九〇年には一〇・〇人(同約一二二万人)にまで減っている。一九九八年には国勢調査が始まった一九二〇年の頃よりも子供の数が少なかった。

(24) 人口減少は日本各地で均一に起きているわけではない。小川(2016, 小川 2017も参照)は、都道府県ごとに高校三年生の人口と小学一年生の人口を比べ、小学一年生が大学入学の年齢になるまでの間の人口減少の度合いを算出した。二〇一五年から二〇三三年の間の十八歳人口の減少率は全国平均で一〇・七パーセントだ。その値は東京都と神奈川県は五パーセント未満だ。全体的に地方ではその割合が高くなっていて、特に東北(青森、福島、秋田、岩手では二〇パーセント以上)と、やや意外なことに関西(MGUをはじめ本書に登場する多くの大学の所在地)の大阪や京都も一五パーセント程度となっている。

(25) 学生数減少の予測は中等教育後の学校の学生数全体を指していて、大学だけに限ったことではない。すでに見てきた通り、人口減少の影響は特に短期大学を直撃し、おそらくは今後もそれが続くと考えられる。短期大学では充足率(定員に対する入学者数)は全体的には九〇パーセントで、三分の一の短期大学では定員の八〇パーセントを満たせず、多くの場合それらの学校では定員数自体も徐々に減らしている。おそらくより重大なのは、二〇一八年、五七パーセントの短期大学が会計上赤字になっているということだ(文部科学省 2018b)。

(26) 小川による「限界大学」という表現は「限界集落」から発想を得た言葉だ。「限界」という言葉による修飾は近年広がっていて、「限界国家」の話題にも使われている(毛受 2017)。日本の地方に関する研究(Manzenreiter, Lützeler, and Polak-Rottmann 2020)で、編者たちは、数百もの集落が存続の危機に瀕していると言われていたものの、完全に消滅してしまった事例というのは実は非常に稀だったと結論づけている。私たちの日本の私立大学の研究とも興味深い類似があり、彼らの分析ではそういった集落のレジリエンスの源を探り、なぜ多くの集落がなくなるという予測が外れたのかを解き明かそうとしている。

(27) 私学事業団は「都市」(政令指定都市)と「それ以外」という分類を採用し、そこに八〇〇〇人以上の学生を抱える「large」、と八〇〇〇人未満の

「medium-small」という大学の規模の分類を掛け合わせて関係性を見ている（私学事業団 2018c）。私学事業団による分析から見えた、規模、ロケーション、経済的な安定性の間の相関関係は、二〇一三年に私立大学経営者らによる自身の立ち位置について自己評価した調査データからも見て取ることができる（Yamada 2018）。状況はより厳しくなるだろうと予想した大学経営者の割合が高いのは、予想に違わず地方の大学（四六パーセント）、学生数が一〇〇〇人以下の大学（四三パーセント）で、より楽観的だったのは東京にある大学（三二・六パーセント）、学生数が二〇〇〇人を超えている大学（六二・五パーセント）だった。

（28）例えば、文部科学省は二〇一八年に新たな大学を五校設立する許可を出している一方で、同時に二〇一六年には、中・大規模の大学が定員を超えた人数の学生を受け入れても補助金を減額しない、という扱いをするケースを減らしてもいる。いくつかの大学はこれに対して新たな学部を設立したり、既存の学部の定員を増やしたりして、補助金を得られる立場を守ろうとした。本稿を書いている時点では、大規模の大学は定員の一一〇パーセントまでの学生を入学させることは許されていて、中規模大学は一二〇パーセント、小規模大学は一三〇パーセントまでであれば補助金を失わずに学生を入れられた。また、文部科学省は定員に対して入学者が九〇パーセント以下となった大学に対して徐々に補助金を削減している。二〇一九年からは、定員に対して入学者を九〇から一〇〇パーセントに留めさせることができた大学は、補助金を最大四パーセント上げる報酬を得られることになっている（文部科学省 2018g）。

訳者あとがき

本書は、ジェレミー・ブレーデン、ロジャー・グッドマン著（2020）*Family-Run Universities in Japan* の翻訳である。人口減少の影響で多くの日本の私立大学が潰れるだろうという「2018年問題」と呼ばれた予想がなぜ外れ、当の私立大学はどのようにして危機の中でも粘り強く存続することができたのかという〝謎《パズル》〟を、社会人類学的な分析によって探っている。

「君の研究の〝謎〟は何？（What is your puzzle?）」

これは、私が大学院生だった頃、論文指導に当たってくださった本書の著者の一人、グッドマン教授に繰り返し訊かれたことだ。学術的な研究には、問い（question）が必要であるということは、もちろん学部生のころから学んでいた。しかし、問いではなく、〝謎〟（puzzle）を提示せよ、と言われ、ドギマギしたものだった。研究したい問いを見せるたびに、穏やかに私の話を聞いた後で、「そこに〝謎〟はあるのか？」と言う。勘の悪かった私は、当初、何を求められているのかが分からなかった。謎って何だ？　問いではダメなのか？

自分で立てた問いを解き明かすことに、どのような価値があるのか、その問いを解くと何が分かるのか、なぜそれを解かねばならないのか――それを分かっているのか？　グッドマン教授は何度でもそれを私に問うた。本書の「序」の書き出しにもあるように、人類学的な研究をしようとしている私にも、謎を解かずにはいられない探偵のような眼差しを求め、自分が解き明かすべき謎をしっかり自覚せよ、と求められていたのだった。そしてじわじわと、なぜ問いではなく〝謎〟が重視されたのか、自分の〝謎〟は何なのかが見えてきた。本書では、まさに手本となるような〝謎〟が提示され、それが解明されていくのが良くわかる。

社会（文化）人類学は、基本的に研究者がヨソの地に自ら飛び込み、そこに生きる人々の営みに参与しながら観察し、話を聞き、文献を調べ、その社会の中で見られる現象や文化的な価値観などを分析して解釈し、隠された〝謎〟を解き明かし、それを書き記す学問だ。著者のジェレミー・ブレーデンとロジャー・グッドマンはオーストラリアとイギリス、それぞれ日本から八〇〇〇キロメートル、九五〇〇キロメートルも離れた地の大学を拠点にしている人類学者だ。イギリスからオーストラリアも、およそ一万五〇〇〇キロメートル離れている。

今から十二年ほど前、グッドマンはブレーデンの博士論文の外部試験官であった。ブレーデンはかつて日本の私立大学でアドミニストレーターとして働いていたが、その間、日々の大学運営の様子、教授たちや学生たちの姿などをつぶさに観察して分析した博士論文にグッドマンは非常に共感したそうだ。そして、グッドマンがＭＧＵ（仮称「メイケイ学院大学」）での調査を終えてオックスフォード大学に戻った頃、ブレーデンもまたオックスフォードを訪れ、二人は日本の非エリート私立大学の内側についての関心を分かち合った。当時から、日本で多くの大学が潰れるだろうという予想は目に入っていて、大学は潰れることになるのか、本当なのだとしたらいつそれは始まるのだろうかと二人とも注目していた。

数年後に再会した二人は、グッドマンによる現地調査のノートや豊富に集めた書籍を共に読み、かつての「日本の多くの大学が潰れる」という推測がいかに間違っていたか、実際には大学がほとんど潰れていないのはなぜなのか、それについて論じている人がいない理由は何か、本書の軸となるようなことを語り合った。そして、ブレーデンが在外研究でオックスフォードに滞在した際、グッドマンのオフィスと同じ階の部屋をブレーデンも借りて、二人で原稿を交換しながら、本書が書き始められたのだった。学術書の共著では、章ごとに著者を明確に分けて書く例も多い。しかし、メールで原稿を交換しながら書かれた本書は、著者の二人自身も、誰がどこを書いたのか分からなくなってしまったほどに、文字通り「共著」で書かれている。朝、それぞれが自分のオフィスで原稿を書き、ダイニングルームで落ち合って語り合いながら昼食を共にし、また午後の執筆にとりかかる。すぐにフィードバックし合える環境で、意見が大きく対立することもなく、一つのプロジェクトに二人同時に取りかかれる。グッドマンは、本書の執筆を「学者としてのキャリアの中でも、最も楽しく取り組んだ学術的な体験の一つだった」と振り返っている。

本書の魅力は（苅谷氏による解説にも詳しいが）、これまで日本人には描けなかった日本の私立大学の状況や課題について、海外を拠点とする日本研究の専門家がソトからの視点を生かして描いていること、そして数字や文献、二次データばかりを頼りにするのではなく、現地調査で得た情報をはじめとする、非常にリアルで具体的なデータを用いていることだ。例えば、第三章で紹介されている、MGUの入試委員会のメンバーが、英語の入学試験問題を作るにあたり、どの英単語なら使っても問題がないか、どの単語は避けようかなど、英語が母語である著者にとっては却って難解すぎるような細かい議論がされている一方で、受験生たちはアルファベットや最も基本的な文法がやっとというレベルだった——というエピソード。こうして具体的に、そして客観的に描かれると、非効率なことが行われていると感じるが、実はこういった場面は日本社会で多く見られるものなのでは、と考えさせられる。

そして、もちろん、本書が解き明かす〝謎〟自体が面白い(それについて、これまで日本ではほとんど論じられてこなかったということ自体も、不思議なことである)。潰れる潰れると言われていたはずの大学が、実際はほとんど潰れず生き残った。現地調査によるデータ、日本の高等教育史や経済的な側面など、多彩な情報を組み合わせることで、設定された〝謎〟が一歩ずつ解き明かされていくのは、読んでいて気持ちが良い。翻訳作業を進めながら、自分が住んでいる日本社会の秘密が解き明かされていき、何度も「うんうん、たしかに」「うわあ、それを言われると耳が痛い」「なるほどね」と思ったものだった。自分が心から面白いと感じる本を翻訳するのは、難しいながらも楽しい時間だった。

私も人類学を学び、卒業論文や修士論文を書いた。礼儀として、調査中に特にお世話になった方などには、書きあがった論文をお渡しし、このようなものになりました、とお礼かたがた報告しにいく。調査させていただいた方に、自分が何を学び、何をどのように解釈したのかを明かすのは、非常に緊張したものだった。英語で書いた論文を、調査地で直接やりとりのあった方に読めるように日本語に翻訳する必要があったが、言葉選びにも非常に気を遣ったものだ。

本書の翻訳に際しても、苅谷氏が書いていた「family」という語を「家族」と訳すか「同族」と訳すか、といった観点はもちろんのこと、他にも、ちょっとしたニュアンスで、文章が伝える内容は同じでも、印象が変わってしまうことがある。統計や文献調査だけでなく、長期の現地調査を伴う研究だからこそ、言語の表現も、より気をつけることになる。どう「書く」のかというのも、人類学にとっては重要な問題なのだ。今回、翻訳にあたっては、日本語が堪能な二人の著者にも原稿を確認してもらい、著者が意図しない印象を与えてしまうような翻訳になっていないかなどのチェックもしながらの作業になった。

日本語版が出ることによる著者の二人の緊張は、私にも想像ができる（そして、訳者として私もまた緊張する）。私が書くのはおこがましいが、どうか読者の皆さんに、この〝謎〟の解明の面白さを、一緒に楽しんでいただければと思う。

二〇二一年八月

石澤　麻子

解説　なぜ日本の研究者には書けなかったのか

苅谷　剛彦
オックスフォード大学教授

複数の複眼レンズ

Family-run Universities in Japan——直訳すれば『家族が経営する日本の大学』。このタイトルを持つ本書の原著を読んだときに私が最初に感じたのは、なぜ日本の研究者にはこのような本が書けなかったのか、という疑問だった。日本には、高等教育や大学を研究する教育研究者が多数おり、専門の学会も複数ある。さらに、本書が丁寧に文献レビューしたように、急速に、大規模に起こる十八歳人口の減少を前にして多くの大学が消滅することを予言した書物も数多く日本語で出版された（詳細は本書第一章）。にもかかわらず、そうした予想を裏切って、日本の私立大学は生き残り続けた。なぜか。

表層的な説明は日本にもあった。これまで大学に進学しなかった層までも進学するようになったとか、特に女性の場合、短大進学から四年制大学進学への転換が起きたとかいった指摘である。だが、こうしたありきたりの説明では解き明かすことのできない、より深層で働く、日本の私立大学を特徴づける動き《ダイナミズム》を捉えることに、日本の研究者は失敗してきた。「家族が経営する日本の大学」――このような視点から、日本の私立大学のレジリエンス（強靭さ、粘り強さ）を捉えようとする問題意識さえなかったといってよい。

「大学の消滅を防いだ過去一五年間、日本で何が起きていたのか？　また、なぜ二〇〇〇年代初頭の論者や専門家たちによる私立大学の将来像の予想は外れることになったのだろうか？」（本書七頁）。学問的にも政策的にも、あるいは広く社会の関心としても、この不可思議な現象＝「謎《パズル》」を正面に据え、しかもユニークな視点に立ち、精緻な研究を通じて解答を与える。このような著書が広く日本語で読めるようになるためには、本書の出現を待たなければならなかった。

なぜ日本の研究者にはできなかったことが、海外の大学を拠点とする著者たちによって可能になったのか。最もありきたりの答えは、「海外の研究者の目」ならではの研究だからだということだろう。日本人が見過ごしてしまうような「外部の目」が、このような謎を捉え、しかもその謎解きとして、日本人研究者が注目をすることのなかった「家族経営」といった特徴に目を向けることができた、といった説明である。

しかし、このような説明では、本書がそれ以上に卓抜な研究であることを見過ごしてしまう。本書の著者たちが卓越しているのは、たんに海外の研究者として「外部の目」を備えているだけではなく、以下に述べるような、いくつもの複数の目と、繊細かつ大胆に研究対象を捉えるセンスを兼ね備えている点だ。解説者なりにそれを解剖してみよう。

ひとつには、二人の著者は、日本の大学や社会の特徴を抉《えぐ》り出すことのできる独特の「内部の目」を備えている。日本語も堪能で、日本の大学で教えた経験もある。それゆえの「内側」で起きていることごとのニュアンスを確かに捉え、理解することのできる視点である。しかも、そこに外部の目も備わっているのだから、内側の出来事を捉え、理解する際の枠組みは、日本人では見過ごしてしまう事柄を「謎《パズル》」として見直すことができる。これが単なる「外部の目」にとどまらないのは、著者たちが、ありきたりの日本文化論や日本人論的な日本特殊論とは全く別の地点に立っている点にある。それは、本書で著者たちが、単純な日本特殊論に陥らないよう細心の注意を払った分析を行なっていることからも明らかだ。言い換えれば、特殊（＝日本）と一般（＝グローバル標準）との際《きわ》を見極めることのできる、内部の視点と外部の視点を兼ね備え、しかもそのレンズの切り替えを絶妙に行なえる研究者なのである。

この点とも関係するが、もうひとつの複眼のセットは、ミクロレンズとマクロレンズの両者を併せ持っていることである。虫の目と鳥の目と言ってもよい。グローバルな、海外の動向を捉える国際比較の視線、日本国内の歴史的な推移や国レベルでの統計が描き出す現象を捉える（日本という国民国家に焦点づけた）ナショナルな視線、さらには、具体的に同族経営大学での観察を綴るエスノグラファー（民族誌的な観察者）としての視線、これら複数の視点を自在に駆使した研究によって、謎解きが行なわれる。このような複数の視線によって、日本の私立大学という制度・組織の特徴を、その外側からも、その内側からも見事に描き出すことに成功している。複数のカメラが立体的に捉える日本の私立大学の動きを、まるで3D映像として映し出しているようだ。

「あるある」＝既視感と「そういうこともあったのか」＝意外性

本書を読み進めると、二種類の感想を随所で持つだろう。ひとつは、日本の（私立）大学に慣れ親しんだ人にとって、一度は耳にしたことのある「あるある」のエピソードだ。日本の大学にまつわるスキャンダルについても、ニュースで見聞きしたことはあるだろう。そのような断片的な知識をもとに少しだけ想像力を働かせることで、ありそうなこと、たぶん起こりそうだと思えることが、本書では「事実」として取り出され、描き出される。本書を読み進める中で、いかにもありそうな「事件」が実際にある大学で起きている——こうした既視感を覚える出来事が本書のエスノグラフィーを構成する。だが、重要なのは、これら「あるある」のエピソードを、普段、日本の一般の読者も研究者も、そこに謎《パズル》を感じるような問いとしては考えずにやり過ごしてしまっていることだ。日本の（私立）大学の特徴（とりわけその強靭さ）を理解する上でいかなる意味を持つか、このような問いと結びつけては考えないのである。本書では、こうした「あるある」のエピソードを、その文化的、社会的、経済的、あるいは歴史的な背景に位置付けることで、それらの意味を描き出す。

もうひとつは、日本の読者でもそこまで深く知ることのない出来事、あるいは意外性をもって受けとめられるエピソードの数々である。前述の「複眼」に引きつければ、これらは、内部の目のみが捉えることのできるエピソードによって描かれる日本の私立大学の特徴だ。そこに他のレンズが捉えた私立大学像が加わる。たとえば第四章で描かれる法科大学院をめぐる顚末など、歴史的、制度的な経緯を描き出した上で、それを背景にして、ある大学の経験の経緯を詳細に、そして深く抉り出す。日本の研究者によってもなかなかなし得ないケーススタディである（おそらくここには外国人研究者による研究対象への接近の有利さが含まれているだろう)。

こうした出来事の数々とそれらが織りなす顚末の物語は、日本人読者にとっても新しい発見であり、意外性を伴って迎えられるはずだ。しかも、著者たちが加える説明や解釈には、外部の目ならではの意外性も伴う。日本の読者である私たちは、海外の研究者はこんなことに驚くのか、不思議に思うのかといった記述に出会う。裏返して言えば、そこで指摘された対象を、私たち自身は驚くことも不思議に思うこともない、ということだ。このような気づきは、(疑いや驚きを感じないほど当たり前のこととして受け入れてしまう)私たちの「常識」を可視化してくれる。もともとは英語で書かれた本なので、日本人読者を対象にしているわけではない。だからこそ、そこで示される著者たちのものの見方、記述の仕方には、私たちのものの見方を相対化する力がある、といってもよい。日本を熟知した、優れた社会人類学者の面目躍如といったところだろう。

「同族経営大学」と family-run universities

本書はタイトルの通り、日本の私立大学を主なテーマとしている。だが、本書を読み進めるうちに、日本の読者は、そこに、このテーマを通して浮かび上がる「日本」の姿を見つけるだろう。そのひとつが、本書の副題にある「同族経営」についての分析・考察である。もちろん、著者たちは同族経営が日本に特殊なものだとは見なしていない。むしろ、第六章で詳述されるように、この概念によって捉えることのできる経営や経営体の特徴を、より広いグローバルな文脈を用意することでそこに位置付ける。それによって、共通性と異質性の両方を捉えようとするのだ。

だが、それにしても、ここには微妙だが重要な論点が隠されている、と解説者は考える。それは、英語の原文で示されたfamily-run universitiesという言葉と、それを日本語に置き換えたときの印象の違いといった問題である。familyを文字通り日本語に訳せば、「家族」である。したがってfamily-run universitiesを直訳すれば「家族経営大学」となる。またfamily businessは「家業」とか「家族経営」といった日本語に該当するだろう。本書の訳者も、familyをどう日本語にするかに苦心したのだろう。家族と訳したり、同族と訳したり、苦闘の跡が見える。英語でならfamilyの一語ですむところを、日本語に移すときには、ときに家族と訳したり、ときに一族や同族と訳したり、ニュアンスを捉えるためには、類語間での選択が必要になるのだ。

この苦心の跡に、重要な論点が潜んでいる。たとえば、「家族経営大学」で一貫して訳して本書が出来上がった場合と、「同族経営大学」と訳された場合を考えてみてほしい。「家族経営」の語には、家内家業的な小規模な小売店や工場のような印象が残る。それが、大学のような、より大規模で、しかも「公共的」で「近代的」であるはずの組織や制度にまで拡張して使われると、若干の違和感を覚えないだろうか。それに対し、同じ英語を「同族経営大学」と訳せば、大規模で近代的な経営体についても、そのような大学がありうることに納得がいく。これは、大学だけでなく、企業についても医療機関についてもあてはまる。比較的規模の大きな企業や医療機関などについては、家族経営よりも同族経営の語が使われるだろう。

だが、ここで論じたいのは、単なる規模の違いでない。規模が大きくなることで帯びるその経営体の公共性や近代性に注目することである。経営体の規模が大きくなれば、それに伴ってその経営体の公共的な役割は広く認知される。そのことによって、「家族経営」の小規模企業や医療機関などに比べ、社会的な責任も、経営や税務に関する透明性もより強く求められるはずだ。小さな家族経営の小売店や診療所なら、家族従事者の間で行使される権限や報酬の決定に、ある程度の曖昧さ(「どんぶり勘定」)が許されるだろう。家族が所有する資産と、その事業が所有するそれとの区別がつきにくい場合も少なくない。言い換えれば、「近代」の原理が徹底されない余地を残すということだ。「家族経営」なら許される、前近代性や非近代性の範囲の問題と言い換えてもよい。それは、家族内の人間関係にまつわる personal (人格的) な関係が経営に及ぶ範囲の問題でもある。公私の区別の問題である。

それでは、「同族経営」と訳された場合の印象はどうか。家族経営より規模の大きな、より公共性を帯びた経営体が、family (家族、一族、同族) によって運営されている場合、すなわち、本書の family-run universities のケースである。日本語で「同族経営」とまで呼ばれる発達を遂げた経営体には、その公共性や公共的な責任ある存在ゆえの、近代性が求められる。「家族経営」なら許される、前近代性や非近代性の範囲がより狭まるということだ。

だが、同時に、同族経営とは無縁の、それゆえ組織内での人間関係にまつわる人格的 (personal) な関係を極力排除する、言い換えれば非人格的 (impersonal) な関係が原理原則となる経営体に比べれば、そこにはいまだに、家族内の人間関係にまつわる人格的な関係が影響を残す。公私の分別の曖昧さである。その詳細と確証は、本書が詳らかにした通りだ。つまり、一族・同族内の家族的なパーソナルな人間関係の特徴を残しながら、一定の近代的な枠組みの範囲内で、経営が行なわれるということだ。ちなみに、この直前の文章を英語に訳すことは難しい。英語ではこれら当該の言葉が全てfamilyになってしまうからだ。

このように言葉にこだわることで見えてくる「同族経営大学≠family-run universities」の特徴は、解説者なりに敷衍《ふえん》して解釈すれば、近代性と非（前）近代性の巧みな折衷にある。必ずしも日本だけに当てはまる現象ではない。だが、この対の後者が示す非（前）近代性には、それぞれの社会の歴史や文化（そこには言葉の問題も含まれる）の特徴が刻印されているはずだ。さらには、両者の間の境界をどのように線引きするか、さらにはそれによって分けられた対の前者と後者をどのように関連づけ、折衷するかにも、同様のことが当てはまる。つまり、日本的な特徴がそこから見えてくるということだ。これは、日本の特殊性を素朴に当てはめるだけの日本人論的な議論とはまったく異なる。本書の議論をこのような視点から読み込んでみると、さらに新たな発見や謎《パズル》が得られるだろう。

政府の役割

本書の分析の優れたところは、同族経営の私立大学が多くの専門家の予想に違い、生き残りのために発揮したその強靭さ・粘り強さ（レジリエンス）を解明した点にあることは間違いない。そこに、日本の私立大学の特徴を見出した点も大きな貢献である。だが、それと同じくらい重要な貢献は、そのような強靭さ・粘り強さの発揮を可能にした条件の分析にある。とりわけ本書が注目したのが、政府と私立大学との関係である。前項の議論に引きつければ、近代性と非（前）近代性の巧みな折衷、両者の間のなんともいえない間合いを作り出す上での政府の役割といってもよい。

大学のような公共的な機関に対し、近代性の方により傾斜した、合理性や透明性を厳密に求める制度が設計され実効力を持っていれば、この折衷のあり方にも当然、変化が及ぶ。両者の線引き自体が変わってくるからだ。この絶妙な折衷と間合いを生み出す上で、政府が私立大学、とりわけ同族経営の大学に対してとった政策の匙《さじ》加減は、徹底した合理性や透明性、さらには公私の分別を厳密に追求（及）する政府であったなら実現できなかっただろう。政府がアメとムチの政策をとったことは、本書が見事に描き出した通りである。もちろん、アメとムチの併用は、日本政府の専売特許ではない。どんな近代国家にも備わっている権力行使の手段だ。それにしても、その匙加減が、同族経営の大学にその底力を発揮させる余地を残したのだとすれば、そこには、前述の歴史や文化の特徴が埋め込まれているはずだ。いったい、政府の政策はこのようなことまでを見通した意図的・計画的なものだったのか。それとも、変化する諸々の状況に適応する過程で、日本が経験し作り上げてきた歴史の慣性や文化の特徴がそこに紛れ込んだ、「意図せざる結果」だったのか。このような政府を持つ日本という社会はいかなる「近代」社会なのか。

優れた研究は、それを読む者にさらなる知的な謎《パズル》を思い起こさせる。そして、本書が喚起する、なぜ日本の研究者にはこのような研究書が書けなかったのかという大きな謎も、日本における（高等教育研究を含む）社会科学的な研究に投げかけられた課題である。

米澤彰純編（2011）『大学のマネジメント――市場と組織』玉川大学出版部
読売新聞教育ネットワーク事務局（2016）『大学の実力2017』中央公論新社
代々木ゼミナール（2018）『入試情報 ―― 早稲田大学』（https://www.yozemi.ac.jp/nyushi/data/waseda/）（2018年12月10日アクセス）
臨時教育審議会（1987）『教育改革に関する第三次答申』大蔵省印刷局
労働政策研究・研修機構（2018）『ユースフル労働統計2018』（https://www.jil.go.jp/kokunai/statistics/kako/2018/index.html）（2018年7月8日アクセス）
渡辺孝（2017）『私立大学はなぜ危ういのか』青土社
Christian Today（2014）『兵庫の聖トマス大学、来年３月廃止へ』ChristianToday 2014年11月5日（https://www.christiantoday.co.jp/articles/14491/20141105/thomas-university.htm）（2018年3月10日アクセス）
J-CAST（2009）『始まった「大学淘汰」聖トマス大「敗戦の弁」』J-CASTニュース2009年6月21日、（https://www.j-cast.com/2009/06/21043456.html）（2018年3月8日アクセス）
NHK（2019）「留学生が“学べない”30万人計画の陰で」『クローズアップ現代プラス』（2019年6月27日）（https://www.nhk.or.jp/gendai/articles/4300/index.html）（2020年1月21日アクセス）
SankeiBiz（2017）『全国765大学を1,160のキャンパスごとに調査』（https://www.sankeibiz.jp/business/news/170926/prl1709261042041-n1.htm）（2017年9月26日アクセス）
SankeiBiz（2018）『ベストセラー作家に聞く「2018年問題」現実となる「大学倒産の時代」…母校なくなる？』（https://www.sankeibiz.jp/macro/news/180117/mca1801170700001-n1.htm）（2018年1月28日アクセス）
TBSラジオ（2017）「すでに4割以上が定員割れ!? 私立大学の今後を考える」「荻上チキ・Session-22」）2017年3月8日（https://www.tbsradio.jp/126181）（2018年12月23日アクセス）

文部科学省（2018b）『私立学校の経営状況について』（https://www.mext.go.jp/component/a_menu/education/detail/__icsFiles/afieldfile/2018/02/16/1401001_7_1.pdf）（2018年12月6日アクセス）
文部科学省（2018c）『私立大学等の平成29年度入学者に係る学生納付金等調査結果について』（https://www.mext.go.jp/a_menu/koutou/shinkou/07021403/1412031.htm）（2018年3月26日アクセス）
文部科学省（2018d）『公立大学について』（https://www.mext.go.jp/a_menu/koutou/kouritsu/index.htm）（2018年12月4日アクセス）
文部科学省（2018e）『平成28年度大学等における産学連携等実施状況について』（https://www.mext.go.jp/component/a_menu/science/detail/__icsFiles/afieldfile/2018/02/16/1397873_02.pdf）（2018年9月7日アクセス）
文部科学省（2018f）『学校教員統計調査』（https://www.mext.go.jp/b_menu/toukei/chousa01/kyouin/kekka/k_detail/1395309.htm）（2019年4月11日アクセス）
文部科学省（2018g）『東京23区の大学の定員抑制に係る暫定的な対応』（https://www.mext.go.jp/b_menu/shingi/chukyo/chukyo4/042/siryo/__icsFiles/afieldfile/2018/01/26/1400706_03.pdf）（2019年2月5日アクセス）
文部科学省（2018h）『2040年を見据えた高等教育の課題と方向性について』（https://www.soumu.go.jp/main_content/000573858.pdf）（2018年4月14日アクセス）
文部科学省（2018i）『私立大学等経営強化集中支援事業』（https://www.mext.go.jp/a_menu/koutou/shinkou/07021403/002/002/1367019.htm）（2018年12月6日アクセス）
文部科学省（2018j）『高等教育無償化の制度の具体化に向けた方針の概要』（https://www.mext.go.jp/a_menu/koutou/hutankeigen/detail/__icsFiles/afieldfile/2018/12/28/1412286_001.pdf）（2019年11月8日アクセス）
文部科学省（2018k）『大学への進学者数の将来推計について』（https://www.mext.go.jp/b_menu/shingi/chukyo/chukyo4/042/siryo/__icsFiles/afieldfile/2018/03/08/1401754_03.pdf）（2019年11月8日アクセス）
山岸駿介（2001）『大学改革の現場へ』玉川大学出版部
山崎その・宮嶋恒二・伊多波良雄（2018）『これからの大学経営――ガバナンス、マネジメント、リーダーシップ』晃洋書房
山野井敦徳（2007）『日本の大学教授市場』玉川大学出版部
山本眞一（2002）「大学の組織・経営とそれを支える人材」『高等教育研究』（5）87-108頁
吉本圭一（2003）「専門学校の発展と高等教育の多様化」『高等教育研究』（6）83-103頁
吉本康永（2003）『大学には入ったけれど――大学中退をめぐる親子の壮絶バトル』三五館
米澤彰純（2010）『高等教育の大衆化と私立大学経営――「助成と規制」は何をもたらしたのか』東北大学出版会

進んでいるのでしょうか』（https://www.mext.go.jp/a_menu/koutou/daigaku/04052801/005.htm）（2018年11月16日アクセス）
文部科学省（2004）『私立学校法の一部を改正する法律等の施行について』（https://www.mext.go.jp/a_menu/koutou/shinkou/07021403/004/003.htm）（2018年10月1日アクセス）
文部科学省（2007）『平成19年度大学等設置に係る寄附行為（変更）認可後の財政状況及び施設等整備状況調査 留意事項』（https://www.mext.go.jp/a_menu/koutou/shinkou/07021403/006/008/001.htm）（2017年5月3日アクセス）
文部科学省（2012）『堀越学園（群馬県）の在学生と保護者の皆様へ』（https://www.mext.go.jp/a_menu/koutou/shinkou/07021403/1327280.htm）（2017年10月6日アクセス）
文部科学省（2013）『大学入学者選抜、大学教育の現状』（https://www.kantei.go.jp/jp/singi/kyouikusaisei/dai11/sankou2.pdf）（2018年10月1日アクセス）
文部科学省（2014）『若者の海外留学を取り巻く現状について』（https://www.cas.go.jp/jp/seisaku/ryuugaku/dai2/sankou2.pdf）（2017年10月19日アクセス）
文部科学省（2015）『私立大学の経営状況について』（https://www.mext.go.jp/component/a_menu/education/detail/__icsFiles/afieldfile/2017/02/15/1381780_8.pdf）（2018年9月16日アクセス）
文部科学省（2016）『文部科学大臣の所轄に属する学校法人の行うことのできる収益事業の種類を定める件』（https://www.mext.go.jp/b_menu/hakusho/nc/1374659.htm）（2018年4月8日アクセス）
文部科学省（2017a）『文部科学統計要覧』（https://www.mext.go.jp/b_menu/toukei/002/002b/1383990.htm）（2018年3月19日アクセス）
文部科学省（2017b）『私学助成に関する参考資料』（https://www.mext.go.jp/b_menu/shingi/chousa/koutou/073/gijiroku/__icsFiles/afieldfile/2017/02/14/1381731_2.pdf）（2018年3月19日アクセス）
文部科学省（2017c）『平成29年度国公私立大学／短期大学入学者選抜実施状況の概要』（https://www.mext.go.jp/b_menu/houdou/29/12/1398976.htm）（2018年8月4日アクセス）
文部科学省（2017d）『平成29年度科学研究助成事業の配分について』（https://www.mext.go.jp/a_menu/shinkou/hojyo/__icsFiles/afieldfile/2017/10/10/1396984_01_1.pdf）（2018年9月7日アクセス）
文部科学省（2017e）『国公私立大学の授業料等の推移』（https://www.mext.go.jp/a_menu/koutou/shinkou/07021403/__icsFiles/afieldfile/2017/12/26/1399613_03.pdf）（2018年3月2日アクセス）
文部科学省（2017f）『高等教育の将来構想に関する基礎データ』（https://www.mext.go.jp/b_menu/shingi/chukyo/chukyo4/gijiroku/__icsFiles/afieldfile/2017/04/13/1384455_02_1.pdf）（2018年8月11日アクセス）
文部科学省（2018a）『学校基本調査——結果の概要』（https://www.mext.go.jp/b_menu/toukei/chousa01/kihon/kekka/1268046.htm）（2019年4月11日アクセス）

連盟
プール学院（2008）『認証評価』（http://www.poole.ac.jp/jihee/jihee.html）（2018年7月19日アクセス）
福井有（2004）「評価に耐えうる大学作り」『私学経営』（348）1-10頁
福留留理子（2004）「大学職員の役割と能力形成:私立大学職員調査を手がかりとして」『高等教育研究』（7）157-176頁
藤井かよ（1997）『大学“象牙の塔”の虚像と現実』丸善
船曳建夫（2005）『大学のエスノグラフィティ』有斐閣
古沢由紀子（2001）『大学サバイバル――再生への選択』集英社
ベネッセ教育総合研究所（2005）『進路選択に関する振返り調査』（https://berd.benesse.jp/berd/center/open/report/shinrosentaku/2005/houkoku/furikaeri2_6_9.html）（2017年6月20日アクセス）
ベネッセコーポレーション（各年版）『ＴＨＥ世界大学ランキング　日本版』。（https://japanuniversityrankings.jp/）（2018年8月18日アクセス）
朴澤泰男・白川優治（2006）「私立大学における奨学金受給率の規定要因」『教育社会学研究』（78）321-340頁
丸山文裕（2002）『私立大学の経営と教育』東信堂
水戸英則（2014）『今、なぜ「大学改革」か？――私立大学の戦略的経営の必要性』丸善プラネット
宮嶋恒二（2016）「私立大学におけるガバナンスの有効性に関する実証研究」『同志社政策科学研究』17（2）：83-97頁
民主党（2009）『天下りに関する予備的調査』（http://www1.dpj.or.jp/special/yobicyousa/02.html）（2017年7月16日アクセス）
村上政博（2003）『法科大学院――弁護士が増える、社会が変わる』中央公論新社
毛受敏浩（2017）『限界国家――人口減少で日本が迫られる最終選択』朝日新聞出版
森川泉（2007）「戦前の大学設置（昇格）認可行政における私立大学財政問題」『広島修大論集』48（1）：1-31頁
両角亜希子（2010）『私立大学の経営と拡大・再編――1980年代後半以降の動態』東信堂
両角亜希子（2016）「私立大学の統合・連携」『高等教育研究叢書』133：71-86頁
両角亜希子・小林武夫・塩田邦成・福井文威（2018）「大学上級管理職向け研修・教育プログラムの現状と課題」『大学経営政策研究』8：95-111頁
文部科学省（n.d.a）『私立学校関係税制』（https://www.mext.go.jp/a_menu/koutou/shinkou/07021403/003.htm）（2018年12月1日アクセス）
文部科学省（n.d.b）『高大接続改革』（https://www.mext.go.jp/a_menu/koutou/koudai/detail/1397731.htm）（2017年11月16日アクセス）
文部科学省（n.d.c）『日本の大学では、教育内容・方法等の改善がどれくらい

年7月5日アクセス）
東海高等教育研究所「特集・大学全入時代の教育実践を問う」『大学と教育』（29）4-48頁
東洋経済新報社（2018）「特集――大学が壊れる」『週刊東洋経済』2018年2月10日
戸瀬信之・西村和雄（2001）『大学生の学力を診断する』岩波書店
内閣府（2017）『基本資料入学定員等の状況』（https://www.kantei.go.jp/jp/singi/sousei/meeting/daigaku_yuushikishakaigi/h29-04-18-siryou5.pdf）（2017年6月20日アクセス）
中井浩一（2002）『「勝ち組」大学ランキング――どうなる東大一人勝ち』中央公論新社
中澤渉（2014）『なぜ日本の公教育費は少ないのか』勁草書房
中村清（2001）『大学変革哲学と実践――立命館のダイナミズム』日経事業出版社
中村忠一（1997）『「冬の時代」の大学経営』東洋経済新報社
中村忠一（2001）『国立大学民営化で300の私大が潰れる――迫りくる国立大学独法化の弊害と危険性を警告する！』エール出版社
中村忠一（2000）『大学倒産――定員割れ、飛び級、独立行政法人化』東洋経済新報社
成田克矢・寺崎昌男編（1979）『大学の歴史（学校の歴史　第4巻）』第一法規出版
西田耕三（2000）『大学をリシャッフルする――活性化への組織・行動改革』近未来社
日本学生支援機構（2017）『奨学金事業関連資料』（http://www.mext.go.jp/b_menu/shingi/chousa/koutou/069/gijiroku/__icsFiles/afieldfile/2016/02/23/1367261_7.pdf）（2018年3月6日アクセス）
日本学生支援機構（2019）『平成30年度外国人留学生在籍状況調査結果』（https://www.jasso.go.jp/about/statistics/intl_student_e/2018/index.html）（2019年6月1日アクセス）
日本経済新聞社（2005）「本社私大の調査から――経営の現状半数が“不満”」『日本経済新聞』2005年10月31日
日本私立大学協会（2010）『設置審　学校法人分科会』教育学術オンライン第2391号（平成22年2月17日）（https://www.shidaikyo.or.jp/newspaper/online/2391/index.html）（2018年8月18日アクセス）
日本私立大学協会（2018）『私大ガバナンス・マネジメントの現状とその改善・強化に向けて』（https://www.shidaikyo.or.jp/riihe/book/pdf/2018_p01.pdf）（2019年8月6日アクセス）
日本私立大学団体連合会（2017）『明日を拓く――私立大学の多様で特色ある取り組み（増補版）』日本私立大学団体連合会
日本私立大学連盟（1984）『私立大学――きのうきょうあした』日本私立大学

進研アド（2018）「次年度からの私学助成――定員割れの減額率を上げ、教育の質で増額も」『Between』2018年1月29日（http://between.shinken-ad.co.jp/univ/2018/01/shigakujosei.html）（2018年1月31日アクセス）
杉山幸丸（2004）『崖っぷち弱小大学物語』中央公論新社
鈴木雄雅（2001）『大学生の常識』新潮社
関田真也（2017）「独自集計！全大学「奨学金延滞率」ランキング」『東洋経済オンライン』2017年4月20日（https://toyokeizai.net/articles/-/168512）（2017年4月30日アクセス）
総務省統計局（2014）『最近の正規・非正規雇用の特徴』（https://www.stat.go.jp/info/today/097.html#k1）（2017年3月19日アクセス）
大学審議会（1991）『平成5年度以降の高等教育の計画的整備について』1991年5月17日（http://www.mext.go.jp/b_menu/shingi/chukyo/chukyo4/gijiroku/030201fe.htm）（2017年6月10日アクセス）
大学審議会（1998）『「21世紀の大学像と今後の改革方策について」競争的環境の中で個性が輝く大学』（http://www.mext.go.jp/b_menu/shingi/old_chukyo/old_daigaku_ index/toushin/1315917.htm）（2017年6月10日アクセス）
大学審議会（2000）『大学入試の改善について』（www.mext.go.jp/b_menu/shingi/old_chukyo/old_daigaku_index/toushin/1315961.htm）（2017年11月18日アクセス）
大学未来問題研究会（2001）『大予測10年後の大学――日本の大学はここまで変わる』東洋経済新報社
竹田保正（2001）『内なる大学改革――理系大学人の発言』学会出版センター
多田富雄（2001）『大学革命』藤原書店
舘昭（1997）『大学改革 日本とアメリカ』玉川大学出版部
中央教育審議会（2003）『これまでの高等教育計画等について』（https://www.mext.go.jp/b_menu/shingi/chukyo/chukyo4/gijiroku/030201fb.htm）（2017年7月19日アクセス）
中央教育審議会（2005）『我が国の高等教育の将来像』（https://www.mext.go.jp/b_menu/shingi/chukyo/chukyo0/toushin/05013101.htm）（2017年7月19日アクセス）
中央教育審議会大学分科会（2008）『学士課程教育の構築に向けて』（https://www.mext.go.jp/b_menu/shingi/chukyo/chukyo4/houkoku/080410.htm）（2017年6月10日アクセス）
中央教育審議会大学分科会（2010）『質保証を支えるための国公私立大学の健全な発展』（https://www.mext.go.jp/b_menu/shingi/chukyo/chukyo4/houkoku/attach/1297042.htm）（2018年5月11日アクセス）
陳曦（2003）「大学設置母体としての専修学校の研究」2003年9月21日、明治学院大学での日本教育社会学会にて配布。
ディスコ（2018）「高校生に聞いた進路希望状況アンケート」（5月22日プレスリリース）（https://prtimes.jp/main/html/rd/p/000000404.000003965.html）（2018

佐藤進（2001）『大学の生き残り戦略——少子化社会と大学改革』社会評論社
佐藤由利子（2018）「韓国と日本の地方私立大学における留学生の誘致、支援の状況とコストの分担」『大学論集』（50）177-192頁
実藤秀志（2015）『学校法人ハンドブック』財務経理協会
サピエンチア会（2018）「元英知大学キャンパス跡地の現在と今後の予定」『サピエンチア』（29）2頁（https://ee65c38a-1355-4da7-9cb9-e63e58998935.filesusr.com/ugd/37067f_6d615c1173e640e487c52ce373795a95.pdf）（2019年8月10日アクセス）
澤田晃宏（2019）「東京福祉大学「独裁者讃える校歌」元理事長出所後、驚きの待遇とは？」『AERAdot.』2019年3月26日（https://dot.asahi.com/aera/2019032500065.html）（2020年1月21日アクセス）
産経新聞社会部（1992）『大学を問う——荒廃する現場からの報告』新潮社
私学高等教育研究所（2012）『私立大学の中長期経営システムに関する実態調査（速報）』日本私立大学協会附置私立高等教育研究所
私学事業団、（n.d.）『経営支援・情報提供』（https://www.shigaku.go.jp/s_center_menu.htm）（2018年6月18日アクセス）
私学事業団（2007）『私立学校の経営革新と経営困難への対応——最終報告』（https://www.shigaku.go.jp/s_center_saisei.pdf）（2018年5月4日アクセス）
私学事業団（2015）「「学校法人の経営改善方策に関するアンケート」報告——大学・短期大学法人編」『私学経営情報』（30）、私学事業団。
私学事業団（2018a）『私立大学・短期大学等入学志願動向』（https://www.shigaku.go.jp/s_center_d_shigandoukou.htm）（2018年12月18日アクセス）
私学事業団（2018b）『私立大学等経常費補助金配分基準』（https://www.shigaku.go.jp/s_haibunkijun.htm）（2018年12月18日アクセス）
私学事業団（2018c）『平成30年度版　今日の私学財政』学校経理研究会
私学事業団（2019a）『私立大学等経常費補助金』（https://www.shigaku.go.jp/s_kouhujoukyou.htm）（2019年5月16日アクセス）
私学事業団（2019b）「「学校法人の経営改善方策に関するアンケート」報告——大学・短期大学法人編」『私学経営情報』（33）（https://www.shigaku.go.jp/files/keieikaizenanke-to_h30.pdf）（2019年5月15日アクセス）
私学事業団（2019c）『大学ポートレート——日本経済大学』（https://up-j.shigaku.go.jp/school/category06/00000000673601000.html）（2019年1月2日アクセス）
島田博司（2002）『私語への教育指導』玉川大学出版部
島野清志（1999）『危ない大学・消える大学　2000年版』エール出版社
庄村敦子（2017）「医学部の学費安いほど偏差値高い「反比例」の法則　ランキングで検証」『AERAdot.』2017年10月10日（https://dot.asahi.com/dot/2017100600072.html）（2017年10月10日アクセス）
私立大学等の振興に関する検討会議（2017）『私立大学等の振興に関する検討会議「議論のまとめ」』（http://www.mext.go.jp/b_menu/shingi/chousa/koutou/073/gaiyou/1386778.htm）（2018年5月5日アクセス）

韓民（1996）『現代日本の専門学校――高等職業教育の意識と課題』玉川大学出版部
木田竜太郎（2012）「高等継続教育の日本的展開に関する一考察」『早稲田教育評論』（26）159-172頁
喜多村和之編（1989）『学校淘汰の研究――大学「不死」幻想の終焉』東信堂
喜多村和之（2002）『大学は生まれ変われるか』中央公論新社
絹川正吉（2002）「私立大学の組織・経営再考」『高等教育研究』（5）27-52頁
絹川正吉・舘昭編（2004）『学士課程教育の改革』東信堂
木村誠（2012）『危ない私立大学 残る私立大学』朝日新聞出版
木村誠（2014）『就職力で見抜く！ 沈む大学伸びる大学』朝日新聞出版
木村誠（2017）『大学大倒産時代――都会で消える大学、地方で伸びる大学』朝日新聞出版
木村誠（2018）『大学大崩壊――リストラされる国立大、見捨てられる私立大』朝日新聞出版
清成忠男（2001）『21世紀――私立大学の挑戦』法政大学出版局
清成忠男（2003）『大淘汰時代の大学自立・活性化戦略』東洋経済新報社
清成忠男・早田幸政編（2005）『国立大学法人化の衝撃と私大の挑戦』エイデル研究所
日下公人・野田一夫・西島安則・中島嶺雄・田中一昭・佐藤禎一（2003）『今、日本の大学をどうするか』自由国民社
クラーク, グレゴリー（2003）『なぜ日本の教育は変わらないのですか？』東洋経済新報社
黒木登志夫（2009）『落下傘学長奮闘記――大学法人化の現場から』中央公論新社
黒木比呂史（1999）『迷走する大学――「大学全入」のXデー』論創社
慶應義塾大学（2009）『平成20年度収支決算について』（https://www.keio.ac.jp/ja/news/2009/kr7a43000000wz5g.html）（2018年3月5日アクセス）
公立大学協会（2017）『平成29年度公立大学便覧』（http://www.kodaikyo.org/?p=937）（2018年6月12日アクセス）
国立大学法人評価委員会（2015）『国立大学と私立大学の授業料等の推移』（http://www.mext.go.jp/b_menu/shingi/kokuritu/005/gijiroku/attach/1386502.htm）（2017年7月18日アクセス）
五十年史編纂委員会編（2004）『私学振興史――半世紀の挑戦』日本私立大学協会
国庫助成に関する全国私立大学教授会連合編（2004）『私立大学の未来――改革と展望』大月書店
小林哲夫（2008）「変貌する学長は危機を救うか」『中央公論』（123）（2月）64-73頁
斎藤力夫・西村昭編（2005）『私学運営実務のすべて――学校法人のガバナンス・会計・諸規程・税務』学校経理研究会

市川太一（2007）『30年後を展望する中規模大学――マネジメント・学習支援・連携』東信堂
伊藤彰浩（1999）『戦間期日本の高等教育』玉川大学出版部
伊藤歩（2013）「「士業」崩壊」『週刊東洋経済』8月31日（6481）100-107頁
稲垣恭子（2007）『女学校と女学生――教養・たしなみ・モダン文化』中央公論新社
今井健（2001）『大学マーケティングの理念と戦略――学生コンシューマリズムに応えるために』中部日本教育文化会
宇佐美寛（1999）『大学の授業』東信堂
潮木守一（2002）「市場競争下の大学経営」『高等教育研究』（5）7-26頁
梅津和郎（2001）『潰れる大学・伸びる大学――辛口採点』エール出版社
江原武一・杉本均（2005）『大学の管理運営改革――日本の行方と諸外国の動向』東信堂
旺文社教育情報センター（2018）『29年度「推薦・AO」入学者、過去最高の"44.3%"！』（http://eic.obunsha.co.jp/resource/viewpoint-pdf/201801.pdf）（2019年3月1日アクセス）
大江淳良（2003）「学生募集と入学試験と経営」『高等教育研究』6：131-148頁
大佐古紀雄・白川優治（2003）「大学改革がわかるキーワード50」『大学がわかる。』アエラムック No.93
大野晃（2008）『限界集落と地域再生』静岡新聞社
尾形憲（1978）『教育経済論序説――私立大学の財政』東洋経済新報社
岡本史紀（2016）『私立大学に何がおこっているのか――成長を超えた「発展」か、忍び寄る「破綻」か』成文堂
小川洋（2016）『消えゆく「限界大学」――私立大学定員割れの構造』白水社
小川洋（2017）「2018年の大問題「中小限界大学消滅」は回避可能か」『週刊現代』2017年11月30日（http://gendai.ismedia.jp/articles/-/53631）（2018年3月3日アクセス）
奥田亘（2009）「失敗が相次ぐ私立大学の資産運用」（https://www.murc.jp/report/rc/column/search_now/sn090202/）（2017年6月17日アクセス）
小日向允（2003）『私立大学のクライシス・マネジメント――経営・組織管理の視点から』論創社
何芳・小林徹（2015）「学歴間の賃金格差は拡大しているのか」慶應義塾大学パネルデータ設計・解析センターディスカッションペーパー、2015年9月（https://www.pdrc.keio.ac.jp/publications/dp/1195/）（2017年7月19日アクセス）
河合塾（2016）『ひらく日本の大学――2016年度調査結果報告』。（https://www.keinet.ne.jp/magazine/guideline/backnumber/16/11/01toku.pdf）（2018年6月25日アクセス）
川成洋（2000）『大学崩壊！』宝島社
川原淳次（2004）『大学経営戦略』東洋経済新報社

Principal Mission, eds. Walter Archer and Hans G. Schuetze, pp. 141-156. Leiden; Boston: Brill.

Yamasaki, Hirotoshi. (2015). 'Higher Education and Society', in *The Changing Academic Profession in Japan*, eds. Akira Arimoto, William K. Cummings, Futao Huang, and Jung Cheol Shin, pp. 213-219. Dortrecht: Springer.

Yonezawa, Akiyoshi. (2015). 'Inbreeding in Japanese Higher Education: Inching Toward Openness in a Globalized Context', in *Academic Inbreeding and Mobility in Higher Education: Global Perspectives*, eds. Maria Yudkevich, Philip Altbach, and Laura E. Rumbley, pp. 99-219. London: Palgrave Macmillan.

Yonezawa, Akiyoshi and Masateru Baba. (1998). 'The Market Structure for Private Universities in Japan', *Tertiary Education and Management* 4(2): 145-152.

Yonezawa, Akiyoshi and Futao Huang. (2018). 'Towards Universal Access Amid Demographic Decline: High Participation Higher Education in Japan', in *High Participation Systems of Higher Education*, eds. Brendan Cantwell, Simon Marginson, and Anna Smolentsveva, pp. 418-438. Oxford: Oxford University Press.

Yu, Kai. (2019). 'China: A Publicly Listed Private Higher Education Initiative', in *The Global Phenomenon of Family-Owned or Managed Universities*, eds. Philip G. Altbach, Edward Choi, Matthew R. Allen, and Hans de Wit, pp. 98-115. Leiden: Brill.

Zeugner, John F. (1984). 'The Puzzle of Higher Education in Japan: What Can We Learn From the Japanese?' *Change* 16(1): 24-31.

日本語文献

愛国学園（2017）『入学者に関する受入方針等』（https://www.aikoku-u.ac.jp/jp/outline/disc/fre）（2018年6月3日アクセス）

青木昌彦・大東道郎・澤昭裕・「通産研究レビュー」編集委員会編（2001）『大学改革――課題と争点』東洋経済新報社

朝日新聞教育取材班（2003）『大学激動――転機の高等教育』朝日新聞社

朝日新聞社（2002）『大学ランキング』朝日新聞社

天野郁夫（1986）『高等教育の日本的構造』玉川大学出版部

天野郁夫（1988）『大学――試練の時代』UP選書 Vol. 260、東京大学出版会

天野郁夫（2000）『学長――大学改革への挑戦』玉川大学出版部

天野郁夫（2004）『大学改革――秩序の崩壊と再編』東京大学出版会

天野郁夫（2006）『大学改革の社会学』玉川大学出版部

有本章（2005）『大学教授職とＦＤ――アメリカと日本』東信堂

有本章・山本真一（2003）『大学改革の現在』東信堂

市川昭午（2000）『高等教育の変貌と財政』玉川大学出版部

市川昭午（2004）「私学の特性と助成政策」『大学財務経営研究』（1）169-185頁

Walsh, Bryan. (2005). 'As Japan's Population Ages, Its Universities Face Bankruptcy As Enrollment Plunges', *Time Asia*, 4 July 2005.

Watson, Andrew R. J. (2016). 'Changes in Japanese Legal Education'. *Journal of Japanese Law* 21(41): 1-54.

Wheeler, Greg. (2012). 'The *Akahon* Publications: Their Appeal and Copyright Concerns'. *Shiken Research Bulletin* 16(1): 23-26.

Whitley, Richard. (2019). 'Changing the Nature and Role of Universities: The Effects of Funding and Governance Reforms on Universities as Accountable Organizational Actors', in *The Oxford Handbook of Higher Education Systems and University Management*, eds. Gordon Redding, Antony Drew, and Stephen Crump, pp. 63-87. Oxford: Oxford University Press.

Wilson, Matthew, J. (2014). 'Seeking to Change Japanese Society through Legal Reform', in *Critical Issues in Contemporary Japan*, ed. Jeff Kingston, pp. 265-275. London and New York: Routledge.

Wisniewski, Richard. (2008). 'The Averted Gaze'. *Anthropology & Education Quarterly* 31(1): 5-23.

Wright, Ewan and Hugo Horta. (2018). 'Higher Education Participation in "High-Income" Universal Higher Education Systems: "Survivalism" in the Risk Society'. *Asian Education and Development Studies* 7(2): 184-204.

Yamada, Reiko. (2001). 'University Reform in the Post-Massification Era in Japan: Analysis of Government Education Policy for the 21st Century'. *Higher Education Policy* 14: 277-291.

Yamada, Reiko. (2018). 'Impact of Higher Education Policy on Private Universities in Japan: Analysis of Governance and Educational Reform through Survey Responses'. *Higher Education Forum* 15: 19-37.

Yamamoto, Kiyoshi. (1999). 'Japan: Collegiality in a Paternalist System', in *Managing Academic Staff in Changing University Systems: International Trends and Comparisons*, ed. David Farnham, pp. 311-323. Buckingham, UK: Open University Press.

Yamamoto, Kiyoshi. (2004). 'Corporatization of National Universities in Japan: Revolution for Governance or Rhetoric for Downsizing?' *Financial Accountability & Management* 20(2): 153-181.

Yamamoto, Shinichi. (2005). 'Government and the National Universities: Ministerial Bureaucrats and Dependent Universities', in *The 'Big Bang' in Japanese Higher Education: The 2004 Reforms and the Dynamics of Change*, eds. Jerry S. Eades, Roger Goodman, and Yumiko Hada, pp. 94-105. Melbourne: Trans Pacific Press.

Yamamoto, Shinichi. (2012). 'Japan: Lifelong Learning and Higher Education in Japan', in *Global Perspectives on Higher Education and Lifelong Learners*, eds. Maria Slowey and Hans Schuetze, pp. 217-229. New York and London: Routledge.

Yamamoto, Shinichi. (2019). 'The Value of Degrees and Diplomas in Japan', in *Preparing Students for Life and Work: Policies and Reforms Affecting Higher Education's*

82. London: Sage.
Taguri, Renato and John Davis. (1996). 'Bivalent attributes of the family firm'. *Family Business Review* 9(2): 199-208.
Takahashi, Satoshi. (2017). 'Neo-liberal Education Reform from the 1980s to 2000s', in *The History of Education in Japan (1600-2000)*, eds. Masashi Tsujimoto and Yoko Yamasaki. London and New York: Routledge.
Takei, Kazuyoshi. (2016). 'The Evolution of Japanese Family Business Governing Principles', *FFI Practitioner*, 17 August 2016.
Tamrat, Wondwosen. (2018). 'Family-Owned Private Higher Education Institution in Africa'. *International Higher Education* 95: 23-24.
Tanaka, Masahiro. (2007). 'Ideals and Realities in Japanese Law Schools: Artificial Obstacles to the Development of Legal Education'. *Higher Education Policy* 20(2): 195-206.
Tanaka, Masahiro. (2016). 'Japanese Law Schools in Crisis: A Study on the Employability of Law School Graduates'. *Asian Journal of Legal Education* 3(1): 38-54.
Tanaka, Ryūichi. (2019). 'Recent Debates on Public-Private Cost Sharing for Higher Education in Japan'. *Social Science Japan Journal* 22(2): 271-276.
Taylor, Laurie. (2000). 'Relatively Successful', *The Guardian*, 19 July 2000.
Teichler, Ulrich. (1997). 'Higher Education in Japan: A View from Outside'. *Higher Education* 34: 275-298.
Teichler, Ulrich. (2019). 'The Academic and Their Institutional Environment in Japan: A View from Outside', *Contemporary Japan* 31(2): 234-263.
Toivonen, Tuukka and Yuki Imoto. (2012). 'Making Sense of Youth Problems', in *A Sociology of Japanese Youth: From Returnees to NEETs*, eds. Roger Goodman, Yuki Imoto, Tuukka Toivonen, pp. 1-29. London: Routledge.
Trow, Martin. (1973). *Problems in the Transition from Elite to Mass Higher Education.* Berkeley, California: Carnegie Commission on Higher Education.
Tsuda, Takeyuki. (1993). 'The Psychological Functions of Liminality: The Japanese University Experience'. *The Journal of Psychohistory* 20(3): 305-330.
Umakoshi, Toru. (2004). 'Private Higher Education in Asia: Transitions and development', in *Asian Universities: Historical Perspectives and Contemporary Challenges,* eds. Philip Altbach and Toru Umakoshi, pp. 33-49. Baltimore: Johns Hopkins University Press.
Van den Berghe, Pierre L. (1973). *Power and Privilege at An African University*. London: Routledge and Kegan Paul.
Vincent-Lancrin, Stéphan. (2008). 'What is the impact of demography on higher education?', in *Higher Education to 2030: Volume 1, Demography*, ed. Centre for Educational Research and Innovation. Paris: OECD.
Wagatsuma, Hiroshi and Arthur Rosset. (1986). 'The Implications of Apology: Law and Culture in Japan and the US'. *Law Society Review* 20(4): 461-497.
Walker, Patricia. (2007). 'System Transition in Japanese Short-Term Higher Education: What Future for the Japanese Junior College in Crisis?', *Compare*, 37(2): 239-255.

in Postmodern America. Chicago: Open Court Publishing.

Saegusa, Mayumi. (2006). *The Genesis of Institutional Formation: The Development of The Japanese Law School System.* PhD thesis, University of Illinois, Chicago.

Saegusa, Mayumi. (2009). 'Why the Japanese Law School System was Established: Co-Optation as a Defensive Tactic in the Face of Global Pressures'. *Law & Social Inquiry* 34(2): 365-398.

Saito, Takahiro. (2006). 'The Tragedy of Japanese Legal Education: Japanese "American" Law Schools'. *Wisconsin International Law Journal* 24(1): 197-208.

Sato, Nobuyuki. (2016). 'The State of Legal Education in Japan: Problems and "Re"-Renovations in JD Law Schools'. *Asian Journal of Law and Society* 3(2): 213-225.

Schoppa, Leonard J. (1991). *Education reform in Japan: A case of immobilist politics.* London: Routledge.

Shafieyoon, Rasoul and Marjan Mansouri. (2014). 'Factors Dominating the Continuity and Decline of Family Businesses'. *International Journal of Academic Research in Business and Social Sciences* 4(1): 327-343.

Shanker, M. C. and J. H. Astrachan. (1996). 'Myths and Realities: Family Businesses' Contribution to the US Economy: A Framework for Assessing Family Business Statistics'. *Family Business Review* 9(2): 107-123.

Sharma, Pramodita. (2004). 'An Overview of the Field of Family Business Studies: Current Status and Directions for the Future'. *Family Business Review* 17(1): 1-36.

Sharma, Pramodita, Leif Melin, and Mattias Nordqvist. (2014). 'Introduction: Scope, Evolution, and Future of Family Business Studies', in *The Sage Handbook of Family Business,* eds. Leif Melin, Mattias Nordqvist, and Pramodita Sharma, pp. 1-22. London: Sage.

Shepherd, Jessica. (2008). 'Desperately seeking students', *The Guardian*, 15 January 2008. Online: https://www.theguardian.com/education/2008/jan/15/internationaleducationnews.highereducation (accessed 22 July 2017).

Snoddy, Gregory Allan. (1996). *A Comparative Study of the Strategies to Maintain Enrolments at Japanese and American Private Institutions of Higher Education as a Response to Decline in the Population of Traditional Age Students.* Doctor of Education thesis, West Virginia University, Morgantown.

Steele, Stacey and Anesti Petridis. (2014). 'Japanese Legal Education Reform: A Lost Opportunity to End the Cult(ure) of the National Bar Examination and Internationalise Curricula?', in *The Internationalisation of Legal Education: The Future Practice of Law*, eds. William van Caenegem and Mary Hiscock, pp. 92-121. Cheltenham, UK: Edward Elgar.

Stewart, Alex. (2003). 'Help One Another, Use One Another: Toward an anthropology of Family Business'. *Entrepreneurship, Theory and Practice*, 27(4): 383-396.

Stewart, Alex. (2014). 'The Anthropology of Family Business', in *The Sage Handbook of Family Business*, eds. Leif Melin, Mattias Nordqvist, and Pramodita Sharma, pp. 66-

the Cohort Effect in Japan'. *Japanese Economy* 35(3): 55-86.

Ota, Hiroshi. (2014). 'Japanese Universities' Strategic Approach to Internationalization: Accomplishments and Challenges', in *Emerging International Dimensions in East Asian Higher Education*, eds. Akiyoshi Yonezawa, Yuto Kitamura, Arthur Meerman, and Kazuo Kuroda, pp. 227-252. Dordrecht: Springer.

Platt, R. Eric, Chesnut, Steven R., McGee, Melandie and Song, Xiaonan. (2017). 'Changing Names, Merging Colleges: Investigating the History of Higher Education Adaptation', in *American Educational History Journal*, 44/1: 49-67.

Poole, Gregory S. (2010). *The Japanese Professor: An Ethnography of a University Faculty.* Rotterdam: Sense Publishers.

Poole, Gregory S. (2016). 'Administrative Practices as Institutional Identity: Bureaucratic Impediments to HE "Internationalisation" Policy in Japan'. *Comparative Education* 52(1): 62-77.

Pounder, Paul. (2015). 'Family business insights: an overview of the literature'. *Journal of Family Business Management* 5(1): 116-127.

Powell, Margaret and Masahira Anesaki. (1990). *Health Care in Japan.* New York and London: Routledge.

Ramseyer, Mark J. (1999). 'Review of Ivan Hall's Cartels of the Mind: Japan's Intellectual Closed Shop'. *The Journal of Japanese Studies* 25(2): 365-368.

Ramseyer, J. Mark and Eric B. Rasmusen. (2015). 'Lowering the Bar to Raise the Bar: Licensing Difficulty and Attorney Quality in Japan'. *The Journal of Japanese Studies* 41(1): 113-142.

Rappo, Gaétan. (2021). '"Universities" in Japan? Education and Places of Learning in the Early Modern Period', in *Education Beyond Europe: Models and Traditions before Modernities*, eds. Cristiano Casalini, Edward Choi and Ayenachew A. Woldegiyorgis, pp. 11-32. Leiden, Brill.

Refsing, Kirsten. (1992). 'Japanese Educational Expansion: Quality or Equality', in *Ideology and Practice in Modern Japan*, eds. Roger Goodman and Kirsten Refsing, pp. 116-129. London: Routledge.

Reis, Fábio and Rodrigo Capelato. (2019). 'Brazil: Family-founded higher education institutions', in *The Global Phenomenon of Family-Owned or Managed Universities*, eds. Philip G. Altbach, Edward Choi, Matthew R. Allen, and Hans de Wit, pp. 79-97. Leiden: Brill.

Roberts, John G. (1973). *Mitsui: Three Centuries of Japanese Business*. New York and London: Weatherhill.

Rodwin, Marc A. (2011). *Conflicts of Interest and the Future of Medicine: The United States, France and Japan.* Oxford: Oxford University Press.

Rubinger, Richard. (1982). *Private Academies of the Tokugawa Period.* Princeton: Princeton University Press.

Sacks, Peter. (1996). *Generation X Goes to College: An Eye-Opening Account of Teaching* predicted mass shutterings. That hasn't happened but other enormous changes are underway', in *The Chronicle of Higher Education*, 67/14.

Newby, Howard, Thomas Weko, David Brenemann, Thomas Johanneson, and Peter Maassen. (2009). *OECD Reviews of Tertiary Education: Japan.* Paris: OECD.

Nishimura, Hidetoshi. (1987). 'Universities—Under Pressure to Change'. *Japan Quarterly* 34(2): 179-184.

Nottage, Luke. (2007). 'Build Postgraduate Law Schools in Kyoto, and Will They Come: Sooner and Later?' *Australian Journal of Asian Law* 7(3): 241-263.

Oba, Jun. (2009). 'Managing Academic and Professional Careers in Japan', in *Academic and Professional Identities in Higher Education: The Challenges of a Diversifying Workforce*, eds. Celia Whitchurch and George Gordon, pp. 99-111. New York: Routledge.

Obara, Kazuhito. (2005). *University Leadership at Private Universities in Japan*. Doctoral thesis, Graduate School of Education and Information Studies Dissertation, Boston College.

Obara, Kazuhito. (2019). 'Japan: A Special Breed—Family-Owned or Managed Universities', in *The Global Phenomenon of Family-Owned or Managed Universities*, eds. Philip G. Altbach, Edward Choi, Matthew R. Allen, and Hans de Wit, pp. 166-181. Leiden: Brill.

OECD—Organisation for Economic Co-operation and Development. (n.d.). *Education at a Glance: Centre for Educational Research and Innovation*. Online: https://www.oecd-ilibrary.org/education/education-at-a-glance_19991487 (accessed 5 August 2018).

OECD—Organisation for Economic Co-operation and Development. (1971). *Reviews of National Policies for Education: Japan.* Paris: OECD.

OECD—Organisation for Economic Co-operation and Development. (2004). *OECD Handbook for Internationally Comparative Education Statistics.* Paris: OECD Publishing.

OECD—Organisation for Economic Co-operation and Development. (2017). *Education at a Glance 2017: OECD Indicators.* Paris: OECD Publishing. Online: https://doi.org/10.1787/eag-2017-55-en (accessed 21 June 2018).

OECD—Organisation for Economic Co-operation and Development. (2018a). 'Japan', in *Education at a Glance 2018: OECD Indicators*. Paris: OECD Publishing. Online: https://doi.org/10.1787/eag-2018-54-en (accessed 16 December 2018).

OECD—Organisation for Economic Co-operation and Development. (2018b). *Education at a Glance 2018: OECD Indicators*. Paris: OECD Publishing.

Ogata, Naoyuki. (2015). 'Changes to Japanese Teachers' View towards Students: Impact of Universalization', in *The Changing Academic Profession in Japan,* eds. Akira Arimoto, William K. Cummings, Futao Huang, and Jung Cheol Shin, pp. 78-88. New York, Dordrecht, London: Springer.

Ohta, Souichi, Yuji Genda and Ayako Kondo. 2008. 'The Endless Ice Age: A Review of

McVeigh, Brian J. (1997). *Life in a Japanese Women's College: Learning to Be Ladylike.* London: Routledge.
McVeigh, Brian J. (2002). *Japanese Higher Education as Myth*. Armonk, NY: M.E. Sharpe.
McVeigh, Brian J. (2006). *The State Bearing Gifts: Deception and Disaffection in Japanese Higher Education.* Lanham, MD: Lexington Books.
Mehrotra, Vikas, Randall Morck, Jungwook Shim, and Yupana Wiwattanakantang. (2013). 'Adoptive Expectations: Rising Sons in Japanese Family Firms'. *Journal of Financial Economics* 108(3): 840-854.
Melin, Leif, Mattias Nordqvist, and Pramodita Sharma (eds.). (2014). *The Sage Handbook of Family Business.* London: Sage.
Miller, Roy Andrew. (1982). *Japan's Modern Myth: The Language and Beyond.* New York and London: Weatherhill.
Miyazawa, Setsuo (with Otsuka Hiroshi). (2000). 'Legal Education and the Reproduction of the Elite in Japan'. *Asian-Pacific Law and Policy Journal* 1(1): 1-32.
Moffatt, Michael. (1989). *Coming of Age in New Jersey: College and American Culture.* New Brunswick, NJ: Rutgers University Press.
Morgan, Keith J. (1999). *Universities and the Community: Use of Time in Universities in Japan*. Hiroshima: Research Institute for Higher Education,Hiroshima University.
Morikawa, Masayuki. (2017). 'Occupational Licenses and Labor Market Outcomes'. RIETI Discussion Paper Series 17-E-078. Online: https://www.rieti.go.jp/jp/publications/dp/17e078.pdf (accessed 15 June 2018).
Motoyama, Yukihiko and I. J. McMullen. (1997). 'The Spirit of Political Opposition in the Meiji Period: The Academic Style of the Tōkyō Senmon Gakkō', in *Proliferating Talent: Essays on Politics, Thought and Education in the Meiji Era*, eds. Yukihiko Motoyama, J. S. A. Elisonas, and Richard Rubinger, pp. 317-353. Honolulu: University of Hawaii Press.
Mouer, Ross and Yoshio Sugimoto. (1986). *Images of Japanese Society: A Study in the Structure of Social Reality*. London, New York, Sydney and Henley: KPI.
Murakami, Yasusuke. (1984). 'Ie Society as a Pattern of Civilization'. *Journal of Japanese Studies* 11(2): 401-421.
Nagai, Michio. (1971). *Higher Education in Japan: Its Take-off and Crash.* Trans. J. Dusenbury. Tokyo: University of Tokyo Press.
Nakamuro, Makiko and Tomohiko Inui. (2013). 'The Returns to College Quality in Japan: Does Your College Choice Affect Your Earnings?' ESRI Discussion Paper Series No.306. Online: www.esri.go.jp/jp/archive/e_dis/e_dis306/e_dis306.pdf (accessed 15 June 2018).
Nathan, Rebekah. (2005). *My Freshman Year: What a Professor Learned by Becoming a Student.* Ithaca: Cornell University Press.
Natow, Rebecca S. (2021). 'Why Haven't More Colleges Closed? Prognosticators

Berkeley, CA: University of California Press.

Lee-Cunin, Marina. (2004). *Student Views in Japan: A Study of Japanese Students' Perceptions of their First Years at University.* Lancashire: Fieldwork Publications.

Levin, Mark A. and Adam Mackie. (2013). 'Truth or Consequences of the Justice System Reform Council: An English Language Bibliography from Japan's Millennial Legal Reforms'. *Asia-Pacific Law and Policy Journal* 14(3): 1-16.

Levy, Daniel C. (1986). *Private Education: Studies in Choice and Public Policy, Yale Studies on Nonprofit Organizations.* New York: Oxford University Press.

Levy, Daniel. (2008). 'Global Trends in Private Higher Education Research and East Asia'. Pp. 11-21 in *Frontier of Private Higher Education Research in East Asia,* Research Institute for Independent Higher Education (RIIHE), RIIHE Research Series, No. 3.

Levy, Daniel. (2018a). 'Too Big to Marginalize: Higher Education's Private Sector', *Inside Higher Ed.*, 15 April.

Levy, Daniel C. (2018b). 'Global Private Higher Education: An Empirical Profile of Its Size and Geographical Shape'. *Higher Education* 76(4): 701-715.

Levy, Daniel C. (2019). 'The Family Album—Inside the World's Private Higher Education Landscape', in *The Global Phenomenon of Family-Owned or Managed Universities*, eds. Philip G. Altbach, Edward Choi, Matthew R. Allen, and Hans de Wit, pp. 9-28. Leiden: Brill.

Mantilla, Gabriel Burgos. (2019). 'Columbia: The Complex Reality of Family Universities', in *The Global Phenomenon of Family-Owned or Managed Universities*, eds. Philip G. Altbach, Edward Choi, Matthew R. Allen, and Hans de Wit, pp. 116-128. Leiden: Brill.

Manzenreiter, Wolfram, Ralph Lützeler, and Sebastian Polak-Rottmann (eds.). (2020). *Japan's New Ruralities: Coping with Decline in the Periphery.* London: Nissan Institute of Japanese Studies/Routledge.

Marginson, Simon. (2016). 'The Worldwide Trend to High Participation Higher Education: Dynamics of Social Stratification in Inclusive Systems'. *Higher Education* 72(4): 413-434.

Marginson, Simon. (2018). 'Public/Private in Higher Education: A Synthesis of Economic and Political Approaches'. *Studies in Higher Education* 43(2): 322-337.

Martin, James and James E. Samuels. (2010). 'All in the Family: Proud Legacies of America's Family-owned and Operated Career Universities'. *University Business* 1 November. Online: https://www.universitybusiness.com/article/all-family (accessed 29 August 2017).

Maruyama, Fumihiro. (2010). 'Public Expenditure on Higher Education in Japan'. *Higher Education Forum* 7: 53-67.

McLean, Martin. (1995). *Educational Traditions Compared: Content, Teaching and Learning in Industrialised Countries.* London: David Fulton.

Challenges, eds. Philip G. Altbach and Toru Umakoshi, pp. 115-144. Baltimore: Johns Hopkins University Press.

Kaneko, Motohisa. (2007). 'Japanese Private Universities in Transition: Characteristics, Crisis and Future Directions', in *Frontier of Private Higher Education Research in East Asia,* ed. Akiyoshi Yonezawa, pp. 47-62. Tokyo: Research Institute for Independent Higher Education.

Kano, Yoshimasa. (2014). 'Higher Education Policy and the Academic Profession', in *The Changing Academic Profession in Japan*, eds. Akira Arimoto, William K. Cummings, Futao Huang and Jung Cheol Shin, pp. 27-40. Switzerland: Springer.

Kariya, Takehiko. (2011). 'Credential Inflation And Employment in "Universal" Higher Education: Enrolment, Expansion and (In)Equality Via Privatization in Japan'. *Journal of Education and Work* 24(1-2): 69-94.

Kariya, Takehiko and Ronald Dore. (2006). 'Japan at the Meritocracy Frontier: From Here, Where?' *The Political Quarterly* 77: 134-156.

Kelchen, Robert. (2020). *Examining the Feasibility of Empirically Predicting College Closures*. Economic Studies at Brookings. Washington: The Brookings Institution.

Kelly, Curtis. (1999). 'The Coming Educational Boom in Japan: Demographic and Other Indicators That Suggest an Increase in the Number of Adults Seeking Education'. *Japanese Society* 3: 38-57.

Kempner, Ken and Misao Makino. (1993). 'Cultural Influences on the Construction of Knowledge in Japanese Higher Education'. *Comparative Education* 29(2): 185-199.

Kinmonth, Earl H. (2005). 'From Selection to Seduction: The Impact of Demographic Change on Private Higher Education in Japan', in *The 'Big Bang' in Japanese Higher Education: The 2004 Reforms and the Dynamics of Change*, eds. Jerry S. Eades, Roger Goodman, and Yumiko Hada, pp. 106-135. Melbourne: Trans Pacific Press.

Kinmonth, Earl H. (2008). 'Review of Brian McVeigh's The State Bearing Gifts: Deception and Disaffection in Japanese Higher Education'. *The Journal of Japanese Studies* 34(2): 419-423.

Kitamura, Kazuyuki and William K. Cummings. (1972). 'The "Big Bang" theory and Japanese university reform'. *Comparative Education Review* 16(2): 303-324.

Kondo, Dorinne. (1990). *Crafting Selves: Power, Gender, and Discourses of Identity in a Japanese Workplace.* Chicago: University of Chicago Press.

Landes, David S. (2006). *Dynasties: Fortunes and Misfortunes of the World's Great Family Businesses.* New York: Viking.

Lau, Joyce. (2021). 'Demographic dive leaves South Korea struggling to fill campuses'. *Times Higher Education*, February 26.

Lawley, Peter. (2005). 'The Post-"Law School" Future of Japanese Undergraduate Legal Education: A Personal Perspective Comparison with Australia'. *Journal of Japanese Law* 20: 81-100.

Lebra, Takie. (1993). *Above the Clouds: Status Culture of the Modern Japanese Nobility.*

Routledge.
Horta, Hugo, Machi Sato, and Akiyoshi Yonezawa. (2011). 'Academic Inbreeding: Exploring Its Characteristics and Rationale in Japanese Universities Using A Qualitative Perspective'. *Asia Pacific Educational Review* 12(1): 35-44.
Huang, Futao. (2019). 'Field of Higher Education Research, Asia', in *Encyclopedia of International Higher Education Systems and Institutions*, eds. Pedro Teixeira et al. Netherlands: Springer.
Huang, Futao and Kiyomi Horiuchi. (2019). 'The Public Good and Accepting Inbound International Students in Japan'. *Higher Education* 79: 459-475.
Hunt, Stephen and Vikki Boliver. (2019). *Private Providers of Higher Education in the UK: Mapping the Terrain*. Centre for Global Higher Education (working paper no. 47). London: UCL.
Iida, Yoriko. (2013). *Women's Higher Education and Social Position before and after World War II in Japan*. Hyogo: Kwansei Gakuin University Press.
Inaba, Yushi. (2016). *Higher Education in a Depopulating Society: Survival Strategies of Japanese Universities*. MSc dissertation, the Department of Education, University of Oxford.
Inaba, Yushi. (2020). 'Higher Education in a Depopulating Society: Survival Strategies of Japanese Universities'. *Research in Comparative and International Education*. 15(2) DOI: 10.1177/1745499920910581
Ishida, Hiroshi. (2007). 'Japan: Education Expansion and Inequality in Access to Higher Education', in *Stratification in Higher Education: A Comparative Study*, eds. Yossi Shavit, Richard Arum, and Adam Gamoran, pp. 63-86. Stanford: Stanford University Press.
James, Estelle and Gail Benjamin. (1988). *Public Policy and Private Education in Japan*. Basingstoke: Palgrave Macmillan.
Jannuzi, Charles. (2008). 'Demographic Disaster for Higher Ed in Japan? Parts II-III', *Japan Higher Education Outlook (JHEO)*, 27 October 2008. Online: http://japanheo.blogspot.com/2008/10/demographic-disaster-for-higher-ed-in.html (accessed 11 August 2017).
JAPCU—Japan Association of Private Colleges and Universities. (1987). *Japan's Private Colleges and Universities: Yesterday, Today and Tomorrow.* Trans. Simul International. Tokyo: Author.
JFBA (Japan Federation of Bar Associations). (2017). *White Paper on Attorneys*, 2017. Online: https://www.nichibenren.or.jp/library/en/about/data/WhitePaper (accessed 30 March 2018).
Kachaner, Nicolas, George Stalk Jr., and Alain Bloch. (2012). 'What You Can Learn from Family Business'. *Harvard Business Review* 90(11): 1-5.
Kaneko, Motohisa. (2004). 'Japanese Higher Education: Contemporary Reform and the Influence of Tradition', in *Asian Universities: Historical Perspectives and Contemporary*

UNESCO-UNEVOC Discussion Paper Series, No. 4. Bonn: UNESCO-UNEVOC International Centre for Technical and Vocational Education and Training.

Goodman, Roger and Chinami Oka. (2018). 'The Invention, Gaming and Persistence of the hensachi ('standardised rank score') in Japanese Education'. *Oxford Review of Education* 44(5): 581-598.

Goto, Toshio. (2013). 'Secrets of Family Business Longevity in Japan from the Social Capital Perspective', in *Handbook of Research on Family Business (Second Edition), eds.* Kosmas X. Smyrnios, Panikkos Zata Poutziouris, and Sanjay Goel, pp. 554-587. Cheltenham UK and Northampton, MA: Edward Elgar.

Green, Francis and Golo Henseke. (2016). 'Should Governments of OECD Countries Worry about Graduate Underemployment?' *Oxford Review of Economic Policy* 32(4): 514-537.

Gunderman, Richard and Mark Mutz. (2014). 'The Collapse of Big Law: A Cautionary Tale for Big Med', *The Atlantic*, 11 February.

Hall, Ivan P. (1975). 'Organizational Paralysis: The Case of Todai', in *Modern Japanese Organization and Decision-Making*, ed. Ezra F. Vogel, pp. 304-330. Berkeley, Los Angeles, and London: University of California Press.

Hall, Ivan P. (1998). *Cartels of the Mind: Japan's Intellectual Closed Shop*. New York: W.W. Norton & Co.

Hamabata, Matthews Masayuki. (1990). *Crested Kimono: Power and Love in the Japanese Business Family*. Ithaca and London: Cornell University Press.

Hannum, Emily, Hiroshi Ishida, Hyunjoon Park and Tony Tam. (2019). 'Education in East Asian Societies: Postwar Expansion and the Evolution of Inequality'. *Annual Review of Sociology* 45: 625-647.

Hata, Takeshi. (2004). 'Mergers and Cooperation of Higher Education Institutions in Japan', in *COE International Seminar on Mergers and Cooperation among Higher Education Institutions: Australia, Japan, Europe,* ed. Research Institute for Higher Education, pp. 33-52. Hiroshima University, Hiroshima: Author.

Hatakenaka, Sachi. (2010). 'What's the Point of Universities? The Economic Role of Universities in Japan'. *Japan Forum* 22(1-2): 89-119.

Henderson, Dan Fenno. (1997). 'The Role of Lawyers in Japan', in *Japan: Economic Success and Legal System,* ed. Harald Baum, pp. 27-67. Berlin: Walter de Gruyter.

Hewitt, Rachel. (2020). *Demand for Higher Education to 2035* (HEPI Report 134). Oxford: Higher Education Policy Institute.

Holmes, Brian. (1989). 'Japan: Private education', in *Private Schools in Ten Countries: Policy and Practice*, ed. Geoffrey Walford, pp. 200-217. London and New York: Routledge.

Honda, Yuki. (2004). 'The Formation and Transformation of the Japanese System of Transition from School to Work'. *Social Science Japan Journal* 7(1): 103-115.

Hood, Christopher P. (2001). *Japanese Education Reform: Nakasone's Legacy*. London:

Australian Journal of Asian Law 7(3): 215-240.
Foote, Daniel H. (2013). 'The Trials and Tribulations of Japan's Legal Education Reforms'. *Hastings International and Comparative Law Review* 36(2): 369-442.
Fruin, W. Mark. (1983). *Kikkoman: Company, Clan and Community*. Cambridge: Harvard University Press.
Fu, Huiyan. (2012). *An Emerging Non-Regular Labour Force in Japan: The Dignity of Dispatched Workers*. London and New York: Routledge.
Fujimura-Faneslow, Kumiko (1995). 'College Women Today: Opinions and Dilemmas', in *Japanese Women: New Feminist Perspectives on the Past, Present and Future*, eds. Kumiko Fujimura Faneslow and Atsuko Kameda, pp. 125-154. New York: The Feminist Press at the City University of New York.
Fukudome, Hideto. (2019). 'Higher Education in Japan: Its Uniqueness and Historical Development', in *Education in Japan: A Comprehensive Analysis of Education Reforms and Practices*, eds. Yuto Kitamura, Toshiyuki Omomo, and Masaaki Katsuno, pp. 41-51. Singapore: Springer.
Galan, Christian. (2018). 'From Youth to Non-adulthood in Japan: The Role of Education', in *Being Young in Super-Aging Japan: Formative Events and Cultural Reactions,* eds. Patrick Heinrich and Christian Galan, pp. 32-50. London: Routledge.
Geiger, Roger L. (1986). *Private Sectors in Higher Education: Structure, Function and Change in Eight Countries*. Ann Arbor: University of Michigan Press.
Goldfinch, Shaun. (2006). 'Rituals of Reform, Policy Transfer, and the National University Corporation Reforms of Japan'. *Governance* 19(4): 585-604.
Goldsmith, Seth B. (1984). *Theory Z Hospital Management: Lessons from Japan*. Maryland and Tunbridge Wells: An Aspen Publication.
Goodman, Roger. (1999). 'Culture as Ideology: Explanations for the Development of the Japanese Economic Miracle', in *Culture and Global Change*, eds. Tracey Skelton and Tim Allen, pp. 127-136. London and New York: Routledge.
Goodman, Roger. (2000). *Children of the Japanese State: The Changing Role of Child Protection Institutions in Contemporary Japan*. Oxford: Oxford University Press.
Goodman, Roger. (2003). 'Can Welfare Systems be Evaluated Outside their Cultural and Historical Context? A Case Study of Children's Homes in Contemporary Japan', in *Asian Politics in Development: Essays in Honour of Gordon White*, eds. Robert Benewick, Marc Blecher, and Sarah Cook, pp. 214-229. London: Frank Cass.
Goodman, Roger. (2009). 'The Japanese Professoriate', in *Higher Education in East Asia: Neoliberalism and the Professoriate*, eds. Gregory S. Poole and Ya-chen Chen, pp. 13-32. Rotterdam, Netherlands: Sense Publishers.
Goodman, Roger. (2010). 'The rapid Redrawing of Boundaries in Japanese Higher Education'. *Japan Forum* 22(1-2): 65-87.
Goodman, Roger, Sachi Hatakenaka, and Terri Kim. (2009). *The Changing Status of Vocational Higher Education in Contemporary Japan and the Republic of South Korea,*

Cummings, William K. (1997a). 'Human Resource Development: The J-Model', in *The Challenge of East Asian Education: Implications for America*, eds. William K. Cummings and Philip G. Altbach, pp. 275-291. New York: State University of New York Press.

Cummings, William K. (1997b). 'Private Education in Eastern Asia', in *The Challenge of East Asian Education: Implications for America*, eds. William K. Cummings and Philip G. Altbach, pp. 135-154. Albany: State University of New York Press.

Dima, Alina M. (2004). 'Organizational Typologies in Private Higher Education'. Paper presented at CHER 17th Annual Conference 2004, Enschede, Netherlands.

Dore, Ronald P. (1965). *Education in Tokugawa Japan*. Berkeley and Los Angeles: University of California Press.

Dore, Ronald P. (1976). *The Diploma Disease: Education, Qualification, and Development.* Berkeley: University of California Press.

Dore, Ronald P. and Mari Sako. (1998). *How the Japanese Learn to Work*. London and New York: Routledge.

Dyer, W. Gibb. (1988). 'Culture and Continuity in Family Firms'. *Family Business Review* 1(1): 37-50.

Dyer, W. Gibb. (2018). 'Are Family Firms Really Better? Reexamining "Examining the 'Family Effect' on Firm Performance"'. *Family Business Review* 31(2): 240-248.

Eades, Jeremy S. (2000). '"Why Don't They Write in English?" Academic Modes of Production and Academic Discourses in Japan and the West'. *Ritsumeikan Journal of Asia Pacific Studies* 6: 58-77.

Eades, Jeremy S. (2005). 'The Japanese 21st Center of Excellence Program: Internationalization in action?', in *The 'Big Bang' in Japanese Higher Education: The 2004 Reforms and the Dynamics of Change*, eds. J. S. Eades, R. Goodman, and Y. Hada, pp. 295-323. Melbourne: Trans Pacific Press.

Egnor, Clark Marshall. (2001). *Governance of a Private Japanese University Before and After the 1998 University Council Reforms*. Doctor of Education in Higher Education Administration dissertation, West Virginia University, Morgantown.

Ehara, Takekazu. (1998). 'Faculty Perceptions of University Governance in Japan and the United States.' *Comparative Education Review* 42(1): 61-72.

Ellington, Lucien. (1992). *Education in the Japanese Life-Cycle: Implications for the United States*. Lewiston, NY: Edwin Mellen Press.

Fazackerley, Anna and Julian Chant. (2009). 'Sink or Swim? Facing up to Failing Universities'. Policy Exchange Research Note, April 2009. Online: https://www.policyexchange.org.uk/wp-content/uploads/2016/09/sink-or-swim-apr-09.pdf (accessed 1 August 2018).

Flaherty, Darryl E. (2013). *Public Law, Private Practice: Politics, Profit and the Legal Profession in Nineteenth-Century Japan.* Cambridge, Mass.: Harvard University Asia Centre.

Foote, Daniel H. (2006). 'Forces Driving and Shaping Legal Training Reform in Japan'.

Berrone, Pascual, Christina Cruz, and Luis R. Gomez-Meija. (2012). 'Socioemotional Wealth in Family Firms: Theoretical Dimensions, Assessment Approaches, and Agenda for Future Research'. *Family Business Review* 25(3): 258-279.

Birnbaum, Alfred. ed. (1991). *Monkey Brain Sushi: New Tastes in Japanese Fiction.* Tokyo, London, New York: Kodansha International.

Birnbaum, Robert. (2005). 'Professor and Sensei: The Construction of Faculty Roles in the United States and Japan'. *Higher Education Forum* 2: 71-91.

Breaden, Jeremy. (2013). *The Organisational Dynamics of University Reform in Japan: International Inside Out*. Abingdon: Routledge.

Breaden, Jeremy. (2018). *Articulating Asia in Japanese Higher Education: Policy, Partnership and Mobility*. Abingdon: Routledge.

Breaden, Jeremy and Roger Goodman. (2014). 'The Dog that Didn't Bark: 3/11 and International Students in Japan', in *Internationalising Japan: Discourse and Practice,* eds. Jeremy Breaden, Stacey Steele, and Carolyn S. Stevens, pp. 13-31. Abingdon and New York: Routledge.

Campden FB. (n.d.). 'Japanese Family Businesses'. Online: http://www.campdenfb.com/sites/campdendrupal.modezero.net/files/Japan_infographic_large.jpg (accessed 11 July 2018).

Carlock, Randel S., Manfred Kets de Vries, and Elizabeth Florent-Treacy. (2007). 'Family Business', in *International Encyclopedia of Organizational Studies*, eds. Stewart R. Clegg and James R. Bailey, pp. 499-502. London: Sage.

Choi, Edward. (2019). 'Korea: Family-Owned Universities and Colleges—A Dark Future of Speculation?', in *The Global Phenomenon of Family-Owned or Managed Universities*, eds. Philip G. Altbach, Edward Choi, Matthew R. Allen, and Hans de Wit, pp. 182-197. Leiden: Brill.

Choi, Edward, Matthew R. Allen, Hans de Wit, and Philip G. Altbach. (2019). 'A Model of Family-Based Higher Education Management: Challenges and Opportunities', in *The Global Phenomenon of Family-Owned or Managed Universities*, eds. Philip G. Altbach, Edward Choi, Matthew R. Allen, and Hans de Wit, pp. 257-280. Leiden: Brill.

Clark, Burton R. (1983). *The Higher Education System: Academic Organization in Cross-National Perspective*. Berkeley: University of California Press.

Clark, Burton R. (1995). *Places of Inquiry: Research and Advanced Education in Modern Universities*. Berkeley, London, and Los Angeles: University of California Press.

Coleman, Samuel. (1999). *Japanese Science: From the Inside.* London: Routledge.

Colli, Andrea and Mary Rose. (2008). 'Family business', in *The Oxford Handbook of Business History*, eds. Geoffrey G. Jones and Jonathan Zeitlin, pp. 194-218. Oxford: Oxford University Press.

Cummings, William K. (1994). 'From Knowledge Seeking to Knowledge Creation: The Japanese University's Challenge'. *Higher Education* 27(4): 399-415.

Anderson, Kent and Trevor Ryan. (2010). 'Gatekeepers: A Comparative Critique of Admission to the Legal Profession and Japan's New Law Schools', in *Legal Education in Asia: Globalization, Change and Contexts*, eds. Stacey Steele and Kathryn Taylor, pp. 45-67. London: Routledge.

Anderson, Ronald S. (1975). *Education in Japan: A Century of Modern Development.* Washington D. C.: U. S. Department of Health, Education, and Welfare, Office of Education.

Arakaki, Daryl Masao. (2004). '"Please Teach the 3 Hs", A Personal Request to Japan's New American-Style Law Schools'. *Osaka Gakuin Law Review* 30(1): 107-146.

Araki, Shota, Daiji Kawaguchi, and Yuki Onozuka. (2015). *University Prestige, Performance Evaluation, and Promotion: Estimating the Employer Learning Model Using Personnel Datasets.* RIETI Discussion Paper Series 15-E-027. Online: https://www.rieti.go.jp/jp/publications/dp/15e027.pdf (accessed 5 July 2018).

Aspinall, Robert. G. (2013). *International Education Policy in Japan in an Age of Globalisation and Risk.* Leiden: Brill.

Astrachan, Joseph H, Sabine B. Klein, and Kosmas X. Smyrnios. (2002). 'The F-PEC Scale of Family Influence: A Proposal for Solving the Family Business Definition Problem'. *Family Business Review* 15(1): 45-58.

Astrachan, Joseph H. and Thomas Zellweger. (2008). 'Die Performance von Familienunternehmen: Literaturübersicht und Orientierungshilfe für künftige Forschungsarbeiten' (Performance of family firms: A Literature review and guidance for future research). *ZfKE—Zeitschrift für KMU und Entrepreneurship* 56(1-2): 83-108.

Baba, Masateru and Yukimasa Hayata. (1997). 'The Changing Role of JUAA in Japanese University Evaluation'. *Assessment and Evaluation in Higher Education* 22(3): 329-335.

Baba, Masateru. (2002). 'The Rationale Behind Public Funding of Private Universities in Japan'. *Higher Education Management and Policy* 14(1): 75-86.

Bachnik, Jane. (1988). 'Adoption'. *Kodansha Encyclopedia of Japan.* Vol. 1. Tokyo: Kodansha.

Bachnik, Jane M. ed. (2003). *Roadblocks on the Information Highway: The IT Revolution in Japanese Education.* Lanham, Boulder, New York, and Oxford: Lexington Books.

Bailey, F. G. (1977). *Morality and Expediency: The Folklore of Academic Politics.* Oxford: Blackwell.

Barretta, Mary Jane Trout. (1987). *Rikkyo University, Tokyo, Japan: A Case Study of Governance at a Private University.* PhD Thesis, University of Pittsburgh.

Bartholomew, James R. (1989). *The Formation of Science in Japan: Building a Research Tradition.* New Haven: Yale University Press.

Befu, Harumi. (1971). *Japan: An Anthropological Introduction.* San Francisco: Chandler Pub. Co.

参考文献

欧文文献

Abe, Shigeyuki, Shoji Nishijima, Shyam Sunder and Karen Lapardus. (1998). 'Why Do Students Take It Easy at the University', in *Japan: Why it Works, Why it Doesn't: Economics in Everyday Life*, eds. James Mak, Shyam Sunder, Shigeyuki Abe and Kazuhiro Igawa, pp. 73-81. Hawaii: University of Hawaii Press.

Aichinger, Theresa, Peter Fankhauser, and Roger Goodman. (2017). 'The Happiness of Japanese Academics: Findings From Job Satisfaction Surveys in 1992 and 2007', in *Life Course, Happiness and Well-being in Japan*, eds. Barbara Holthus and Wolfram Manzenreiter, pp. 158-174. Abingdon: Routledge.

Akabayashi, Hideo. (2015). 'Private Universities and Government Policy in Japan'. *International Higher Education* 42: 117-119.

Allen, Matthew R. and Edward Choi. (2019). 'Family Involvement in University Management', in *The Global Phenomenon of Family-Owned or Managed Universities*, eds. Philip G. Altbach, Edward Choi, Matthew R. Allen, and Hans de Wit, pp. 29-41. Leiden: Brill.

Altbach, Philip G. and Lionel S. Lewis. (1995). 'Professorial Attitudes: An International Survey', *Change* 27: 50-57.

Altbach, Philip G. (2004). 'The Past and Future of Asian Universities: 21st Century Challenges', in *Asian Universities: Historical Perspectives and Contemporary Challenges*, eds. Philip G. Altbach and Toru Umakoshi, pp. 13-31. Baltimore and London: Johns Hopkins University Press.

Altbach, Philip G. (2005). 'Universities: Family Style', in *Private Higher Education: A Global Revolution*, eds. Philip G. Altbach and Daniel C. Levy, pp. 29-32. Rotterdam: Sense Publishers.

Altbach, Philip G., Edward Choi, Matthew R. Allen, and Hans de Wit. (eds.). (2019). *The Global Phenomenon of Family-Owned or Managed Universities*. Leiden: Brill.

Amano, Ikuo. (1990). *Education and Examination in Modern Japan*. Tokyo: University of Tokyo Press.

Amano, Ikuo. (1997). 'Structural Changes in Japan's Higher Education System: From a Planning to a Market Model'. *Higher Education* 34: 125-139.

Amano, Ikuo. (2011). *The Origins of Japanese Credentialism*. Melbourne: Trans Pacific Press.

Amano, Ikuo and Gregory Poole. (2005). 'The Japanese University in Crisis'. *Higher Education 50(4): 685-711.*

著者

ジェレミー・ブレーデン　Jeremy Breaden

豪モナッシュ大学准教授。1973年生まれ。メルボルン大学人文学部・法学部卒業、同大学博士号取得（人文学）。専門は日本の教育・雇用システム。著書に、Articulating Asia in Japanese Higher Education: Policy, Partnership and Mobility（2018）など。

ロジャー・グッドマン　Roger Goodman

オックスフォード大学日産現代日本研究所教授。1960年生まれ、英国エセックス州出身。ダーラム大学人類学社会学部卒業、オックスフォード大学博士号取得（社会人類学）。専門は日本の社会福祉政策、高等教育。著書に『帰国子女——新しい特権層の出現』（1992）、『日本の児童養護——児童養護学への招待』（2006）、『若者問題の社会学』（編著、2013）など。

訳者

石澤麻子

1989年生まれ。国際基督教大学（人類学専攻）卒業、オックスフォード大学大学院現代日本研究修士課程修了。オックスフォード大在学中はロジャー・グッドマンに師事。現在は記事の翻訳、執筆を中心に活動。著書に『教え学ぶ技術——問いをいかに編集するのか』（共著、2019）。

日本《にほん》の私立大学《しりつだいがく》はなぜ生《い》き残《のこ》るのか
――人口減少社会《じんこうげんしょうしゃかい》と同族経営《どうぞくけいえい》：1992-2030

〈中公選書 120〉

著者　ジェレミー・ブレーデン
　　　ロジャー・グッドマン
訳者　石澤麻子《いしざわあさこ》

2021年9月10日　初版発行

発行者　松田陽三

発行所　中央公論新社
〒100-8152　東京都千代田区大手町 1-7-1
電話　03-5299-1730（販売）
　　　03-5299-1740（編集）
URL　http://www.chuko.co.jp/

DTP　今井明子
印刷・製本　大日本印刷

Published by CHUOKORON-SHINSHA, INC.
Printed in Japan　ISBN978-4-12-110120-4 C1330
定価はカバーに表示してあります。

中公選書　好評既刊

116
大航海時代の日本人奴隷
増補新版
――アジア・新大陸・ヨーロッパ

ルシオ・デ・ソウザ
岡　美穂子　著

異端審問記録に残された奴隷本人の証言。歴史のダークサイドとして省みられることのなかった日本人奴隷の実相を広い視野から紹介し、アジアにおける人身売買を新たな視角で検討する。

117
「敦煌」と日本人
――シルクロードにたどる戦後の日中関係

榎本泰子著

NHK特集「シルクロード」、平山郁夫の展覧会、井上靖『敦煌』の映画化……。八〇年代を席捲した、あの熱狂は何だったのか。日本人の大陸ロマンを検証し、日中関係の未来を考える。

118
究極の俳句

髙柳克弘著

俳諧を芸術へと高めた芭蕉以降の名句を味わいながら、その根底にはつねに常識への批評精神にもとづく新しい価値の創造があったことを明らかにする。俊英による創見に満ちた俳句論。

119
ストックホルムの旭日
――文明としてのオリンピックと明治日本

牛村　圭著

明治日本はスポーツという「洋学」をどう受容したのか。漱石『三四郎』から競技指導書まであらゆるテクストを精読、「文明の頂点」とされたオリンピックに二選手が挑むまでを描く。